한국 출판산업의 이해

한국 출판산업의 이해

2021년 2월 25일 초판 인쇄
2021년 2월 27일 초판 발행

엮은이 (사)한국출판학회 출판정책연구회
교정교열 정난진
펴낸이 이찬규
펴낸곳 북코리아
등록번호 제03012400호
주소 [13209] 경기도 성남시 중원구 사기막골로 45번길 14
우리2차 A동 1007호
전화 02-704-7840
팩스 02-704-7848
이메일 sunhaksa@korea.com
홈페이지 www.북코리아.kr

ISBN 978-89-6324-750-2(93010)
값 18,000원

# 한국 출판산업의 이해

(사)한국출판학회 출판정책연구회 엮음

북코리아

# 서문

책은 인간의 지식과 지혜, 숨결이 응축된 기록 매체다. 인간의 역사와 함께한 가장 오래되고, 가장 넓고 깊은 매체가 책이다. 책은 디지털 미디어 중심으로 매체 환경이 재편된 오늘날에도 여전히 사회 각 분야의 핵심 텍스트이자 가장 신뢰받는 정보원으로 자리 잡고 있다.

책의 생산-유통-향유(소비)를 포괄하는 것이 출판산업이다. 출판산업은 교육과 평생학습은 물론이고 개인과 사회 발전을 위한 풍부한 지적 자양이자 문화산업의 기반으로서 그 역할을 톡톡히 해내고 있다. 우리 출판산업은 이제 세계 7위권의 시장 규모로 성장할 만큼 위상이 높아졌다.

미래를 만드는 새로운 패러다임인 4차 산업혁명이 가속화되고 있다. 그동안 우리의 성장 공식이던 모방과 추격자 모델로는 지속 가능성을 장담하기 어려워졌다. 개인, 기업, 사회 모두 마찬가지다.

이러한 환경에서 미래를 찾는 길은 책과 독서에 있다. 다양한 분야의 깊이 있는 독서를 통해 길러지는 유연한 창의력과 상상력이야말로 우리의 생존과 발전에 가장 믿음직한 동력을 만들어줄 것이다. 책과 독서를 뒷받침하는 출판산업의 중요성이 커지는 이유다.

출판산업은 날로 급변하고 있다. 사회 변화와 짝을 이루는 책과 출판시장의 변화, 디지털화, 글로벌화, 독서환경 변화의 파고가 높다. 출판의 개념, 범주, 양식, 가치사슬, 비즈니스 모델 또한 달라지고 있다. 따라서 출판산업의 안쪽과 바깥쪽에 있는 사람들에게 출판을 둘러싼 생태계 변화를 입체적으로 알기 쉽게 소개할 필요성이 생겼다.

이러한 필요성에 따라 사단법인 한국출판학회 출판정책연구회 회원들이 합심하여 공동 집필한 성과물이 이 책이다. 1장은 백원근, 2장은 한주리, 3장은 이건웅, 4장은 김정명, 5장은 이은호, 6장은 최준란, 7장은 박익순, 8장은 박찬수가 쓰고, 부록도 나누어 집필했다.

이 책은 '한국 출판산업의 현재'가 궁금한 이들을 위해 부족한 대로 우선 첫발을 뗀다. 주요 영역별로 이해를 돕는 글과 데이터 자료 및 최신 통계를 최대한 담으려 노력했다. 독자의 호응과 필요성에 따라 앞으로 매년 개정판을 발행하여 한국 출판산업의 좌표와 최신 현황을 아는 데 도움이 되는 나침반이 되기를 바란다. 한국 출판산업에 대한 이해를 높이는 데 조금이라도 기여할 수 있다면 더 이상의 기쁨이 없을 것이다.

2021년 3월

필자 일동

# 목차

# 1

# 책, 출판, 출판산업

# 1 책 생태계의 의미와 주체

인류의 모든 학문과 사상, 사회적 행위의 기록은 책으로 수렴되며, 다시 그것이 사회로 확산되는 순환 구조의 중심에 출판이 있다. 인류가 이룩한 창조·문화·역사의 정수는 책에 담겨 공유되고 후세에 전승됨으로써 인류의 기억으로 유지·확장된다. 그렇기 때문에 책은 인류 문화의 보고(寶庫)이자 결정체로 일컬어진다(백원근, 2006).

출판은 근대 이후 지식 확산의 핵심적인 역할을 담당해왔으며, 사회와 지식을 연계하여 경제적 가치를 창출하는 복합적인 생태계를 구성한다. 출판은 문화 및 미디어 콘텐츠의 원천 콘텐츠를 생산하며, 문화·콘텐츠산업 생태계의 중심에 있다(이성민 외, 2018).

출판산업은 다양한 출판물(종이책, 전자책, 정기간행물, 오디오북, 웹콘텐츠 등의 출판콘텐츠)을 쓰고 만들어서 독자에게 전달하며, 이를 독자가 읽고 새로운 창작물을 쓰고 만드는 선순환 구조에 의해 발전한다. 그러한 행위의 주체들은 저자, 출판사, 유통사(또는 전자책 플랫폼), 서점, 도서관, 독자다. 출판산업의 생산-유통-소비 구조로 보면 저자와 출판사는 생산 영역, 유통사와 서점은 유통 영역, 도서관과 독자는 이용(향유) 영역에 각각 해당한다.

〈그림 1-1〉 문화·콘텐츠산업 생태계의 중심에 있는 책과 출판

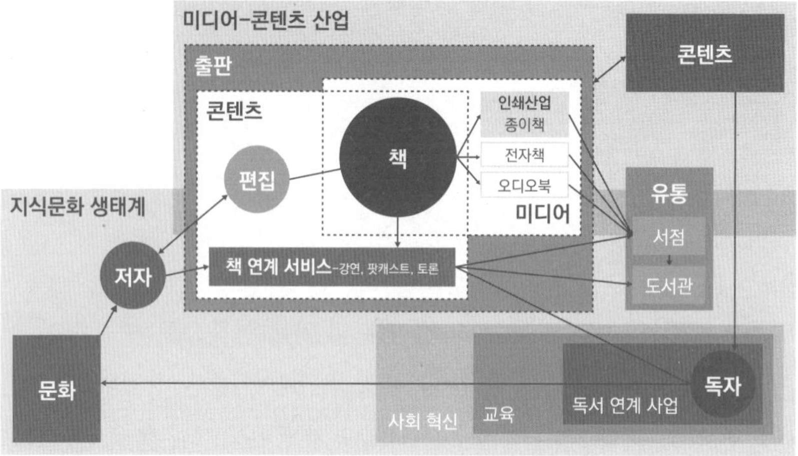


출처: 이성민 외(2018), 『출판 미래 비전 2030』, 한국출판문화산업진흥원, 28쪽.

이렇듯 책과 관련된 다양한 생산-유통-이용 주체들을 모두 아울러 '책 생태계'라 할 수 있다. '생태계(ecosystem)'란 본래 생물의 군집과 그 군집이 접한 다양한 환경이 서로 분리되지 않고 유기적인 집합을 이룬 것을 뜻하는데, 책 생태계에는 책과 관련한 포괄적인 환경(산업, 문화, 제도 등)을 구성하는 다양한 요소의 총체라 할 수 있다. 유사 용어로 '출판 생태계', '출판산업 생태계', '독서 생태계' 등이 있다.

책이나 출판을 매체 또는 생산자의 측면에서만이 아니라 책 생태계의 관점에서 보아야 하는 것은 책과 관련된 여러 요소가 밀접하게 서로 영향을 주고받으면서 변화하고 진화하는 상호 의존성이 매우 크기 때문이다. 한 나라의 출판산업 규모는 국민의 독서율이나 구매력이 있는 독자층의 크기와 상관관계가 높으며, 유력한 국내 저자층 유무에 따라 번역출판의 비율이 달라진다. 전국 단위의 유통·판매망이나 매력적

인 서점은 저자·출판사와 독자를 이어주는 대동맥이다. 이처럼 생산-유통-소비(향유)의 양적·질적 수준은 긴밀하게 연계되어 있다.

〈그림 1-2〉 '책 생태계'의 유기적인 관계

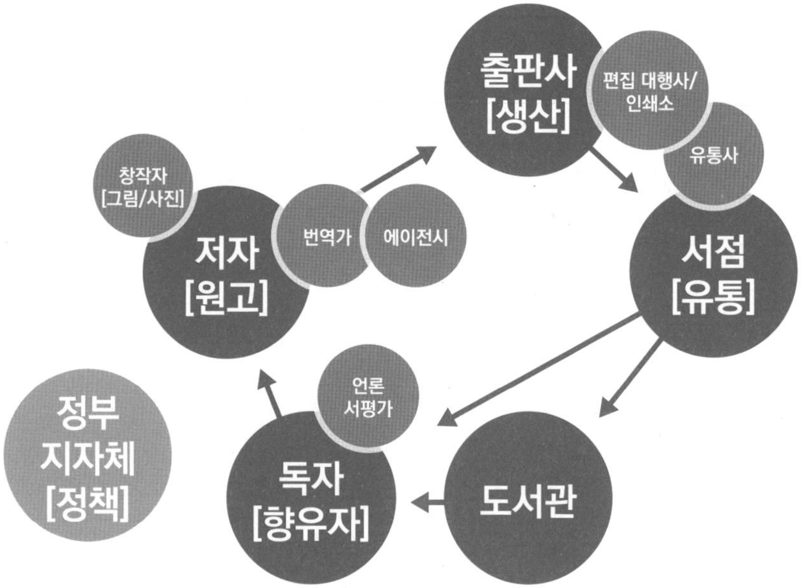


〈그림 1-3〉 출판 생태계와 독서 생태계의 관계

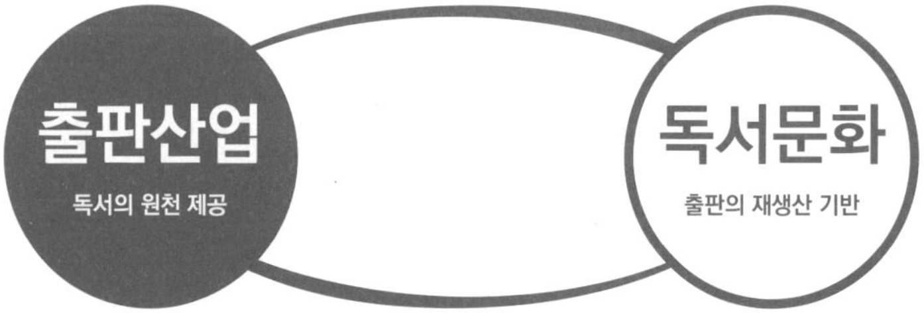

특히 출판산업의 재생산 구조와 독서 환경은 불가분의 관계이자 책 생태계 발전의 핵심 요소라 할 수 있다. 책 생태계에서 출판과 독서는 상호 의존적인 관계다. 독서는 출판 수요 창출의 기반이며, 출판은 독서 활동의 원천을 제공한다. 그래서 읽기 문화의 토대를 확대하는 출판 환경의 구축, 도서 구매력을 동반하는 실효성 높은 독서 활성화가 필요하다.

저자-출판사-서점-도서관-독자로 이어지는 책과 출판의 가치사슬에는 실제로 훨씬 더 많은 주체가 관련되어 있다.

한 권의 책은 창작자(저자)의 원고에서 시작되는데 글, 그림, 일러스트, 사진 같은 다양한 소재의 원고가 책의 원천 콘텐츠가 된다. 외국 저자가 쓴 책인 경우 출판사가 저작권 중개업체(에이전시) 등을 통해 번역출판 계약을 맺고 해당 언어에 능숙한 번역자가 번역한다.

출판사의 편집자는 글 원고와 그림 원고를 바르고 읽기 좋게 다듬고, 디자이너는 시각적으로 보기 좋고 가독성 높은 책의 본문과 표지를 만든다. 이렇게 완성된 최종 편집 파일을 인쇄소에서 인쇄하여 제본(제책)하거나 전자책 형태로 제작하고, 출판유통 회사를 거치거나 서점(오프라인서점, 인터넷서점)에 공급하면 비로소 독자가 책을 만날 수 있다.

독자에게 새 책(신간)을 알리는 데는 책과 보도자료를 언론사에 전달하는 곳, 신문이나 방송 같은 언론, 책과 관련된 전문 매체, 서평가(또는 북칼럼니스트)나 북튜버(유튜브로 책을 소개하는 사람) 등 다양한 사람이 연관되어 있다. 독자도 개인 구매자만이 아니라 각종 도서관이나 학교, 기업, 기관·단체, 연구소 등의 기관 구매자들이 존재한다.

또한, 출판이나 독서 활동과 관련된 법과 제도, 이를 운영하는 중앙정부와 지방정부(지방자치단체)도 책과 관련된 생산과 이용을 촉진하는 데 중요한 역할을 한다는 점에서 출판환경을 구성하는 주체의 하나로 꼽을 수 있다.

### 1) 독자

책은 수요자인 독자를 위해 생산하는 지식문화 상품이다. 일반인뿐 아니라 저자부터 책의 생산-유통에 관계된 사람들까지 모든 사람이 독자 또는 잠재적 독자다. 그래서 책 생태계를 구성하는 여러 요소 중 가장 바탕이 넓은 영역이 바로 '독자'다. 책의 재생산 구조에서 출발점의 위치에 있는 저자도 기존의 책을 읽은 독자 중에서 탄생하며, 저자가 된 이후 더 많이 읽는 독자가 된다. 출판 활동의 최종적인 목적은 책을 매개로 인간의 생각과 지식을 공유하기 위함이다. 책은 독자, 즉 모든 사람을 위한 언어·문자의 소통 수단이다.

### 2) 저자

저자는 책의 소재인 원천적인 창작물을 생산하는 저작자다. 책의 분야에 따라 문학, 교양서, 전문서, 학술서, 실용서, 어린이책 등 다양한 영역의 저자가 존재한다. 전통적으로 저자층이 많은 직업군은 문인, 대학교수, 언론인 등 글쓰기를 생업으로 삼는 사람들이었지만, 이제는 출판의 내용과 형태가 간편해지고 자유로워지면서 누구나 책을 펴내는 '만인 저자의 시대'를 맞이하여 독자와 저자의 경계가 사라지고 있다.

### 3) 출판사

출판사는 출판 활동의 주체이자 저자와 독자를 잇는 가교 역할을 한다.

저자 또는 번역자에게 받은 원고를 책으로 제작할 뿐만 아니라 발행한 책을 독자에게 판매하기 위해 유통업체와 온·오프라인서점에 공급하고, 언론과 마케팅 채널을 통해 책을 홍보·판촉한다.

출판사에는 편집자(에디터)와 영업자(마케터)가 필수적으로 필요하며 규모에 따라 출판기획자(개발자), 디자이너, 콘텐츠 개발자 등을 내부나 외주 형태로 둔다.

출판사는 책을 만든다는 측면에서 외형적으로 비슷하게 보일 수 있지만, 어떤 분야의 책을 펴내는가에 따라 완전히 다른 세계에 속한다. 이를테면 학술서 출판사는 각 학문 분야의 관심사나 학술적 연구 성과에 의존하여 대학과 연구자를 중심으로 저자-독자 시장이 형성되는 아카데미 출판 분야 시장이다. 어린이책은 어린이를 독자 대상으로 하며, 종교서는 각 종교의 성직자나 신자들에게 의미가 있고, 수험서는 수험 제도와 수험생 시장에 결부된다. 이처럼 콘텐츠를 전달하기 위한 출판의 형식과 방식은 비슷하지만 특정 분야의 출판은 저자, 독자, 시장이 모두 다르므로 각기 다른 특성을 가진다. 따라서 출판사의 주요 출판 분야가 무엇인가 하는 것은 콘텐츠 기업으로서 출판사의 역할과 정체성을 보여주는 핵심적인 특징이다.

### 4) 유통사

출판사가 만든 책은 대형 온·오프라인서점에 직거래 방식으로 공급되는 반면, 소규모 지역서점에는 유통사를 거쳐 공급된다. 유통사들은 다수 출판사와 다수 서점을 연결하는 도서 판매 유통의 관문 역할을 한다. 영업 범위가 넓은 전국 거래 도매업체, 광역권 영업을 담당하는 지역 거래 도매업체, 출판사와 특약을 맺고 특정 분야(일시적으로 유통량이 많은 학습참고서나 잡지 등)의 책을 지역별로 나누어 공급하는 총판 등이 유통사에 해당한다. 도서 상품의 생산자인 출판사로부터 받은 책을 소매업체인 서점에 전달하는 도매 기능이 핵심이다.

이와 달리 출판사의 책을 보관하고 있다가 출판사의 요구에 따라 책을 서점에 배송하는 일을 하는 창고·배송업체인 유통대행사(3PL [Third Party Logistics]: 제3자 물류 회사)가 있다. 독자적인 매입·매출 기능을 가진 도매업체와 달리, 유통대행사는 출판사의 업무 중 출판물의 보관과 배송 기능만을 대신한다는 점에서 차이가 있다.

### 5) 서점

서점은 독자를 대신한 구매 대행 기능, 출판사를 대신한 판매 대행 기능을 하며 독자에게 출판물을 직접 판매하는 소매 업종이다. 매장을 가진 전통적인 서점(오프라인서점), 전자상거래를 통해 판매하는 인터넷서점(온라인서점)이 대표적이다. 오프라인서점은 다양한 분야의 책을 취급하는 종합서점과 특정 분야의 책을 취급하는 특성화된 서점 등이 있다. 근래에는 학습참고서를 판매하지 않으면서 개인이 펴낸 독립출판물이나 특정 분야의 책을 큐레이션하는 독립서점, 전국 대도시에 매장을 두고 중고도서를 매매하는 기업형 중고서점이 증가하는 양상이다.

### 6) 도서관

도서관은 각종 공공 문화시설 가운데 시민의 이용률이 가장 높다. 공공재의 특성이 강한 책을 시민이 자유롭게 접할 수 있는 공간인 공공도서관과 어린이도서관, 작은도서관, 초·중·고 학교도서관, 대학도서관, 전문도서관, 병영도서관 등 관종별 도서관이 존재한다. 출판산업 측면에서 도서관은 대표적인 '기관 구매자'이자 안정적인 출판물 수요의 기반이지만, 도서관에서의 도서 이용이나 도서 대출은 도서 구매를 부분적으로 대체하는 상반된 성격도 갖는다.

### 7) 정부와 지방자치단체

중앙정부와 지방정부가 시행하는 출판·잡지·서점·독서 및 도서관 관련 법률에 의한 지원 근거의 마련, 각종 지원 및 진흥사업의 시행 등은 개인(국민)의 수요에만 의존해서는 존립과 발전이 어려운 한국 출판산업의 유지·발전에 매우 중요한 기능을 한다.

이를테면 세법상 도서에 대한 부가가치세의 면제, 「출판문화산업 진흥법」에 의한 출판산업 지원 근거의 확보, 도서정가제 유지(비록 완전한 형태는 아니지만), 세종도서를 비롯한 우수 콘텐츠의 선정·구입, 국제도서전의 개최 및 참가 지원, 글로벌시장 진출 지원사업 등은 산업의 중요성이나 전체 산업 규모에 비추어 중소 영세 사업자가 대부분을 차지하는 한국 출판산업과 사업자(출판사, 서점 등)의 특성, 출판물의 공공재적 속성에 비추어 매우 중요한 역할을 한다. 교육부의 '한 학기 한 책' 읽기 사업이나 각 학교 재량으로 실시하는 '아침 독서'도 학생들의 독서 습관을 기르는 데 매우 중요한 역할을 한다.

지방자치단체에서 지역출판 진흥 조례나 지역서점 육성 조례를 제정하고 '책 읽는 도시'를 지향하며, '한 도시 한 책' 읽기나 영유아 대상의 그림책 읽어주기 프로그램인 '북스타트' 사업을 도입한 곳도 전국적으로 상당수에 이른다. 경기도는 광역 지자체 차원에서 '지역서점 인증제'를 시행하고 있고, 동네서점 상품권도 유통하고 있다. 순천시와 성남시, 대전광역시 등의 지자체에서는 시민의 도서구입비를 보조해 주는 정책을 시행했다.

정부와 지자체의 정책이나 사업은 국민과 시민의 독서 환경을 조성할 뿐만 아니라 출판 수요를 확장하는 것으로 직결되며 상당한 산업 부양 효과가 있다. 이는 국민의 지식문화 수준을 높이고 창의력을 함양하는 문화 기반 정책으로서 중요한 의의를 갖는다.

# 2 출판의 정의와 특성

### 1) 출판에 대한 정의

'출판(publishing)'에 대한 정의는 다양하다. 『출판사전』(한국출판연구소, 2002)은 "문서·도화·사진 등의 저작물을 인쇄물 및 기타의 기계적·화학적·전자적 방법으로 복제하여 각종 출판물의 형태로 꾸며 공중에게 배포하는 일련의 행위"라고 기술했다.

「출판문화산업진흥법」은 '출판'에 대해 "저작물 등을 종이나 전자적 매체에 실어 편집·복제하여 간행물(전자적 매체를 이용하여 발행할 경우에는 전자출판물만 해당한다)을 발행하는 행위를 말한다"라고 용어 정의에서 규정했다.

최근 논의로 한주리(2019)는 "출판은 인간의 사상이나 감정을 표현하기 위해 창의적인 편집 활동을 통해 인쇄 및 기타 기술적인 방법을 활용하여 구현한 출판물을 발행하는 행위"라고 정의하고, '출판문화산업'에 대해 "출판물의 출판·유통산업 및 그에 밀접히 연관된 산업"이라고 정의했다. 이 외에도 연구자나 논의 주체에 따라 출판에 대한 매우 다양한 정의가 있다.

이러한 정의에서 공통적인 요건은 '무엇을, 어떻게, 누구에게' 전하는가 하는 것이다. 따라서 "인간의 생각을 담은 언어·문자 중심의 저작물을 목적에 따라 편집하여 각종 매체 양식에 담아 공중을 대상으로 발행·공표하는 것"을 출판이라 정의하는 것이 일반적이다. 즉 "인류의 지적 자산의 원천인 언어·문자 기반의 기록매체를 발행하는 행위"(백원근, 2006) 또는 "사람의 생각이나 지식이 담긴 어문저작물 등의 콘텐츠를 편집하여 다양한 형태의 기록·전달 매체에 담아 공간(公刊)하는 행위"를 출판이라 할 수 있다.

좁은 의미로는 "종이책·전자책·오디오북·웹콘텐츠(웹소설, 웹툰, 기타) 등을 발행하는 것", 넓은 의미로는 "신문이나 잡지 등의 정기간행물, 지식·문화 콘텐츠를 각종 매체를 활용해 무상으로 공개하거나 유상으로 판매하는 행위"를 모두 출판으로 볼 수 있다. 진화하는 미디어 환경에서 콘텐츠의 내용과 형태, 전달 매체, 공표 여부가 출판의 개념적 정의와 사회적 동의 수준에 영향을 미치는 주요 변인이다.

### 2) 출판의 특성

① 출판은 인간 활동과 직결된 가장 포괄적인 '기록과 공유'의 매체 발행 방식이다. 교과서 등의 교육 분야부터 문학, 교양, 오락, 실용, 어린이, 종교 분야에 이르기까지 폭넓게 출판물이 활용되지 않는 분야가 없다. 이는 출판물이 언어·문자를 활용하여 인간의 생각을 전달하는 유용한 도구이자 커뮤니케이션 수단이기 때문이다. 인간의 지식과 생각을 여러 형태의 책이나 전달 수단에 담아 당대에 공유하고 후대에 전승함으로써 인간 활동의 근간을 뒷받침하는 것이 출판이다. 출판산업이 인간 정신활동의 기간 산업으로서 역할을 하는 것은 출판물이 지식, 교육, 교양, 정보, 오락 등 모든 인간 활동에서 기본 텍스트이기 때문이다.

② 출판은 가장 오래된 전통적인 매체이자 문화산업의 원형이다. 기록을 남겨 세상에 알리는 출판의 역사는 인간의 역사와 함께 시작되었으며, 기계적인 인쇄 방식을 도입하며 현대 출판의 기원으로 일컬어지는 구텐베르크의 활판 인쇄술이 시작된 때가 1440년대였다. 문화산업에는 출판을 비롯해 음악, 영화, 방송, 애니메이션, 게임, 공연예술 등이 있으나 가장 먼저 산업적 기반을 확립한 것은 출판이었다. 세계사적으로는 르네상스 이후이고, 국내에서는 구한말 이후로 볼 수 있다. 출판 이외의 문화산업은 멀리는 산업혁명 이후, 가깝게는 20세기를 전후한 시기부터 산업적 입지가 다져지기 시작했다. 국내에서 문화산업이 본격적으로 성장한 것은 1960년대 이후이므로 출판은 그보다 적어도 반세기 이상 앞선 셈이다. 출판은 문화콘텐츠 생태계의 '뿌리산업'에 해당한다.

③ 출판 활동을 통해 생산되는 산물인 책은 '소품종 대량생산'을 하는 일반 소비상품이나 다른 대중매체와 달리 '다품종 소량생산'을 한다. 매년 우리나라에서만 8만 종의 책(신간)이 평균 1,600부 정도씩 발행된다. '다품종 소량생산'은 채산성을 맞추기 어려운 책의 상품 특성이자, 출판이 지식문화 다양성의 보루임을 보여준다.

④ 빵은 먹으면 사라지지만 책은 다 읽어도 그대로다. 그래서 출판 매체의 상품적 특성은 동일한 상품에 대한 소비자의 반복 구매가 없고 수용자의 독서 능력(리터러시)을 전제로 한다는 점이다. 책은 미디어 중에서 가장 개인적이고, 타 미디어에 비해 미디어 수용자의 능력과 능동적인 이용 노력이 요구되는 매체다. 미디어 수용자가 수동적인 다른 미디어와 달리 읽기 매체인 출판물은 수용자의 적극적인 개입과 이용 의지를 전제로 한다. 출판산업은 지식 집약

형 특성이 강한 문화산업으로 분류되는데, 이는 지식 자체가 상품이며, 지식의 사회적 기반인 교육-저자-유통-독자를 전제로 산업 발전이 가능함을 뜻한다.

⑤ 출판사는 출판물의 생산에서 판매에 이르기까지 외주에 의존하는 특성이 강하다. 원고는 저자와 번역자가 쓰고, 책의 교정·교열을 포함한 편집과 디자인을 외부에 맡겨 처리하는 일이 많으며, 제작은 인쇄소 등이 맡고, 유통사와 서점 경로를 통해 독자에게 판매된다. 이렇듯 출판사는 콘텐츠 기획력만 있으면 외주 시스템에 의해 모든 생산 공정과 유통·판매 과정을 진행할 수 있다.

⑥ 일반 상품이나 다른 문화 콘텐츠와 달리 출판 시장은 지식문화 상품인 출판물에 대한 사회적 소비 능력을 전제로 한다. 소비자인 독자의 언어권 인구 수가 시장 규모의 기초 범주이고, 교육 수준과 경제 능력이 구매력과 연동되며, 매체 이용 습관(독서 습관 여부)의 직접적인 영향을 받는다.

### 3) 한국 출판의 특성

① 교육 및 학습교재의 비중이 매우 높다. 이는 전통적인 교육열에 더해 성적과 입시 위주의 교육 풍토가 주요인으로 꼽힌다. 출판시장의 60% 정도가 교과서, 학습참고서, 학습지, 학교 교재 등 교육 관련서 시장이다.

② 번역서 발행 비율이 20%대로 다른 선진국들에 비해 높은 편이다. 이는 판매 경쟁력이 검증된 외국의 유력 저자나 도서에 대한 출판사의 관심과 국내에서 출판되지 않는 분야에 대한 판매 수요에 기인한다.

③ 출판 관련 기업의 영세성과 과당경쟁이 뚜렷하다. 출판사와 서점 등 관련 기업 대부분이 영세한 중소규모 개인 사업체 위주이며, 기업의 주식회사 비율이나 10인 이상 기업 비중이 낮다. 매출이 적은 소규모 기업의 특성으로 인해 개인 경영, 가족 경영의 비중이 높고 전문 경영인에 의한 경영 비율은 낮다.

④ 출판사와 출판량의 서울 및 수도권 편중 현상이 뚜렷하다. 활동 중인 출판사 중 서울과 수도권 소재 출판사가 대부분이며, 총 신간도서 발행량의 대부분을 차지한다. 이에 따라 지역출판(지방출판)의 비중은 매우 낮다.

⑤ 출판유통의 제도적 측면으로 도서정가제가 적용되며, 유통 과정에서는 계약 방식에 따라 반품 조건의 위탁판매 관행을 적용한다. 최종 소비자 판매가(정가)를 출판사가 정하는 의무적인 도서정가제가 적용되고 있으며, 현재는 직간접 할인율을 정가의 15%까지 허용한다(출판문화산업진흥법의 도서정가제 관련 규정). 또한 출판사와 거래하는 유통사와 서점의 거래 위험을 낮추기 위해 현매(현금 거래)가 아닌 위탁판매제를 활용하는 거래 방식도 존재한다.

⑥ 출판사-서점 거래에서 도매 거래는 소형 지역서점들과의 사이에서 이루어지며, 대형 온·오프라인서점들은 이익률이 더 높은 출판사와의 직거래 방식을 선호한다. 출판 선진국들과 달리, 대부분의 출판사에서는 오프라인서점보다 인터넷서점의 매출 비중이 더 크다.

⑦ 정책의 관여도가 높다. 1960년대부터 1980년대까지는 출판사 설립이나 출판 활동에 대한 규제 위주의 부정적 정책 관여도가 높았

던 반면, 2000년대 이후에는 출판진흥 차원의 지원제도가 확충되었다. 「출판문화산업진흥법」 제정 및 법정(法定) 진흥기관인 한국출판문화산업진흥원 운영, 출판물에 대한 부가가치세 면제, 도서정가제 유지, 출판산업단지(파주출판도시) 조성, '세종도서'(우수도서) 선정·구입을 비롯한 출판 활동 지원, 출판유통 활성화 및 해외 수출 지원, 납본보상금 제도 등이 그것을 보여주는 예시다. 문화체육관광부는 「출판문화산업진흥법」에 근거한 출판문화산업진흥계획(5개년 계획)을 2003년부터 5년마다 수립·시행하고 있다. 현재는 제4차 '출판문화산업 진흥계획(2017~2021)'을 시행 중이다.

# 3 출판산업의 분류와 통계

### 1) 출판산업의 분류: 정보통신업

통계청에서는 유엔(UN) 통계처의 국제표준산업분류에 기초하여 국내의 산업구조와 기술변화를 반영한 한국표준산업분류를 제정·고시하고 있다. 생산 주체들이 수행하는 각종 상품과 서비스의 생산 활동을 일정한 분류기준과 원칙을 적용하여 체계적으로 유형화한 것이 한국표준산업분류(Korean Standard Industrial Classification)다. 한국표준산업분류는 통계 목적 외에도 일반 행정 및 산업정책 관련 법령에서 적용대상 산업 영역을 결정하는 기준으로 준용하고 있다. 사업 인허가, 조세 및 자금지원 등 행정과 산업정책 관련 법령에서 이를 준용하는 사례는 2019년 기준으로 약 110개의 법령, 시행령, 시행규칙에 이른다(통계청, 2019.12).

생산 단위(주로 사업체 단위, 기업체 단위)는 산출물뿐만 아니라 투입물과 생산공정 등을 함께 고려하여 그들의 활동을 가장 정확하게 설명한 항목으로 분류한다. 산업 활동이 결합해 있으면 그 활동 단위의 주된 활동에 따라 분류하며, 활동 단위는 대분류를 결정하고, 순차적으로 중·소·세·세세 분류 단계의 항목을 결정한다. 분류구조 및 부호체계를 보면, 분류구조는 대분류(1자리 숫자, 영문 대문자), 중분류(2자리 숫자), 소분류(3자리 숫자), 세분류(4자리 숫자), 세세분류(5자리 숫자)의 5단계로 구성된다.

한국표준산업분류에서는 과거 44년간 제조업에 속했던 출판업을 2007년 분류체계 전면 개정 때 '출판, 영상, 방송통신 및 정보서비스업'이라는 대분류에 포함한 바 있으며, 2017년 7월부터 시행 중인 제10차 개정 이후에는 대분류 명칭이 '정보통신업'으로 변경되었다. 또한 단행본 등이 포함된 '기타 서적 출판업'은 '일반 서적 출판업'으로 명칭이 변경되었다.

정보통신업은 "정보 및 문화상품을 생산하거나 공급하는 산업 활동, 정보 및 문화상품을 전송하거나 공급하는 수단을 제공하는 산업 활동, 통신 서비스 활동, 정보 기술과 자료 처리 및 기타 정보 서비스를 제공하는 산업 활동"으로 규정된다. 출판, 소프트웨어 제작·개발·공급, 영상 및 오디오 기록물 제작·배급, 라디오 및 텔레비전 방송, 방송용 프로그램 공급, 전기 통신, 정보 기술 및 기타 정보 서비스 활동 등이 포함된다.

여기서 '출판업(Publishing activities)'은 "서적, 정기 및 부정기 간행물 등의 인쇄물을 발간하거나 소프트웨어를 출판하는 산업 활동으로서 출판에 관련된 법적·재정적·기술적·예술적 수행 활동과 판매에 관한 활동을 포함한다. 출판물은 자사에서 직접 창작되거나 다른 사람에 의해 제작된 창작물을 구입 또는 계약하여 출판하며, 제공 방식은 전통적인 인쇄물 방법 또는 전자매체 등에 의해 이루어질 수 있다"라고 설명한다. 출판권 없이 각종 서적이나 정기간행물을 인쇄하는 경우는 '인쇄업'으로 분류한다.

[표 1-1] 한국표준산업분류의 '출판업' 관련 개정 내용

| 제9차 분류 | | 제10차 분류(현행) | |
|---|---|---|---|
| 대분류 | 출판, 영상, 방송통신 및 정보서비스업 | 대분류 | 정보통신업 |
| 분류 코드 | (항목) | 분류 코드 | (항목) |
| 58111 | 교과서 및 학습서적 출판업 | 58111 | 교과서 및 학습서적 출판업 |
| 58112 | 만화 출판업 | 58112 | 만화 출판업 |
| 58113 | 기타 서적 출판업 | 58113 | 일반 서적 출판업 |

〈제10차 분류에 포함된 분류 범위〉

58111: 교과서, 학습문제집, 수험서, 백과사전, 사전, 어학교재, 자격증용 학습교재

58112: 만화서적, 인터넷 웹툰, 만화책

58113: 문학서적, 소설, 인터넷 웹소설, 시집, 수필, 교양서적, 아동도서, 동화책, 아동용 그림책, 여행가이드 서적, 사업체목록부, 인명부, 정보목록부, 관광지도, 전화번호부, 판례집, 해도

## 2) 출판산업 관련 통계

출판산업과 연관된 통계로 한국출판문화산업진흥원(KPIPA)에서 출판산업의 7개 분야(출판사, 도매총판, 서점, 온라인서점, 전자책출판사, 전자책유통사 대상의 실태조사 및 도서저작권 수출통계)에 대해 매년 조사해 발표하는 「출판산업실태조사」, 반기별 보고서로 산업통계, 경기 동향, 상장사 및 트렌드 분석이 포함된 「KPIPA 출판산업 동향」을 발간한다.

한국콘텐츠진흥원에서는 매년 출판산업 규모와 종사자 규모 등을 살필 수 있는 「콘텐츠산업 통계조사」와 함께 「반기별 콘텐츠산업 동향분석」, 해외 산업 통계 등 콘텐츠산업 전반에 대한 통계와 기초자료를 제공한다. 가장 이용률이 높은 「콘텐츠산업 통계조사」는 출판산업, 만화산업, 음악산업, 게임산업, 영화산업, 애니메이션산업, 방송산업, 광

고산업, 캐릭터산업, 지식정보산업, 콘텐츠 솔루션 산업에 대한 사업체 수, 매출액, 부가가치액 구성, 종사자 현황 등에 대한 조사 결과를 제공한다.

이 외에 출판 발행 실적을 알 수 있는 대한출판문화협회의 『한국출판연감』은 출판사들의 도서관 납본(국립중앙도서관, 국회도서관) 대행 통계와 국내외 출판 관련 통계 및 자료를 정리해 매년 제공하며, 한국서점조합연합회의 『한국서점편람』은 출판유통에서 중요한 전국의 서점 수를 2년 주기로 집계한다. 교보문고와 예스24는 연간 매출 집계를 바탕으로 출판시장 동향과 베스트셀러 정보 등을 발표한다. 문화체육관광부는 홈페이지에서 '출판사·인쇄사 검색 시스템'을 운영한다. 출판사 또는 인쇄사를 검색하거나 지역별 사업체 수 등을 파악할 수 있다.

세계 출판시장 통계는 PwC(프라이스 워터스 쿠퍼하우스)의 글로벌 출판시장 통계, IPA(국제출판협회)가 제공하는 출판 관련 자료, APA(미국출판협회)를 비롯한 각국 출판협회나 프랑크푸르트 북페어 사이트에서 제공하는 출판시장 관련 자료, 일본 출판과학연구소가 발간하는 『출판연보』 등 다양한 정보원이 활용되고 있다.

국민의 독서 실태와 관련해서는 문화체육관광부가 2년 주기로 조사하는 「국민독서실태조사」, 통계청의 2년 주기 조사인 「사회조사」가 있다. 전자는 성인과 초·중·고 학생으로 나누어 각종 독서 행동과 관련된 종합적인 독서 지표 조사이고, 후자는 13세 이상 국민의 독서율과 독서량을 조사한다.

도서관계 통계로는 문화체육관광부가 운영하는 국가도서관통계시스템이 있다. 또한 매년 한국도서관협회가 발간하는 『한국도서관

연감』도 유용하다. 도서관계의 연간 주요 동향과 활동, 관종별 도서관의 각종 통계를 정리하여 싣는다. 대학도서관 관련 통계 자료로는 한국교육학술정보원이 매년 발행하는 『대학도서관 통계 분석 자료집』이 있다.

이상에서 언급한 통계 자료 중 일부는 출판산업의 산업 규모와 변화 등을 살피는 유용한 지표라는 점에서 매우 중요하지만 주요 업체의 조사 참여도 제고, 조사 결과 발표 시점의 단축, 철저한 시계열 지표 관리, 출판산업의 다양한 변화를 알 수 있는 항목 개발이 필요하다.

출판과 직접적으로 연관된 통계 및 통계 시스템은 매우 부족하며 중점적인 개선이 필요하다. 이를테면 분야별/저자별/출판사별/주제별 발행 정보, 2쇄 이상 발행 도서의 증쇄 정보, 책의 발견 가능성을 높이는 키워드 검색 및 내용 검색 시스템, 도서별 판매량 확인 정보, 세부 출판 분야별 출판시장 규모, 유통 경로별 판매시장 정보, 도서 구매자의 소비 행동 관련 통계, 분야별 출판 수출 종수 및 타이틀 정보 등 과학적인 경영과 독서 환경의 진화를 위해 각종 통계와 정보 시스템이 개발되어야 할 것이다.

2

# 출판 및 출판 관련 산업의 현황

# 1 출판업계의 산업구조와 산업 조직

## 1) 출판 생태계와 출판업계의 산업구조

출판업계의 산업조직은 매우 다양한 관계자가 연관되어 있으며, 이로 인해 출판산업의 구조는 출판 생태계라는 개념으로 설명이 가능하다. 출판 생태계(出版生態系, publishing ecosystem)는 출판이 이뤄지는 환경을 생태계에 비유하는 개념으로 제작, 유통, 소비뿐만 아니라 그와 관련된 정책과 법, 유관 산업 등을 포괄하는 개념이다. 출판을 둘러싼 환경을 생태계로 인식하여 선형적인 구조로 출판이 이뤄지는 것이 아니라 다각도의 방향에서 진행되고 진화되는 것을 '출판 생태계'라 한다. 출판 생태계로서 출판산업의 생산요소는 자본, 인력, 기술이라고 할 수 있다(한주리 외, 2014).

창의적 출판콘텐츠 기획, 고품질 출판콘텐츠 제작, 효율적 출판콘텐츠 유통을 위해서는 우수한 출판 인력 확보 및 운용을 위한 인건비, 첨단 제작시설·장비·기술 투자, 독자시장 분석, 마케팅, 광고 등에 막대한 규모의 자본이 지속적으로 필요하다. 특히 출판콘텐츠 생산·유통·소비의 전 과정에서 디지털화와 스마트화가 진전되면서 다기능·고품질 출판콘텐츠(양방향·고화질·고음질·실감체험·SNS연계 등)의 제작, 콘텐츠 유통의 N-스크린화, 다양하고 개별화된 소비욕구 충족 등을 위해서는 고도의 하이테크 시설, 장비, 기술, 소프트웨어 등이 요구된다. 여기서 N-스크린은 C-P-N-T(Contents, Platform, Network, Terminal)로 구분되는 산업계 체계에서 더 진보된 스마트 체계를 통해 언제 어디서나 다중 콘텐츠를 공유하고 실행할 수 있으며, 끊김 없는 이어보기가 가능한 사용자 중심 서비스를 의미한다.

비즈니스 생태계란 일련의 상호작용하는 조직들과 개인들에 의해 유지·진화되는 경제적 공동체를 의미한다. 따라서 시장에서 재화나 서비스가 생산·유통·소비되는 과정을 선형적으로 분석하는 가치사슬

〈그림 2-1〉 출판 생태계 구성요소

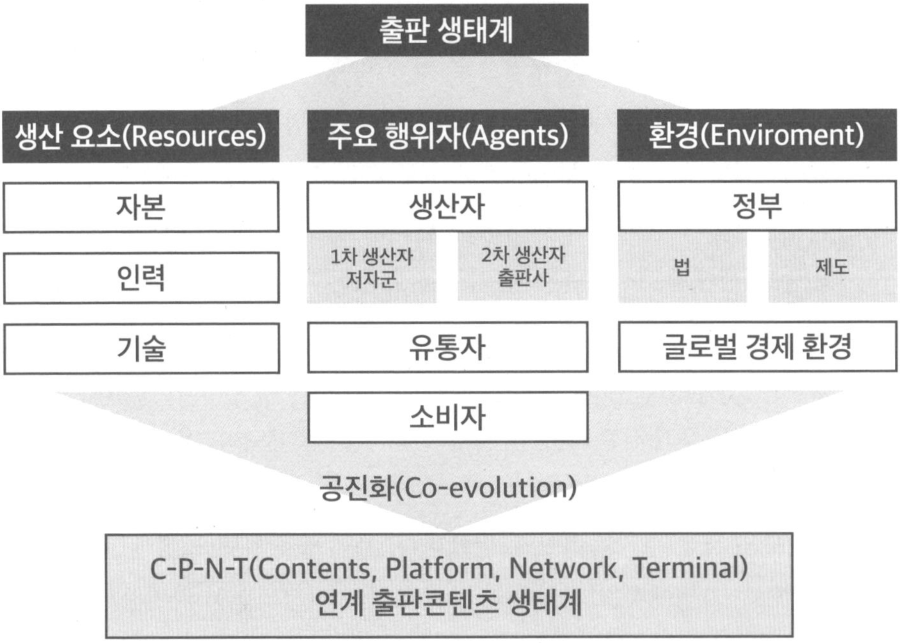


출처: 한주리·김정명 외(2014), 『책은 冊이 아니다: 21세기 출판 키워드 연구』, 서울: 꿈꾼권리, 40쪽.

개념과 달리, 비즈니스 생태계는 행위자(agent), 자원(resource), 환경(environment) 간의 상호작용을 통해 전체 시스템과 개별 구성요인들이 공진화(co-evolution)해 가는 역동성을 강조한다. 이에 비즈니스 생태계는 기본적으로 자연 생태계의 원형적 개념에서 비롯된 것으로 적자생존, 먹이사슬, 자정작용, 협력상생 등의 원리들을 내포한다. 이를 출판산업에 적용하면 출판 생태계(이후 '출판 비즈니스 생태계'를 '출판 생태계'로 쓴다)에 대한 도식화가 가능해지며, 이를 표현하면 〈그림 2-1〉과 같다.

### 2) 출판 가치사슬

저자, 출판사, 유통업체에 의해 부가된 모든 가치는 소비자에 대한 최종 판매를 통해 보상받을 수 있어야 한다. 단계별로 살펴보면, '시장 조사 및 편집 계획(콘텐츠 개발)', '재원 조달과 출판 결정(투자 및 리스크 관리)', '제품 개발 및 제작(품질 관리-프로세스 관리)', '마케팅, 판매, 유통(유통 경로 관리)', '마케팅, 소비자 만족(시장에 대한 커뮤니케이션)'으로 이어진다(Smith, 2013: 61).

인터넷을 기반으로 콘텐츠(C)-플랫폼(P)-네트워크(N)-디바이스(D)를 밀접히 연계시키는 글로벌기업의 비즈니스 모델이 성공하면서 콘텐츠 산업의 새로운 생태계가 가속화되었다. 출판도 예외는 아니어서 글로벌 기술 기업들(애플, 아마존, 구글 등)은 C-P-N-D를 밀접하게 연계시키는 새로운 출판콘텐츠 생태계 비즈니스 모델을 성공시키고 있다.

### 3) 출판 비즈니스 생태계로서의 출판콘텐츠 산업

출판 비즈니스 생태계로서 출판콘텐츠 산업의 주요 행위자는 생산자, 유통자, 소비자 그리고 정부라고 할 수 있다. 여기서 '생산자'는 출판콘텐츠 아이디어를 기획하거나 실제 콘텐츠를 제작하는 행위자로, 이는 다시 1차 생산자와 2차 생산자로 구분된다. 1차 생산자는 창의성과 다양성을 바탕으로 출판콘텐츠를 기획·창작하는 개인 또는 소수 집단을 의미하며, 저자군(소설가, 작가, 예술가, 만화가 등)이 이에 해당한다.

또한, 2차 생산자는 출판콘텐츠를 기획·생산·유통하는 사업을 하기 위해 1차 생산자를 조직화하여 출판콘텐츠를 생산하는 기업을 의미한다. 여타 콘텐츠 분야는 신문사, 영화제작사, 공연기획사, 음반제작사, 방송사[지상파방송, PP(Program Provider)], 연예기획사, 게임제작사, 인터넷 포털 등이 이에 해당하며, 출판산업은 출판사가 대표적인 2차 생산자라 할 수 있다.

유통자는 1차 생산자와 2차 생산자에 의해 생산된 출판콘텐츠를 다양한 유통 경로를 통해 독자(소비자)에게 공급하는 기업을 의미하며, 대체로 2차 생산자와 수직적으로 결합해 있는 경우가 많다. 그리고 독자는 생산자와 유통자에 의해 시장에 공급된 출판콘텐츠를 이용·향유하는 주체로, 엄밀한 의미에서 모든 소비자는 유료 소비자라고 할 수 있다. 그리고 정부는 국가를 단위로 콘텐츠 산업 및 시장구조를 조직하고, 전반적인 관리·규제·지원을 통해 콘텐츠 산업의 양적·질적 발전을 도모하며, 경제적·사회적 폐해를 차단·방지하는 역할을 한다(황준호 외, 2012). 이 외에도 FTA 등 세계적 협정에 의해 다양한 국가와의 교류도 한국의 출판 생태계에 영향을 미친다. 이를 모두 포함하는 개념을 '출판 생태계'라고 한다.

〈그림 2-2〉 출판 생태계 구성요소

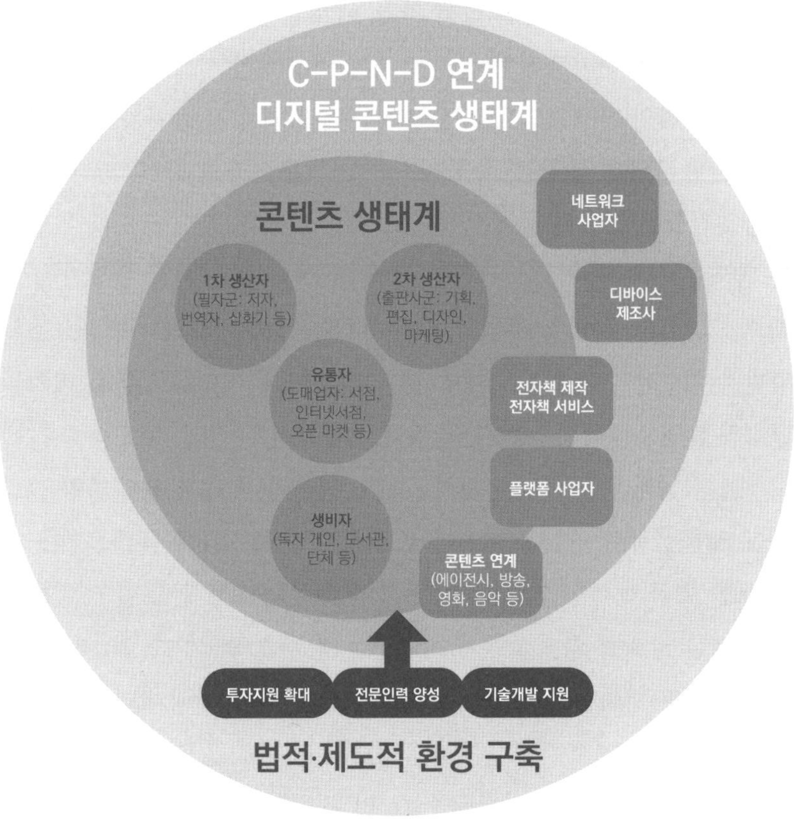


기존에 구축된 출판산업 전반의 제작·유통·소비 환경에 덧붙여 새로운 형태의 비즈니스 주체 및 디지털 환경이 출판 생태계를 구성하는 데 영향을 미치고 있다. 책은 디지털 환경 하에서 '형태 중심(Form Centric)'에서 벗어나 '콘텐츠 중심(Content Centric)'으로 변화가 요구되어 왔다(이중호, 2013). 우수한 출판콘텐츠는 다양한 콘텐츠로 활용할 수 있으므로 다각적인 차원에서 부가가치를 창출할 수 있다.

이 외에 출판 비즈니스 생태계로서 출판콘텐츠 산업의 환경요인은 출판 법제도 환경, 출판 정책 환경, 글로벌 출판환경으로 구성된다. 출판 생태계의 자기조직화 원리에 따른 안정적인 시스템 구축은 출판콘텐츠 산업의 환경요인으로서 정부가 법적·제도적 장치를 통해 형성하는 출판콘텐츠 산업 및 출판시장의 기본구조라고 할 수 있다. 특히 자기조직화된 출판콘텐츠 산업구조가 유지·발전할 수 있도록 투입되는 생산요소(자본, 기술, 인력)는 생태계에 참여하는 모든 행위자에 의해 공급되지만, 특히 정부의 정책적 지원을 통해 제공되는 생산요소는 출판콘텐츠 산업 분야 행위자의 생산·유통·소비 영역에 영향을 미치는 환경적 요인으로서 기능한다(한주리 외, 2014).

출판 생태계 외부에 존재하는 환경적 요인은 내부 생태계의 진화와 도태에 상당한 영향을 미치는데, 글로벌 경제 시대에 출판콘텐츠 산업 또한 초국적 복합기업, 양자간-다자간 무역협정, 글로벌 스탠더드 등 다양한 글로벌 환경요인과 직면한다(황준호 외, 2012: 26 재구성). 따라서 출판 생태계는 과거보다 훨씬 다양한 주체가 국내외를 포함하는 전 세계 시장에서 새로운 형태의 출판 비즈니스를 영위하기 위한 노력을 기울이고 있으며, 앞으로 더욱 많은 변화와 변혁에 직면하게 될 것이다.

# 2 한국 출판산업 현황

### 1) 한국출판 현황(2009~2018)

「출판문화산업진흥법」에 따르면, '출판문화산업'이란 간행물의 출판, 유통산업 및 그에 밀접히 연관된 산업을 의미한다. 즉 서적, 잡지 및 신문 도매업과 서적 및 잡지류 소매업이 포함되는 서적 도매업, 서적 소매업을 망라한다.

**〈그림 2-3〉 한국출판 현황(2009~2018)**

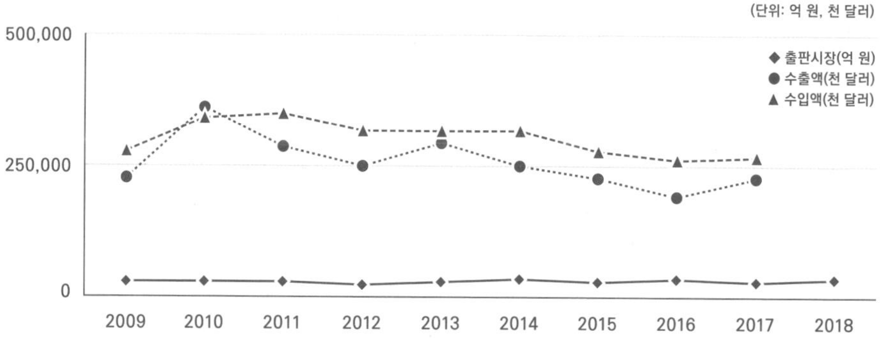


출처: e-나라지표, 문화체육관광부, 한국출판문화산업진흥원, 대한출판문화협회 『한국출판연감』, 콘텐츠산업통계, 통계청

미디어 환경 변화로 출판 수요의 증가세는 둔화하고 있으며, 출판 산업의 정체가 지속되고 있다. 한류 확산, FTA 체결 증가 등 글로벌 환경 변화로 수출이 증가하고 있으나, 언어적 제약, 시장 인프라 부족 등으로 인해 출판한류는 여전히 초보 단계다(대한출판문화협회, 2018).

e-나라지표의 출판 현황에 따르면, 출판 내수시장 규모는 2009년 3조 7,820억 원, 2010년 3조 8,946억 원, 2011년 3조 9,500억 원, 2012년 4조 12억 원, 2013년 4조 57억 원, 2014년 4조 205억 원, 2015년 4조 283억 원, 2016년 3조 9,977억 원, 2017년 3조 9,985억 원을 나타냈다.

한국출판문화산업진흥원 신간 통계에서 2018년 신간 발행 종수는 8만 1,890종으로 2017년 8만 138종보다 소폭 증가했다. 도서 분야별 발행 종수는 교육 6.2%, 문학 2.9%, 인문 2.7%, 예술/대중문화 28.8%, 실용 0.5%, 사회과학 5.5% 증가했다. 이에 비해 유아, 아동은 9.0%, 과학기술은 11.3% 감소한 것으로 나타났다.

**[표 2-1] 한국출판 현황**

(단위: 억 원, 천 달러)

| 출판 사업체 | 2010 | 2011 | 2012 | 2013 | 2014 | 2015 | 2016 | 2017 | 2018 |
|---|---|---|---|---|---|---|---|---|---|
| 출판 시장 | 27,258 | 28,504 | 24,133 | 25,397 | 29,438 | 25,385 | 30,163 | 26,922 | 33,262 |
| 수출액 | 358,741 | 283,437 | 245,154 | 291,394 | 247,268 | 222,736 | 187,388 | 220,951 | 248,991 |
| 수입액 | 339,555 | 351,604 | 314,306 | 131,481 | 319,219 | 277,329 | 256,006 | 264,110 | 268,114 |

출처: e-나라지표, 문화체육관광부, 한국출판문화산업진흥원, 대한출판문화협회 『한국출판연감』, 콘텐츠산업통계, 통계청, 출판시장(억 원), 수출액과 수입액(천 달러)

## 2) 한국 출판산업의 규모(2015~2018)

한국출판문화산업진흥원에서 실시하는 「KPIPA 출판산업실태조사」에 따르면, 출판사업체, 출판유통사업체, 전자책사업체를 조사 모집단으로 두고, 그중 중복 확인을 통해 목표 모집단을 설정한 후 휴폐업, 결번 등을 확인하여 조사 모집단을 선정하여 조사한다. 2015~2018년 출판산업실태조사는 3개 분야 업체를 조사대상으로 했고, 조사 모집단 현황은 아래와 같다.

**[표 2-2] 조사 모집단 현황**

(단위: 개)

| 연도 구분 | | 2015 | | | 2016 | | | 2017 | | | 2018 | | |
|---|---|---|---|---|---|---|---|---|---|---|---|---|---|
| 구분 | | 예비 모집단 *** | 목표 모집단 **** | 조사 모집단 ***** | 예비 모집단 | 목표 모집단 | 조사 모집단 | 예비 모집단 | 목표 모집단 | 조사 모집단 | 예비 모집단 | 목표 모집단 | 조사 모집단 |
| 출판 사업체 | | 44,734 | 5,075 | 3,675 | 47,972 | 5,403 | 3,497 | 49,531 | 5,776 | 3,473 | 44,342 | 5,402 | 3,404 |
| 출판 유통 사업체 | 도매·총판 | 787 | 607 | 316 | 820 | 646 | 336 | 1,289 | 1,030 | 301 | 1,263 | 1,050 | 377 |
| | 오프라인 서점 | 4,581 | 2,277 | 1,754 | 5,003 | 2,510 | 1,820 | 4,933 | 2,397 | 1,661 | 5,182 | 2,590 | 1,744 |
| | 온라인 서점 | 632 | 232 | 144 | 661 | 245 | 156 | 710 | 253 | 164 | 682 | 263 | 205 |
| 전자책 사업체 | 전자책 유통사 | 493 | 28 | 21 | 534 | 31 | 28 | 572 | 77 | 27 | 263 | 33 | 29 |
| | 전자책 출판사 | 4,492 | 3,675 | 584* | 4,968 | 3,791 | **618 | 5,011 | 2,849 | 928 | 5,402 | 3,404 | 932 |
| 전체 | | 55,719 | 11,894 | 6,494 | 59,958 | 12,626 | 6,455 | 62,046 | 13,382 | 6,554 | 57,134 | 12,742 | 6,691 |

* 출판사업체 3,675개 중 전자책출판사업을 병행하는 곳 584개사

** 출판사업체 3,497개 중 전자책사업을 병행하는 곳 534개사 및 전자책 제작업체 84곳

*** 예비 모집단은 중복 확인한 수

**** 목표 모집단은 휴폐업, 결번 등을 제외(거절 포함)한 수

***** 조사 모집단은 조사한 연도 기준 매출실적이 있는 사업체

2015~2018년의 추이를 살펴보면, 출판사업체 수는 점차 늘었다가 2018년 다소 줄어들었음을 알 수 있다. 이에 비해 도매나 총판은 유사한 수준이며, 오프라인 서점은 등락을 거쳤으나 2017년 기준으로 2014년과 대비해보면 감소했음을 알 수 있다. 이에 비해 온라인서점은 증가세를 나타내고 있다. 전자책유통사의 경우, 모집단은 2014년 대비 매년 증가했으나 해당 연도 기준 매출실적이 있는 사업체는 5% 선에 그치는 것을 알 수 있다.

스마트 기기의 보급, 유통사 증가 등에 힘입어 국내 전자책시장(전체 검색 수정)이 성장하고 있으나, 콘텐츠 부족 등으로 활성화는 아직 미흡한 수준이다.

### 3) 출판사업체 수 추이(2015~2018)

「KPIPA 출판산업실태조사」의 출판산업 사업체 수 추이(2015~2018)를 살펴보면, 아래 표와 같다.

**[표 2-3] 출판산업의 사업체 수 추이(2015~2018)**

| 구분 | 2015 | 2016 | 2017 | 2018 | 2018 비중(%) |
|---|---|---|---|---|---|
| 일반단행본 | 2,325 | 2,170 | 2,251 | 2,283 | 67.0 |
| 학술서 | 693 | 705 | 694 | 619 | 18.1 |
| 교과서 | 239 | 265 | 233 | 212 | 6.2 |
| 아동도서 | 216 | 176 | 148 | 172 | 5.0 |
| 학습지 | 126 | 100 | 71 | 98 | 2.8 |
| 전집 | 24 | 18 | 61 | 20 | 0.5 |
| 전자출판 | * | 55 | 15 | * | 0.0 |
| 전체 | 3,623 | 3,489 | 3,473 | 3,404 | 100.0 |

* 규모 추정 기준에 따라 전자출판 주력 사업체 제외

출판산업의 사업체 수 추이(2015~2018)를 살펴보면, 전체 숫자가 2015년 3,623개사, 2016년 3,489개사, 2017년 3,473개사, 2018년 3,404개사로 점차 감소세를 나타내고 있음을 알 수 있다. 이 중 2018년 기준으로 일반단행본은 67.0%로 가장 높은 비중을 차지하고 있으며, 그다음으로 학술서/전문서가 18.1%를 나타내고 있다.

#### 4) 출판산업의 매출액 규모 추이(2015~2018)

「KPIPA 출판산업실태조사」의 출판산업 매출액 규모 추이(2015~2018)를 살펴보면, 아래 표와 같다.

2018년도 기준 출판사업체, 출판유통사업체(도매·총판), 오프라인 서점, 온라인서점), 전자책사업체(전자책유통사) 규모를 추정했다. '전자책유통사'는 주요 사업체인 통신사와 포털사이트는 응답하지 않

**[표 2-4] 출판산업의 매출액 규모(2015~2018)**

(단위: 백만 원)

| 구분 | | 매출 규모(매출액 기준) | | | |
|---|---|---|---|---|---|
| | | 2015 | 2016 | 2017 | 2018 |
| 출판사업체 | | 4,027,849 | 3,963,403 | 3,912,197 | 3,908,372 |
| 출판유통 사업체 | 도매·총판 | 872,087 | 839,664 | 791,275 | 789,652 |
| | 오프라인 서점 | 1,380,101 | 1,385,241 | 1,308,984 | 1,269,198 |
| | 온라인서점 | 1,183,836 | 1,369,698 | 1,484,595 | 1,566,285 |
| 전자책사업체 | 전자책유통사 | 125,823 | 172,437 | 219,350 | 270,202 |
| 소계 | | 7,589,696 | 7,729,443 | 7,716,401 | 7,803,709 |
| | 전자책출판사 | 70,941 | 83,569 | - | - |
| 전체 | | 7,660,637 | 7,813,012 | 7,716,401 | 7,803,709 |

아 제외된 규모이며, 이는 전년(2017 출판산업실태조사, 2016년 기준)도 동일하다. 여기서 출판사업체 및 출판유통사업체는 조사 모집단을 기준으로 규모를 추정한 값이다.

2018년 기준 국내 출판산업의 매출 규모는 약 7조 8,037억 원으로 전년 대비 0.1% 증가했는데, 이는 온라인서점과 전자책유통사의 매출액이 전년보다 증가한 데 기인한다. 2017년에는 약 7조 7,164억 원으로 전년 대비 0.2% 감소했으며, 종사자 규모는 3만 9,894명으로 전년 대비 4.1% 감소했다. 2017년 매출액 비중이 가장 큰 출판사업체의 매출 규모는 전년 대비 1.3% 감소했으나 온라인서점, 전자책유통사 등 전자상거래 관련 사업체의 매출액은 증가했다.

2016년 국내 출판산업의 총 매출 규모는 약 7조 8,130억 원으로, 전년 대비 2.0% 증가한 것으로 나타났다. 매출액의 50.7%를 차지하는 출판사업체(종이책 출판)의 매출은 1.6% 감소했으나, 온라인서점 15.7%, 전자책유통사가 37.0% 증가했다. 일반단행본 전자책은 별다른 성과가 없지만 장르소설 및 웹소설의 성장세가 전자출판의 성장을 주도하고 있으며, 콘텐츠의 다양성만큼 시장 성장 가능성과 추이가 주목된다. 이 중 전자출판시장을 견인하고 있는 웹소설 분야는 주로 구독서비스 형태로 운영되며, 매체는 모바일 채널을 주로 사용하고 있다.

### 5) 출판산업의 종사자 규모 추이(2015~2018)

「KPIPA 출판산업실태조사」의 출판산업 종사자 규모 추이(2015~2018)를 살펴보면, 다음 표와 같다.

[표 2-5] 출판산업의 종사자 규모(2015~2018)

| 구분 | | 종사자 규모(종사자 수 기준) | | | |
|---|---|---|---|---|---|
| | | 2015 | 2016 | 2017 | 2018 |
| 출판사업체 | | 28,483 | 28,682 | 27,169 | 27,086 |
| 출판유통 사업체 | 도매·총판 | 2,917 | 2,823 | 2,684 | 2,681 |
| | 오프라인 서점 | 6,290 | 6,328 | 6,153 | 6,117 |
| | 온라인서점 | 3,002 | 3,086 | 3,162 | 3,175 |
| 전자책사업체 | 전자책유통사 | 498 | 680 | 726 | 863 |
| 소계 | | 41,190 | 41,599 | 39,894 | 39,922 |
| | 전자책출판사 | 1,136 | 1,175 | - | - |
| 전체 | | 42,326 | 42,774 | 39,894 | 39,922 |

2018년 종사자 규모가 가장 큰 출판사업자의 종사자 수는 2만 7,086명으로 전년 대비 -0.4%로 나타났고, 2017년 출판사업체의 종사자 수는 전년 대비 5.3% 감소했으나 온라인서점, 전자책유통사에서는 종사자가 증가한 것으로 나타났다. 2016년 국내 출판산업 종사자 수는 약 4만 2,774명으로 전년 대비 1.1% 늘어난 것으로 집계되었다. 이 중 출판사업체의 종사자 수 비중은 67.1%로, 전년 대비 0.7% 증가한 것으로 집계되었다.

2015~2018년 전체 종사자 규모는 2015년 4만 2,326명, 2016년 4만 2,774명으로 늘었다가 2017년 3만 9,894명으로 감소했다. 이에 비해 2018년에는 3만 9,922명으로 전년보다 약간 높은 것으로 파악된다. 특기할 사항은 출판사업체, 도매·총판, 오프라인 서점은 2015년 대비 2016년 소폭 상승했다가 2017년 다시 감소한 데 비해 온라인서점, 전자책유통사와 전자책출판사는 2015년 대비 2018년까지 점차 소폭의 증가세를 보인다는 점이다.

# 3 출판산업 사업체 수, 종사자 수, 매출액 현황

### 1) 출판산업의 사업체, 종사자, 매출액 규모 추이(2015~2018)

콘텐츠산업조사는 「출판문화산업진흥법」에서 정의한 '출판문화산업'의 범주에 대한 통계자료를 제공하고 있다. 즉 서적, 잡지 및 신문 도매업과 서적 및 잡지류 소매업이 포함되는 서적 도매업, 서적 소매업을 망라하는 간행물의 출판, 유통산업 및 그에 밀접히 연관된 산업의 통계치를 보여준다.

한국콘텐츠진흥원 콘텐츠산업조사의 출판산업 모집단이 차지하는 비중은 23.0%로 지식정보 12.4%, 음악 10.9%, 광고 10.2%보다 높은 비중을 차지하고 있음을 알 수 있다.

**[표 2-6] 콘텐츠산업 2018년 표본 설계 기준 산업별 적정 표본 수 및 조사 표본 수**

(단위: %)

| 산업명 | 모집단 | 적정 표본 수 | 비중 | 추출률 | 조사 표본 수 | 비중 |
|---|---|---|---|---|---|---|
| 출판 | 25,452 | 555 | 23.0 | 2.2 | 555 | 23.0 |
| 만화 | 7,726 | 120 | 5.0 | 1.6 | 120 | 5.0 |
| 음악 | 35,501 | 264 | 10.9 | 0.7 | 264 | 10.9 |
| 게임 | 12,363 | 185 | 7.7 | 1.5 | 185 | 7.7 |
| 영화 | 1,398 | 120 | 5.0 | 8.6 | 120 | 5.0 |
| 애니메이션 | 447 | 138 | 5.7 | 30.9 | 138 | 5.7 |

| | | | | | | |
|---|---|---|---|---|---|---|
| 방송 | 957 | 120 | 5.0 | 12.5 | 120 | 5.0 |
| 광고 | 7,229 | 245 | 10.2 | 3.4 | 245 | 10.2 |
| 캐릭터 | 2,213 | 182 | 7.5 | 8.2 | 182 | 7.5 |
| 지식정보 | 8,719 | 300 | 12.4 | 3.4 | 300 | 12.4 |
| 콘텐츠 솔루션 | 1,798 | 184 | 7.6 | 10.2 | 184 | 7.6 |
| 전체 | 105,803 | 2,413 | 100.0 | 2.3 | 2,413 | 100.0 |

출처: 2018년 상반기「콘텐츠산업 동향분석보고서(출판·만화산업 편)」

주: 전체 표본 수 대비 산업별 표본 수 비중

한국콘텐츠진흥원은 2018년 '대한민국 콘텐츠산업 2018년 결산과 2019년 전망 세미나'에서 자체 집계한 장르별 콘텐츠산업 매출 및 수출 추정액에 대해 2017년 대비 5.2% 성장한 116조 3천억 원이라고 발표했다(한국콘텐츠진흥원, 2019).

〈그림 2-4〉 2018년 콘텐츠산업 분야별 추정치

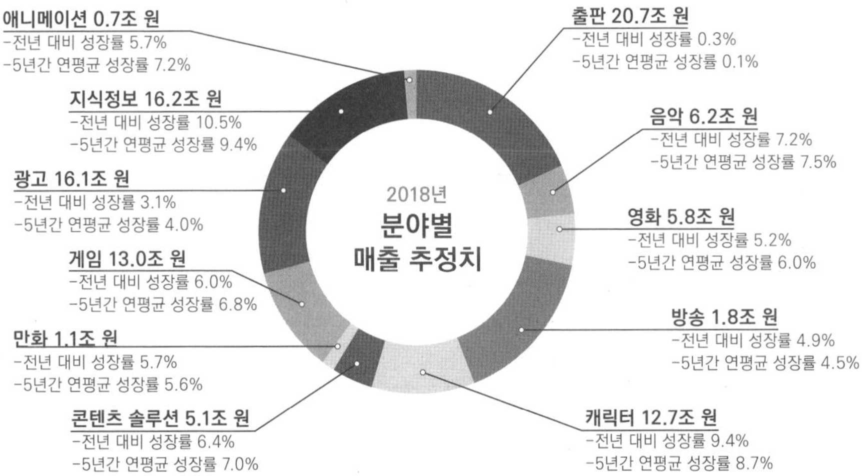


출처: 한국콘텐츠진흥원, 박석환(2019)에서 재인용.

우선, 서적출판업 사업체 수는 2015년 1,856개사였다가 2017년에는 1,851개사로 약한 감소세를 보이다가 2018년 다시 1,972개사로 늘었다. 이에 비해 교과서/ 학습서적 출판업은 2015년 695개사에서 2017년 747개사, 2018년 728사로 증가했다가 조금 하락했다.

인터넷/모바일 전자출판제작업은 2015년 174개사, 2016년 181개

**[표 2-7] 콘텐츠산업조사의 출판산업의 사업체 수, 종사자 수, 매출액 규모 추이(2015~2017)**

(단위: 개, 명, 백만 원)

| | 2015 | | | 2016 | | | 2017 | | | 2018 | | |
|---|---|---|---|---|---|---|---|---|---|---|---|---|
| 출판산업통계분류 | 사업체 | 종사자 | 매출액 | 사업체 | 종사자 | 매출액 | 사업체 | 종사자 | 매출액 | 사업체 | 종사자 | 매출액 |
| 서적 출판업 | 1,856 | 9,392 | 1,208,402 | 1,831 | 9,264 | 1,173,242 | 1,851 | 9,268 | 1,169,848 | 1,972 | 9,392 | 1,153,340 |
| 교과서/ 학습서적 출판업 | 695 | 15,015 | 2,819,854 | 706 | 15,272 | 2,824,427 | 747 | 15,537 | 2,828,654 | 728 | 15,681 | 2,857,646 |
| 인터넷/ 모바일 전자출판 제작업 | 174 | 1,737 | 255,486 | 181 | 1,924 | 292,488 | 186 | 2,080 | 340,357 | 176 | 2,292 | 383,026 |
| 신문 발행업 | 422 | 16,621 | 2,720,323 | 497 | 17,124 | 2,854,688 | 603 | 17,284 | 2,854,363 | 640 | 17,521 | 2,884,617 |
| 잡지 및 정기 간행물 발행업 | 1,160 | 9,411 | 1,054,958 | 1,311 | 9,854 | 1,123,325 | 1,355 | 10,079 | 1,122,841 | 1,367 | 10,482 | 1,148,805 |
| 정기광고 간행물 발행업 | 398 | 5,084 | 463,245 | 387 | 5,103 | 492,221 | 366 | 5,151 | 491,792 | 334 | 5,247 | 504,443 |
| 기타 인쇄물 출판업 | 237 | 1,094 | 194,887 | 246 | 1,143 | 201,314 | 264 | 1,166 | 201,033 | 277 | 1,194 | 203,844 |
| 합계 | 4,942 | 58,354 | 8,717,155 | 5,159 | 59,684 | 8,961,705 | 5,372 | 60,566 | 9,008,888 | 5,494 | 61,809 | 9,135,721 |

사, 2017년 186개사로 조금 늘었다가 2018년 176개사로 다소 줄어들었으며, 신문발행업은 2013년 390개사에서, 2015년 422개사였다가 2016년 497개사, 2017년 기준 603개사로 크게 증가했음을 알 수 있다. 콘텐츠산업조사의 출판산업 사업체 수, 종사자 수, 매출액 규모 추이(2015~2017)를 살펴보면, [표 2-7]과 같다.

잡지 및 정기간행물 발행업은 2014년에는 1,160개사에서 2016년 1,311개사, 2017년 1,355개사로 증가했고, 정기광고간행물 발행업은 2015년 398개사에서 2016년에는 387개사로 줄었고, 2017년에는 366개사, 2018년에는 334개사로 줄어들었다. 기타 인쇄물 출판업은 2015년 237개사, 2016년 246개사, 2017년 264개사, 2018년 277개사로 증가세를 나타내고 있다.

# 4 출판 도소매업, 온라인 출판유통업, 출판 임대업 현황

### 1) 출판 도소매업, 온라인 출판유통업, 출판 임대업 사업체 수, 종사자 수, 매출액 규모 추이(2015~2018)

콘텐츠산업조사의 출판 도소매업, 온라인 출판유통업, 출판 임대업 사업체 수, 종사자 수, 매출액 규모 추이(2015~2018)를 살펴보면, [표 2-8]과 같다.

출판 도소매업은 2015년 6,158개사, 2016년 6,119개사, 2017년 6,203개사로 점차 감소하다가 소폭 증가했음을 알 수 있다. 2018년에는 6,078개사로 소폭 감소했다. 이에 비해 종사자 수와 매출액은 2015년에는 종사자 3만 7,908명, 매출액 7조 7,166억 3,700만 원에서 2017년에는 종사자 3만 6,742명, 매출액 7조 5,195억 8,900만 원으로 점차 줄어들었다. 2018년에는 종사자 3만 6,646명, 매출액 7조 5,007억 3,800만 원으로 전년보다 소폭 하락했다.

온라인유통업의 사업체는 2015년 43개사, 2017년 48개사, 2018년 56개사로 소폭 증가한 데 비해 매출액 증가세가 더 크다. 서적임대업은 사업체 수, 종사자 수, 매출액 모두 점차 감소세를 나타내고 있음을 알 수 있다.

**[표 2-8] 콘텐츠산업조사의 출판 도소매업, 온라인 출판유통업, 출판 임대업 사업체 수, 종사자 수, 매출액 규모 추이(2013~2018)**

(단위: 개, 명, 백만 원)

| 분류 | 구분 | 2015 | | | 2016 | | | 2017 | | | 2018 | | |
|---|---|---|---|---|---|---|---|---|---|---|---|---|---|
| | | 사업체 | 종사자 | 매출액 | 사업체 | 종사자 | 매출액 | 사업체 | 종사자 | 매출액 | 사업체 | 종사자 | 매출액 |
| 출판 도소매업 | 서적 및 잡지류 도매업 | 1,619 | 10,254 | 2,705,652 | 1,608 | 9,866 | 2,664,220 | 1,599 | 9,814 | 2,630,776 | 1,600 | 9,715 | 2,577,298 |
| | 서적 및 잡지류 소매업 | 4,539 | 27,654 | 5,010,952 | 4,511 | 27,022 | 4,975,420 | 4,604 | 26,928 | 4,888,813 | 4,478 | 26,931 | 4,923,440 |
| | 소계 | 6,158 | 37,908 | 7,716,604 | 6,119 | 36,888 | 7,639,640 | 6,203 | 36,742 | 7,519,589 | 6,078 | 36,646 | 7,500,738 |
| 온라인 출판 유통업 | 인터넷/모바일 전자출판 서비스업 | 43 | 481 | 181,582 | 44 | 524 | 215,236 | 48 | 551 | 238,846 | 56 | 581 | 259,677 |
| | 소계 | - | - | - | 44 | 524 | 215,236 | 48 | 551 | 238,846 | 56 | 581 | 259,677 |
| 출판 임대업 | 서적임대 (만화 제외) | 2,337 | 1,886 | 54,874 | 2,025 | 1,836 | 53,855 | 1,735 | 1,873 | 55,145 | 1,679 | 1,903 | 55,685 |
| | 소계 | - | - | - | 2,025 | 1,836 | 53,855 | 1,735 | 1,873 | 55,145 | 1,679 | 1,903 | 55,685 |

# 5 출판 관련 산업 현황

### 1) 인쇄산업의 사업체, 종사자, 매출액 규모 추이(2015~2018)

인쇄산업은 전통적으로 인쇄물을 발주하는 업체가 실제 소비자를 공략하기 위해 필요로 하는 제품으로, 인쇄물을 제작하는 산업 형태로 존재해왔다. 인쇄산업은 전형적인 B2B 산업이며, 대외 경기에 민감한 산업 분야다(조갑준, 2019). 최근 디지털 인쇄기의 보급과 함께 포토북 사업에서는 B2C 영역으로 확장을 꾀하고 있다.

콘텐츠산업조사의 인쇄산업 사업체 수, 종사자 수, 매출액 규모 추이(2015~2018)를 살펴보면, 아래 표와 같다.

인쇄업은 2015년 1만 2,025개사, 2016년 1만 2,105개사로 점차 감소하다가 2017년 1만 2,471개사로 소폭 증가했음을 알 수 있다. 2018년에는 1만 1,688개사로 다시 감소했다. 이에 비해 종사자 수도

**[표 2-9] 인쇄산업의 사업체 수, 종사자 수, 매출액 규모 추이(2015~2018)**

| 인쇄산업 통계분류 | 2015 | | | 2017 | | | 2017 | | | 2018 | | |
|---|---|---|---|---|---|---|---|---|---|---|---|---|
| | 사업체 | 종사자 | 매출액 | 사업체 | 종사자 | 매출액 | 사업체 | 종사자 | 매출액 | 사업체 | 종사자 | 매출액 |
| 인쇄업 | 12,025 | 49,922 | 3,839,549 | 12,105 | 50,125 | 3,895,442 | 12,471 | 51,576 | 3,932,866 | 11,688 | 52,056 | 4,001,951 |
| 소계 | - | - | - | 12,105 | 50,125 | 3,895,442 | 12,471 | 51,576 | 3,932,866 | 11,688 | 52,056 | 4,001,951 |

사업체 수와 마찬가지로 점차 감소하다가 2017년 5만 1,576명으로 증가했고, 2018년에는 5만 2,056명으로 증가했다. 매출액은 2015년부터 점차 증가하여 2018년에는 4조 19억 5,백만 원으로 증가 추세를 나타냈다.

### 2) 제지산업 국내외 수급 현황(2017~2018)

2018년 국내 제지업계는 내수 부진, 수출환경 악화 등 어려운 여건 속에서 주원료 가격의 등락이 있던 한 해였다. 종이 생산과 수출은 2년 연속 감소했고, 국내 출하도 전년 대비 감소세를 보였다. 주원료인 펄프 가격의 강세 기조가 이어지면서 인쇄용지업계의 경영 실적이 크게 악화되었다.

『한국출판연감』의 제지업계 지종별 수급 현황(2017~2018)을 살펴보면, 아래 표와 같다.

종이류는 전년 대비 약 3%의 생산 감소를 보였는데, 스마트 기기 보급 확대로 신문, 인쇄출판 등 전방산업의 수요 부진과 수출 수요 둔

[표 2-10] 지종별 수급 현황(2017~2018)

| 종이 | 생산 | | 국내 출하 | | 수출 | | 수입 | |
|---|---|---|---|---|---|---|---|---|
| | 2017 | 2018 | 2017 | 2018 | 2017 | 2018 | 2017 | 2018 |
| 신문용지 | 1,121 | 986 | 612 | 550 | 536 | 439 | - | - |
| 인쇄용지 | 2,742 | 2,680 | 1,539 | 1,513 | 1,212 | 1,150 | 315 | 320 |
| 포장용지 | 176 | 198 | 163 | 166 | 17 | 20 | 82 | 85 |
| 위생용지 | 512 | 556 | 467 | 507 | 46 | 47 | 64 | 62 |
| 특수지 | 138 | 126 | 123 | 112 | 9 | 11 | 340 | 325 |
| 소계 | 4,689 | 4,546 | 2,904 | 2,848 | 1,820 | 1,667 | 801 | 792 |

출처: 2018년 국내 지류 생산·출하·재고 현황(한국제지연합회), 수입은 관세청 통관 실적 기준, 『한국출판연감』, 2018.

화로 신문용지, 인쇄용지의 생산이 줄어들었기 때문이며, 2년 연속 감소세를 나타냈다.

### 3) 만화산업 사업체 수, 종사자 수, 매출액 규모 추이(2015~2018)

만화산업은 1995년 정부가 '통제 중심에서 진흥 중심'으로 바꾼 이후 지속적인 성장세를 보여왔으며, 2013년 '제3차 만화산업 중장기 계획'에서 세운 '2018년 만화산업 매출 1조 원 달성'이라는 목표를 2019년 1조 1천억 원으로 달성한 바 있다. 이는 2013년 이후 유료 웹툰시장이 본격화되면서 가능해졌다고 분석한다. 또한 2018년 9월 카카오페이지는 전통적인 만화출판사 대원씨아이에 150억 원(지분 19.8%), 학산문화사에 146억 원(지분 19.8%), 서울미디어코믹스에 100억 원(서울문화사의 만화사업 부문 자회사, 지분 22.22%)에 총 400여억 원을 투자했다고 공시했다. 이를 통해 카카오페이지는 디지털화에 적극성을 보이는 일본만화 콘텐츠를 안정적으로 확보하고 카카오페이지의 디지털 기반 콘텐츠를 유통할 수 있는 오프라인 창구를 마련한 셈이다(박석환, 2019).

콘텐츠산업조사의 만화산업 사업체 수, 종사자 수, 매출액 규모 추이(2015~2018)를 살펴보면, [표 2-11]과 같다.

만화산업 사업체 수는 2015년 8,145개사, 2016년 7,726개사, 2017년 7,172개사, 2018년 6,628개사로 점차 줄어들었다. 이에 비해 종사자 수는 2015년 1만 3명에서 2016년 1만 127명으로 늘어났고, 2017년 1만 397명, 2018년 1만 761명으로 증가했다.

**[표 2-11] 만화산업 사업체 수, 종사자 수, 매출액 규모 추이(2015~2018)**

(단위: 개, 명, %)

| 만화산업 | 2015 | 2016 | 2017 | 2018 |
|---|---|---|---|---|
| | 사례 수 | 사례 수 | 사례 수 | 사례 수 |
| 사업체 | 8,145 | 7,726 | 7,172 | 6,628 |
| 종사자 | 10,003 | 10,127 | 10,397 | 10,761 |
| 매출액 | 919,408 | 976,257 | 1,082,228 | 1,178,613 |
| 부가가치 | 362,028 | 392,558 | 432,681 | 427,238 |
| 부가가치율 | 39.4 | 40.2 | 40 | 36.2 |
| 수출액 | 29,354 | 32,482 | 35,262 | 40,501 |
| 수입액 | 6,715 | 6,554 | 6,570 | 6,588 |

한편, 매출액 규모는 매년 증가하여 2015년 9,194억 800만 원 규모에서 2017년에는 1조 822억 2,800만 원, 2018년에는 1조 1,786억 1,300만 원 규모까지 성장했다. 부가가치도 점차 증가했으며, 수출액은 매년 증가세를 나타내고 있음을 알 수 있다.

### 4) 웹소설 및 웹툰산업 주요 트렌드(2018~2019)

한국콘텐츠진흥원의 『2019 만화산업 백서』에 따르면, 웹에 접속해서 업로드된 소설을 온라인 열람 방식으로 보는 웹소설시장이 급성장하고 있다고 밝혔다. 웹소설은 인터넷에 연재되는 소설로 네이버 웹소설, 카카오페이지 등의 웹소설 전용 플랫폼 등을 통해 웹상에서 연재되고 소비되는 형태의 소설을 말한다. 즉 웹소설은 한 편이 3~5분 정도의 짧은 시간 내에 읽을 수 있는 분량으로, 소설이 분절되어 판매되는 방식이라고 할 수 있다. 이러한 웹소설은 무엇보다 스마트폰 열람에 최적화된 형태의 콘텐츠다. 웹소설의 대중화가 진행됨에 따라 다양한 창작자와 소비층이 유입되고 규모가 빠르게 확장하고 있다. 웹소설 장르에는 로맨스, 판타지, 무협 등이 있다.

또한, 웹툰의 경우 드라마화, 영화화 등이 이뤄져왔으며, 해외로 수출도 이뤄지고 있다.

최근 한국출판문화산업진흥원에서는 웹툰 및 웹소설에 대해 국제표준자료번호(ISBN)를 부여받도록 권고하고, 출판유통심의위원회에서는 전자출판물에 대해 정가표시 등을 의무화하는 내용의 공문을 각 전자책유통사 및 플랫폼 대표에게 발송했다.

「2019년 만화 이용자 실태조사」에서는 전국 17개 시·도 만 10~59세의 국내 거주 만화 이용자 3천 명을 대상으로 온라인 정량조사를 진행했다. 이 중 남성 1,535명(51.2%), 여성 1,465명(48.8%)이 응답했는데, 만화 이용 빈도는 일주일에 1~2회가 19.6%로 가장 높게 나타났다. 만화 행태별 이용 경험으로는 디지털 만화만 이용하는 응답자 비율이 67.4%로 가장 많은 비중을 차지했고, 그다음이 디지털 만화와 종이 만화를 병행하는 사람이 28.6%, 종이 만화만 보는 사람은 4.0%에 그쳤다.

### 5) 잡지산업 사업체 수 추이(2012~2017)

한국언론진흥재단의 「2018년 잡지산업 실태조사 보고서」에 따르면, 잡지산업의 전체 매출액은 2017년 1조 354억 원으로 2014년 1조 3,754억 원에 비해 24.7% 줄었다. 반면, 같은 기간 동안 정기구독자가 있는 잡지 비율은 76.2%에서 88.7%로 늘었다. 광고시장에서 잡지가 차지하는 비중이 감소하여 잡지산업 전체가 어려움을 겪으면서 정기구독자를 확보하는 일이 매우 중요한 상황이다.

잡지의 주요 수익원 중 광고 비중은 2012년 39.2%에서 2017년 37.7%로 줄어든 반면, 판매 수입 비중은 2012년 37.9%에서 2017년

42.4%로 상승했다(정준기, 2019). 한국언론진흥재단의 잡지산업 사업체 수 추이(2012~2017)를 살펴보면, 아래 표와 같다.

**[표 2-12] 잡지산업 사업체 수 추이(2012~2017)**

| 구분 | 2012 | 2014 | 2017 |
|---|---|---|---|
| 잡지산업 모집단 | 1,965 | 2,509 | 2,021 |
| 정기간행물 등록 현황 | 3,712 | 4,316 | 4,093 |

| 잡지산업 | 구분 | 2012 | 2014 | 2017 |
|---|---|---|---|---|
| | | 사업체 수 | 사업체 수 | 사업체 수 |
| 기업 형태별 | 개인사업자 | 478 | 275 | 356 |
| | 회사법인 | 994 | 295 | 408 |
| | 회사 외 법인 | 7 | 1,939 | 1,257 |
| 발행 종수별 | 1종 | 1,247 | 2,386 | 1,789 |
| | 2종 | 155 | 98 | 171 |
| | 3종 이상 | 77 | 25 | 61 |
| 매출액 규모별 | 1억 원 미만 | 174 | 1,239 | 677 |
| | 1~10억 원 미만 | 1,022 | 877 | 1,163 |
| | 10~100억 원 미만 | 228 | 380 | 165 |
| | 100억 원 이상 | 55 | 13 | 16 |
| 종사자 규모별 | 1~4인 | 474 | 1,250 | 1,179 |
| | 5~9인 | 634 | 691 | 626 |
| | 10~49인 | 337 | 549 | 200 |
| | 50~99인 | 9 | 10 | 6 |
| | 100인 이상 | 25 | 9 | 10 |
| 전체 | 소계 | 1,479 | 2,509 | 2,021 |

잡지산업의 정기간행물 등록 현황은 2010년 3,437개에서 2017년 4,093개로 증가했다. 기업 형태별로 개인사업자는 사업체 수가 2012년 478개사 대비 2017년 356개사로 줄어든 반면, 회사 외 법인이 2012년 7개사에서 2017년 1,257개사로 증가했다.

### 6) 잡지산업 종사자 수 추이(2012~2017)

한국언론재단의 잡지산업 종사자 수 추이(2012~2017)를 살펴보면, 아래 표와 같다.

**[표 2-13] 잡지산업 종사자 수 추이(2012~2017)**

| 구분 | 2012 | 2014 | 2017 |
|---|---|---|---|
| 잡지산업 종사자 수 | 17,748 | 18,314 | 12,154 |
| 1개사 평균 종사자 수 | 12.0 | 7.3 | 6.0 |

| 잡지산업 | 구분 | 2012 | 2014 | 2017 |
|---|---|---|---|---|
| | | 종사자 수 | 종사자 수 | 종사자 수 |
| 매출액 규모별 | 1억 원 미만 | 711 | 3,659 | 2,113 |
| | 1~10억 원 미만 | 4,424 | 6,074 | 6,578 |
| | 10~100억 원 미만 | 6,427 | 6,958 | 2,335 |
| | 100억 원 이상 | 6,186 | 1,623 | 1,128 |
| 종사자 규모별 | 1~4인 | 1,348 | 3,179 | 3,209 |
| | 5~9인 | 3,605 | 4,138 | 4,017 |
| | 10~49인 | 5,087 | 8,989 | 3,448 |
| | 50~99인 | 654 | 654 | 353 |
| | 100인 이상 | 7,055 | 1,354 | 1,127 |
| 고용 형태별 | 정규직 | 13,588 | 12,880 | 10,386 |
| | 비정규직 | 4,160 | 5,434 | 1,768 |

| | | | | |
|---|---|---|---|---|
| 성별 | 남자 | 9,834 | 9,208 | 6,385 |
| | 여자 | 7,914 | 9,106 | 5,769 |
| 학력별 | 고졸 이하 | 1,634 | 445 | 66 |
| | 초대졸 | 2,224 | 1,014 | 1,178 |
| | 대졸 | 11,707 | 15,378 | 10,186 |
| | 대학원 졸 이상 | 2,183 | 1,477 | 724 |
| 연령별 | 29세 이하 | 3,273 | 2,817 | 1,202 |
| | 30~39세 | 6,117 | 8,015 | 4,658 |
| | 40세 이상 | 8,358 | 7,482 | 6,294 |
| 합계 | 소계 | 17,748 | 18,314 | 12,154 |

잡지산업 종사자 수는 2012년 1만 7,748명에서 2014년 1만 8,314명으로 늘었다가 2017년 1만 2,154명으로 감소했다. 1개사 평균 종사자 수도 점차 줄어드는 추세다.

### 7) 잡지산업 매출액 추이(2012~2017)

한국언론재단의 잡지산업 매출액 추이(2012~2017)를 살펴보면, 아래 표와 같다.

앞서 잡지산업 종사자 수는 2012년 1만 7,748명에서 2014년 1만

**[표 2-14] 잡지산업 매출액 추이(2012~2017)**

| 구분 | 2012 | 2014 | 2017 |
|---|---|---|---|
| 잡지산업 매출액(억 원) | 18,625 | 13,754 | 10,354 |
| 1개사 평균 매출액(백만 원) | 1,259 | 548 | 515 |

| 잡지산업 | 구분 | 2012 | 2014 | 2017 |
|---|---|---|---|---|
| | | 매출액 | 매출액 | 매출액 |
| 매출액 규모별 | 1억 원 미만 | 4,991 | 85,596 | 28,135 |
| | 1~10억 원 미만 | 315,336 | 243,196 | 297,784 |
| | 10~100억 원 미만 | 624,578 | 576,407 | 401,467 |
| | 100억 원 이상 | 917,610 | 470,195 | 307,966 |
| 종사자 규모별 | 1~4인 | 165,069 | 107,097 | 235,392 |
| | 5~9인 | 200,605 | 138,624 | 251,076 |
| | 10~49인 | 887,170 | 629,736 | 298,601 |
| | 50~99인 | 118,584 | 110,410 | 82,104 |
| | 100인 이상 | 491,087 | 389,526 | 168,178 |
| 전체 | 소계 | 1,862,515 | 1,375,393 | 1,035,351 |

8,314명으로 늘었다가 2017년 1만 2,154명으로 감소했다. 1개사 평균 종사자 수도 점차 줄어드는 추세를 보였다. 매출액도 같은 추이를 나타내는데, 2012년 1조 8,625억 1,500만 원에서 2017년에는 1조 353억 5, 백만 원으로 감소했음을 알 수 있다.

이상으로 출판산업과 관련한 현황을 통계와 함께 개괄적으로 살펴보았다. 출판통계(出版統計, publishing statistics)는 출판산업 내에서 발생하는 현상을 기술하거나 자료를 조직하여 사용자가 활용할 수 있게 한 자료로, 출판의 생산, 유통, 소비와 관련된 제반 통계와 이와 관련된 도서관, 독서실태 등을 포함한다. 분야별 통계를 바탕으로 시장조사, 기획, 마케팅 등에 활용할 수 있으며, 국가적 차원에서는 출판 분야 시장을 파악하는 데 필요하다.

국내의 출판 통계 관련 현황은 이 장에서 살펴본 「KPIPA 출판산업 동향」, 「KPIPA 출판산업실태조사」, 「콘텐츠산업 통계조사」, 『한국출판연감』 외에도 도서관 통계 시스템, 베스트셀러 집계, 출판유통정보시스템 발행 통계, 출판저작권 수출 DB 관련 조사연구, 문화유통북스 출판시장통계정보, 국민 독서실태조사, 전자책 독서실태조사, 전자책 바로센터 전자책 통계방, 『한국서점편람』 등에서 찾아볼 수 있다.

# 3

# 출판산업의 수요와 공급

# 1 독자와 독서

### 1) 독서율과 독서량

우리나라 국민의 독서 실태에 대한 국제 비교 자료는 OECD에서 수행한 「국제성인역량조사(PIAAC, Programme for the International Assessment of Adult Competencies)」[1]가 있고, 우리나라에는 2년에 한 번씩 조사하는 「국민독서실태조사」가 있다. 「국제성인역량조사」에 따르면, 전 세계에서 우리나라의 '독서율'은 평균보다 조금 낮은 편이고, '언어 능력'은 좋은 국가다(이은하, 2015: 15). 「국민독서실태조사」에 따르면, 모바일 환경 및 경제, 사회적 문화 등의 영향으로 독서 지표는 하락하고 있다.

「2019년 국민독서실태조사」에 따르면, 연간 종이책 독서율은 성인 52.1%, 학생 90.7%로 성인과 학생 모두 감소하는 추세다. 반면에 연간 전자책 독서율은 성인 16.5%, 학생 37.2%로 성인과 학생 모두 증가

1 「국제성인역량조사」는 연령, 성별, 학력, 경제력, 문화자본, 직장생활과 일상생활에서 이용하는 읽기와 쓰기, 문제해결 활동 등을 광범위하게 조사한다. 이 중 독서실태와 관련된 질문으로 '책 읽기 활동'의 빈도를 묻는다. 「국제성인역량조사」는 성인의 역량을 크게 세 가지로 측정하는데, 언어 능력(literacy), 수리 능력(mathmatics), 컴퓨터 기반 문제해결력(Problem solving in technology-rich environments)이다. 이은하(2015), 「해외 주요국의 독서실태 및 독서문화진흥 정책 사례 연구」, 문화체육관광부, 15-16쪽.

추세다. 2019년 처음으로 오디오북 독서율을 조사했는데, 성인 3.5%, 학생 18.7%였다. 또한, 종이책이나 전자책을 읽은 비율은 성인 55.4%, 학생 91.9%로 성인·학생 모두 감소하고 있다. 결과적으로 종이책, 전자책, 오디오북 중 한 가지 이상을 이용한 종합적인 독서율은 성인 55.7%, 학생 92.1%로 종이책+전자책 독서율과 비슷했다.

또한, 「2019년 국민독서실태조사」에 따르면, 연간 종이책 독서량은 성인 6.1권, 초·중·고 학생 32.4권으로 학생은 증가했지만 성인은 감소하고 있다. 연간 전자책 독서량은 성인 1.2권, 학생 5.6권으로 크게 변동은 없다. 다만, 연간 오디오북 독서량은 성인 0.2권, 학생 2.7권으로 종이책과 전자책보다 아직은 적은 편이다. 또한, 종이책과 전자책을 합산한 독서량은 성인 7.3권, 학생 38.8권으로 성인은 감소하고 학생은 증가했다. 결과적으로 종이책, 전자책, 오디오북을 합한 연간 종합 독서량은 성인 7.5권, 학생 41.0권이었다.

[표 3-1]을 살펴보면, 우리나라의 독서율은 세계 평균보다 조금 낮고, 매일 읽는 독자 비중이 조사 국가 중에서 가장 낮은 반면, 한 달에 한두 번 읽는 독자 수는 가장 많다. 우리나라의 연령별 독서율은

**[표 3-1] 「국민독서실태조사」와 「국제성인역량조사」**

| 구분 | | 매일 | 일주일에 몇 번 | 한 달에 한두 번 | 몇 달에 한 번 | 전혀 안 읽음 |
|---|---|---|---|---|---|---|
| 국민독서실태조사 | 성인 | 5.3 | 19.2 | 16.6 | 21.2 | 37.7 |
| | 학생 | 14.0 | 35.6 | 19.3 | 17.0 | 6.6 |
| 국제성인역량조사 | OECD 평균 | 20.2 | 19.9 | 14.3 | 22.1 | 23.5 |
| | 한국 전 연령 | 8.4 | 16.7 | 26.2 | 23.1 | 25.6 |

출처: 「제3차 독서문화진흥 기본계획」, 문화체육관광부, 2019, 5쪽.

16~24세가 가장 높고, 연령이 높아짐에 따라 독서율은 낮아진다. 특이 점은 전 세계 독서율 중 16~24세는 우리나라가 가장 높다는 점이다. 이러한 요인은 우리나라 중·고등학생 학습량이 매우 높다는 점을 방증하고, 대학 입학부터 졸업까지 학습량과 독서율이 높다는 것을 의미한다(이은하, 2015: 16-23).

독서에서 언어 능력(문해력)도 매우 중요한 지표다. 특히, 연령별 언어 능력이 중요한데, 우리나라는 16~24세까지 언어 능력이 가장 좋고, 연령이 높아질수록 낮아지는 특징이 있다. 세계적인 평균은 25~34세가 언어 능력이 가장 좋고, 그다음 16~24세, 이후 연령이 높아지면서 낮아지는 특징이 있다. 16~34세까지가 주요 독자층이고 언어 능력도 가장 좋다는 것을 알 수 있다. 국가별로는 일본이 언어 능력이 가장 좋고, 핀란드, 네덜란드, 한국, 호주, 스웨덴, 노르웨이, 에스토니아, 벨기에 순으로 우리나라는 언어 능력이 좋은 국가 중의 하나다. 또한, 한국은 학업과 업무와 관련된 책 읽기 비율이 전 세계 국가 중 단연 최고로 높다(이은하, 2015: 44-49).

2019년 교육부는 학교 독서 및 책 쓰기 동아리 활성화, 독서교육 교재 개발 및 사례 확산, 독서교육 종합지원시스템 기능 개선을 중점적으로 추진하고 총 14억 200만 원의 예산을 집행했다. 초·중등 독서교육 활성화와 학교도서관 및 독서교육 지원시스템 개선에 관련 비용을 집행하고 있다.

### 2) 독서와 문해력

'독서'와 '읽기'는 뜻은 유사하지만, 엄밀히 말하면 다르다. 1938년 편찬한 문세영의 『조선어사전』에서는 '독서(讀書)'를 "글을 읽는 것. 책을 보는 것"으로 풀이한 반면, '읽기'는 등재항조차 존재하지 않았다. 이러한 흐름은 한글학회(1957)의 『우리말큰사전』(을유문화사)에도 그대로 반영되었다. 하지만 국어교육사에서는 1946년 공포된 '교수요목'에서 '읽기'라는 용어를 처음 사용한다(허재영, 2012: 9).

'독서'의 의미는 "인격 수양, 견문 확장, 교양 교육 등의 차원으로 수행하는 책 읽기"다. '읽기'는 "글자를 바르게 읽도록 지도하는 문자 읽기 또는 해독(decoding)으로 이해하고, 글뿐만 아니라 다양한 매체 언어를 읽는 행위 등 폭넓은 행위"로 그 의미가 확대되고 있다(정병기·배식한, 2009: 40).

일반적으로 '독서'는 한자로 '讀書'라고 쓰고, "글 혹은 글자[書]를 소리 내어 읽는다[讀]"라는 의미로 사용한다. 독서는 영어로 'reading'이며, 'reading'은 "독서, 읽기, 읽을거리, 책, 상황 등에 대한 이해 혹은 해석" 등의 뜻을 담고 있다(노병성, 2008: 157-158). 하지만 의외로 영어 명사 'lecture'에 '독서'라는 뜻이 들어 있다. 일반적으로 '강의'와 '강연'을 뜻하지만, 읽기, 독서, 읽을거리, 애독서, 해석, 독해 등을 뜻을 담고 있다. 프랑스어로 독서는 'lecture'이고, 스페인어로는 'lectura', 독일어로는 'das Lesen' 또는 'die Lektür'으로 라틴어 'lectio'에 뿌리를 두고 있어 고대와 중세에는 'lecture'가 'reading'보다 독서의 의미가 더 강했음을 알 수 있다.

그리고 독서와 읽기가 다르듯 '문맹률'과 '문해력'도 다르다. 문자를 읽을 수 있는 사람(성인)의 비율이 문맹률이라면 문해력은 '문장을 정확히 해독'할 능력을 가진 사람의 비율을 뜻한다(문해율, https://namu.wiki/, 2020). 즉 문맹률은 '글자'를 읽는 능력이고, '문해력(literacy proficiency)'은 '글'을 읽는 능력을 말한다. 최근에는 '디지털 문해력

(Digital Proficiency)'이라는 말도 등장했는데, 현대의 독서는 문맹률보다 문해력에 가깝다는 점에 주목해야 한다(Brad Grissom, 2019).

또한, '트랜스리터러시(Transliteracy)'의 사전적 의미는 "전통적인 활자 매체, 전자 기기, 온라인 도구 등 다양한 방법을 이용하여 읽고 쓸 줄 아는 능력"을 의미한다(네이버 사전, 2020). 그리고 트랜스리터러시는 "서명, 말하기에서 쓰기, 인쇄, TV, 라디오 및 영화, 디지털 소셜 네트워크에 이르기까지 다양한 플랫폼, 도구 및 미디어에서 읽고 쓰고 상호작용하는 기능을 말한다(https://suethomasnet.wordpress.com/).

고대 그리스·로마 시대의 독서 방식은 '스트립티오 콘티누아', 즉 "훈련된 전문 연설가(orator)가 연속원고 형태로 쓰인 파피루스 두루마리를 큰 소리로 읽는 음독 방식"이었다. 당시 독서는 그 자체가 공연이었다. 하지만 2~3세기부터 책의 형태가 두루마리에서 코덱스 형태로 바뀌면서 독서 행위도 음독 형태에서 묵독으로 바뀌기 시작했다(마틴 라이언스, 2011: 29).

그리고 18세기 후반 들어 다시 '읽기 혁명(Reading Revolution)'이 일어났다. 여가를 위한 문학이나 시사, 교양적인 내용을 담은 정기간행물이 폭발적으로 증가하면서 '읽기'는 드디어 대중화된다. 하지만 이러한 독서 행태를 우려한 영국 낭만파 시인 윌리엄 워즈워스(1770~1850)는 사고와 문해율(Literacy)이 결여된 단순한 '속독'이자 '피상적 독서'라 부르면서 이러한 독서 행태를 비난했다(마틴 라이언스, 2011: 10). 21세기 관점에서 보면, 시나 소설의 독서법의 차이가 크지 않지만, 18세기에는 시와 소설 같은 문학 범주에서도 독서의 개념과 방식이 달랐다.

### 3) 독서 패러다임의 변화

종이 발명과 인쇄술이 발전하면서 코덱스 형태의 책이 전 세계로 확대되었고, 독서는 자연스럽게 '책을 읽는 행위'로 정착되었으며, 지배적인 의미로 고정화되었다. 즉, 독서는 인쇄문화를 기반으로 한 최고의 산물이 되었다. 인쇄문화와 독서는 근대를 거쳐 20세기 최고의 콘텐츠로 향유하게 되지만, 독서가 삶의 지혜를 얻는 최선의 방책이라는 생각 역시 근대적 독서관이다. 이후 신문이나 잡지를 읽는 것도 '독서'라고 부르기 시작했고, 인터넷의 글이나 전자책을 읽는 것도 독서라고 부르면서 독서의 개념과 범위는 진화하고 있다(노병성, 2008: 157-158).

디지털 독서는 디지털 미디어 환경이 변화함에 따라 텍스트 형태도 종이책에 쓰인 텍스트와 다르며, 독자의 습성과 행동 양식도 다르다. 단어나 절, 문장이 하이퍼링크로 연결되어 다른 문서와 연결되기도 하고, 글 외에도 특정한 메시지를 전달하기 위해 영상이 제공되는 등 정보원으로부터 제공되는 텍스트가 이전과는 다른 형식을 포함하고 있다(박주현, 2018: 62). 예를 들어 ePub 2.0이 텍스트 중심의 전자책이라면 ePub 3.0은 동영상과 커뮤니케이션 기능이 강화되듯이 전자책을 기반으로 한 디지털 독서환경도 변화하고 있다.

최영임(2014)과 신명환(2016)은 [표 3-2]와 같이 소장 독서 패러다임과 접근 독서 패러다임을 비교 분석하고 있다. 독서 자료의 특징과 독서 양상을 기준으로 전통적인 독서환경과 웹 환경에서의 독서환경을 구분했고, 소장 독서 패러다임과 접근 독서 패러다임을 분석했다.

독서 패러다임은 종이책에서 전자책으로 진화하고, 텍스트는 이미지와 영상으로 진화하고 있으며, 독서 패러다임도 기술의 발전과 독서 행동에 따라 바뀌고 있다. 또한, 디지털 기술과 디지털 콘텐츠에 익숙한 현대의 대학생들은 독서의 패턴과 인식도 다르다. 그들은 종이책 특유의 질감이나 냄새 등의 감각과 아날로그적 감성도 좋아하지만, 저렴한 가격, 종이책 독서보다 높은 수준의 가독성, 공유의 편리함 등의 장점이 있는 전자책도 선호한다. 즉, 전자책은 가성비가 좋고 종이책은 아날로그 감성이 충만한 장점을 모두 향유하는 것이다(정다희·이수상, 2018: 221).

**[표 3-2] 소장 독서 패러다임과 접근 독서 패러다임 비교**

| 내용 분류 | | 소장 독서 패러다임 | 접근 독서 패러다임 |
|---|---|---|---|
| 지식공유의 범위 | | · 개인의 지식 습득 강조<br>· 폐쇄적 독서 | · 다수의 지식 확장 강조<br>· 개방적 독서 |
| 독서 치료 | 기술 발명 | 종이와 인쇄술 발명 | 인터넷 발명 |
| | 자료 유형 | 인쇄본, 전자책 | 웹 자료 |
| | 독서 시기 | 구입 이후 가능 | 언제 어디서나 가능 |
| | 독서 자료 특징 | · 텍스트로 구성<br>· 소유 가능<br>· 질적으로 검증 가능<br>· 장기적 보존 가능 | · 텍스트, 사운드, 동영상 등 다양한 형태로 구성<br>· 이용만 가능<br>· 단명하고 유동적<br>· 일시적 보존 가능 |
| 독서 양상 | 독서 형태 | 선형적 독서 | 하이퍼텍스트 독서 |
| | 독서 수준 | 평면적 독서 | 입체적 독서 |
| | 독자 반응 | 수동적 참여 | 능동적 참여 |
| | 커뮤니케이션 유형 | 1 대 다수 | 1 대 다수 및 다수 대 다수 |

출처: 최영임(2014), 「웹기반 독서전략 모형연구」, 『한국비블리아학회지』, 46쪽; 신명환(2016), 「디지털 미디어를 활용한 독서활동 현황과 특성에 대한 연구」, 『韓國出版學硏究』 제42권 제2호 통권 제74호, 한국출판학회, 151쪽.

이처럼 독서 장려를 위한 독서환경은 변화하고 있다. 세계 각국이 이러한 변화에 따른 다양한 정책을 내놓고 있다. 영국은 '영국 국립도서관의 비전 2020(British Library 2020 Vision)'을 선포하고, '세계의 지식을 선도한다'라는 사명 아래 세계적인 정보 네트워크의 선도적인 허브, 소장 장서와 전문지식 및 협력을 통한 지식의 선도자가 될 것을 비전으로 제시하고 있다(2019년 독서진흥에 관한 연차보고서: 37).

미국은 '독서 장려 온라인 게임(Readers to the Rescue)'을 개발하여 어린이들이 더욱 친숙하게 독서를 수용할 수 있도록 게임과 접목하고 있다. 미국 의회도서관이 2014년부터 제공하는 온라인 인터랙티브 게임은 "어린이들이 명작을 좀 더 친근하게 읽도록 흥미를 유발하는 것"을 목표하고 있다. 영화 「박물관이 살아있다」처럼 밤이 되면 도서관에 동화 캐릭터가 살아난다는 콘셉트다(http://www.read.gov/readers/readers.html).

### 4) 디지털 환경과 독서

우리나라는 2000년을 '전자출판의 원년'이라고 선언하면서 전자책이 새로운 뉴미디어로 등장했다. 하지만 실제로 출판계에 전자출판은 찻잔 속의 태풍에 불과했다. 특히 북토피아 사건[2]은 전자출판산업에 큰 상흔을 남겼다. 그러다가 10년이 지난 2010년을 기점으로 다시 '전자출판의 원년'을 선언한다. 그 이전보다 한층 본격적인 미디어 융합 시대로 들어서면서 특히 스마트폰, 태블릿PC의 도서 관련 애플리케이션,

2 북토피아는 국내 전자책 시장을 개화시키겠다는 목표로 야심차게 출범했지만 경영권 분쟁이 일고, 경영난에 허덕이면서 결국 파산하고 말았다. 이 과정에서 콘텐츠를 제공한 출판사 중 일부는 북토피아로부터 콘텐츠 대금을 지급받지 못했다.

킨들 같은 전자책 전용 단말기 등은 다각적인 독서 활동이 가능해졌고, 관련한 기타 유용한 성능도 겸비한 강력한 독서 플랫폼이 등장했다. 이는 전통적인 책의 개념과 출판의 제반 환경을 변화시켰다. 이러한 환경이 독서문화에 어떠한 동기로 작동하고 변화 양상을 이끌어내게 될 것인지 독서문화 구성요소로 살펴볼 필요가 있다.

하이퍼텍스트 글쓰기, 인터넷 보급과 함께 시작된 전자책 출판은 이전의 데스크톱 출판에서 아날로그 프로세스로 남겨두었던 인쇄 단계까지 디지털화했다. 이제 책은 디지털 콘텐츠와 미디어 디바이스, 구성적 인터페이스로 구현되어 독서문화는 실시간 네트워크를 통해 공유되는 새로운 미디어의 지형도 속에서 재구성되고 있다.

아마존의 DTP(Digital Text Platform)는 개인이 전자책 출판을 가능하게 하는 플랫폼으로 기존 인쇄 출판사의 1인 출판, 자비 출판과 차별된다. 1인 출판, 자비 출판을 선택하는 저자는 인쇄책 시대의 용지비, 인쇄비, 유통비 등의 비용 부담을 감수하고 메이저 출판사의 강력한 마케팅 프리미엄을 포기하는 호전적인 작업인 데 반해, 아마존의 DTP 출판은 출판 비용을 부담하지 않고 유명 작가와 디지털 판매대에 동등한 조건으로 함께 놓일 가능성을 제공한다.

전자책 콘텐츠의 첫 번째 특징은 지식의 플랫(Flat, 단매 또는 정액 판권) 현상이다. 구간과 신간의 차별, 유명 작가와 무명 작가의 차별에서 벗어난 콘텐츠로 구성하는 것이 가능해진다. 전자책의 콘텐츠 확충은 폭넓은 지식 세계의 수평적 관계에서 시작된다. 두 번째는 확장성이다. 전자책 콘텐츠는 전자책 전용 디바이스, 스마트폰, 태블릿PC, 데스크톱 PC 등 다양한 스크린 조건에서도 해당 기기에 적합한 콘텐츠로 구현된다. 세 번째는 콘텐츠의 공간화다. 기존의 책이 각각의 고유사상을 대표하는 표상이자 완결성을 지닌 세계관을 제시해왔다고 할 때, 전자책은 콘텐츠화되어 네트워크를 통해 유기적으로 연결되면서 확장된 포털 콘텐츠가 되었다. 그리고 검색 기능, 커머셜 기능, 소셜 커뮤니케이션 기능이 결합하면서 다양한 독서 활동을 일으키는 일종의 공간으로 구성된다.

독서문화는 인쇄미디어 시대를 지나 본격적인 디지털 시대로 진입하면서 새로운 패러다임으로 재편되고 있다. 기존 책의 규범과 질서를 표상하는 종이책은 이제 아날로그의 물질성을 걷어낸 새로운 형태의 전자책 또는 멀티미디어 책을 수용하면서 변용되기 시작했다. 전자책은 종이책이 지닌 한계와 문제점을 개선하고 확장하는 독서 플랫폼이다. 전자책은 저자를 중심으로 구성되는 글쓰기 공간과 다양한 독서 활동으로 구축되는 독자의 콘텍스트가 동시 편재적으로 뒤섞이는 상호 창조성을 통해 한층 능동적인 지적 독서문화 창출을 가능하게 해줄 것으로 보인다. 즉, 종이책에서 종이책으로 전이되는 미디어 유형의 점진적 이행을 통해 공존 구도를 형성하고 있다. 이렇게 인쇄 시대에서 디지털 시대로의 전환과 함께 활자 문화가 비주얼 문화로 이행하는 가운데 독서문화는 책의 본질 회복과 확장을 지향하며 한층 유연한 질서로 재편될 것이다.

### 5) 리딩테인먼트

리딩테인먼트(readingtainment)는 최근 출판계에 새롭게 등장한 문화 트렌드 중의 하나다. 리딩테인먼트는 '읽다'라는 뜻의 '리딩(reading)'과 '오락'이라는 사전적 의미의 '엔터테인먼트(entertainment)'의 합성어다. 즉, 리딩테인먼트란 '책을 읽는 행위'를 뜻하는 'reading'과 '즐기는 행위'인 'entertainment'가 결합한 신조어로, 다양한 방식으로 책을 즐기는 새로운 독서 트렌드다. 책 읽기는 어렵고 따분한 것이며, 책은 조용한 곳에서 읽어야 한다는 과거의 고정관념을 깨고, 책에서 즐거움을 찾고자 책을 매개로 다양한 문화 활동을 즐기는 문화 현상이 리딩테인먼트다(이건웅·고민정, 2018).

도서관이나 문헌정보 분야에서는 리딩테인먼트 공간에 주목한다. 출판계도 복합문화공간으로 서점이나 도서관에 방점을 두고 다양한 사례 연구를 전개하고 있다. 예를 들면, 북카페는 책과 커피 등 음료가 결합한 공간으로 그 역사가 오래되었고, 최근에는 독립서점을 중심으로 '술'(와인이나 맥주처럼 도수가 낮은 술)과 곁들여 책을 읽는 공간이 늘어나고 있다. 술뿐만 아니라 다채로운 문화 행사를 접목해 기존의 서점이 아닌 문화공간으로 변모하고 있다.

리딩테인먼트는 책을 읽는 행위가 술, 공간, SNS 등의 요소들과 결합해 책을 매개로 한 다양한 문화활동을 향유하는 등 단순한 읽기가 아닌 즐기는 것으로의 독서 개념의 변화를 말하며, 책을 읽으면서 다양한 콘텐츠를 즐길 수 있고, 책과 결합한 다양한 공간이 생겨나면서 현 세대의 인문학과 독서의 주요 트렌드로 자리매김하고 있다.

한국에 상륙한 리딩테인먼트 열풍은 사실 일본에서 시작되었다. 일본에서 가장 땅값이 비싼 곳 중의 하나인 긴자식스(GINZA SIX) 쇼핑몰 맨 위층에 츠타야서점(蔦屋書店)이 있다. 츠타야서점은 책만이 아니라 인테리어 소품이나 굿즈, 옷 등도 함께 판매하는 이른바 라이프스타일을 제안하는 콘셉트를 표방하는 신개념 서점이다. 이 서점은 도서관과 서점, 커피숍을 결합한 개방적인 공간으로 연간 100만 명의 방문객을 끌어들임으로써 크게 주목받았다(이용훈, 2018). 츠타야서점은

일본의 대표적인 서점으로 1983년 오사카 히라카타(枚方)역 광장에서 'TUSTAYA SHOTEN'이라는 브랜드로 처음 문을 열었고, 2019년 현재 3천여 개의 서점을 운영하는 기업으로 성장했다. 츠타야는 'つたや(蔦, 담쟁이덩굴)'와 'おく(屋, 집)'를 합성한 단어로 '담쟁이덩굴 집'을 뜻한다. 츠타야서점은 마쓰다 무네아키(增田宗昭) 대표가 '라이프스타일 상점'을 콘셉트로 서점+CD+DVD=MPS(Multi-Package Store)를 결합한 형태였다(최태혁, 2016). 현재는 서점과 도서관, 상업시설과 가전이나 생활용품이 혼합된 새로운 형태의 복합문화공간으로 발전하고 있다. 즉, 책이나 제품을 판매한 것이 아니라 라이프스타일을 판매한 것이다. 츠타야서점을 만든 CCC그룹은 라이프스타일을 제안하고 디자인하는 복합문화공간을 기획하는데, 'CCC'는 'Culture Convenience Club'의 이니셜이다(이미정·김기수, 2018).

CCC그룹은 츠타야서점 외에 2013년부터 다케오시립도서관도 운영하면서 센세이션을 일으키고 있다. 일본의 다케오시(武雄市)는 후쿠오카 근교의 작은 마을로 인구가 5만이 되지 않는 온천마을이다. 하지만 2013년 시립도서관의 경영권 혁신을 통해 연간 방문객만 한 해 100만 명이 넘는 대표적인 리딩테인먼트 도서관의 도시로 거듭났다. 우리나라 공공도서관 1관당 평균 방문자 수가 약 26만 명인 점을 고려한다면 매우 많은 수다. 다케오시립도서관 미조카미 관장은 "한 해 도서관을 찾는 사람이 100만여 명인데, 이 중 40만여 명이 관광객"이라고 한다(조선일보, 2019.1.15).

다케오시립도서관은 일반 도서관과 달리 민간기업에 위탁경영을 하고 있다. 공공도서관의 운영을 민간기업, 그것도 도서관 운영 경험이 없는 기업에 맡긴다는 것은 공공기관으로서 대단한 선택이 아닐 수 없다. 그럼에도 CCC그룹에 도서관 운영을 맡긴 데 대해 다케오시 시장은 "1차적으로는 민간위탁을 통한 비용 절감과 서비스 질 향상, 더 나아가 도서관이 하나의 매개가 되어 많은 인구를 유입할 것이라고 보았고, 그에 따른 지역사회의 경제적 효과를 기대하기 때문"이라고 밝혔다. 다케오시 시장의 이러한 기대는 개혁 이전 대비 방문자 수가 3.7배 증가한 결과로 증명되었다.

다케오시립도서관의 특별한 경영전략이 있는데, 첫째 도서관 운영시간이 독자 중심이다. 연중무휴로 오전 9시부터 오후 9시까지 운영해 직장인과 관광객의 호응을 이끌어냈다. 기존 공공도서관의 자료실은 오후 6시 정도면 문을 닫아 늦은 시간에는 이용할 수 없었지만, 다케오시립도서관은 오후 9시까지 개관하여 더 많은 사람이 도서관을 이용할 수 있게 했다. 둘째, 도서관의 공간 구성에 있다. 무인양품(MUJI)을 만든 디자이너 하라 겐야(原研哉)가 도서관을 디자인하고 2013년 민간 개혁과 함께 약 87억 원을 들여 내부를 보수했다. 그 과정에서 도서관은 책을 매개로 하는 하나의 리딩테인먼트 공간으로 다시 태어났다. 책을 인테리어 소품으로 활용하여 높은 책장을 채우고 그에 어울리는 조명을 설치하는 등 전시장 같은 보기 좋은 외형을 만들었다. 이는 도서관에 책을 읽으러 오지 않아도 보고 즐길 수 있는 콘텐츠로 제공된다. 또한, 많은 공간을 차지하던 관장실을 과감히 없애고, 탁 트인 공간에서 책을 읽을 수 있도록 개방형 서가를 늘렸다. 그뿐만 아니라 음악이 나오는 열람실, 조용한 열람실, 전자기기를 이용할 수 있는 열람실 등 다양한 콘셉트를 가진 공간을 함께 마련했다. 이러한 형태는 유럽에서 흔히 찾아볼 수 있는 모델인데, 핀란드의 헬싱키시립도서관이나 독일의 슈투트가르트도서관도 이러한 형태를 갖추고 있다. 도서관 직원의 업무 공간이 별도로 있는 것이 아니라 오픈형이어서 직원 한 명 한 명이 안내자 역할도 하고 공간 활용을 높이는 역할도 한다.

마지막으로 일본인에게 인기가 높은 '스타벅스'를 도서관 내부에 입점시켜 도서관이 단순히 책만 읽는 공간이 아니라 지역주민이 책과 '함께' 모여 소통할 수 있는 하나의 복합문화공간이라는 점이다. 도서관이나 서점 등 책을 읽고 판매하는 공간이 복합문화공간으로 변모하는 현상은 최근 두드러진 문화현상 중 하나다.

다케오시처럼 인구 유입보다 유출이 많고, 사람들이 잘 찾지 않던 도시가 '도서관'이라는 어찌 보면 평범할 수도 있는 공간의 혁신으로 되살아났다. 즉, 유입인구가 3배 이상 늘어난 것과 함께 지역경제에도 커다란 긍정적 효과를 낸 것이다. 다케오시립도서관의 사례는 일본 내에서도 큰 반향을 일으켜 CCC그룹은 다케오시립도서관 이후로 약 5개의 도서관을 더 운영하게 되었다(광주일보, 2018.7.9).

또한, 다케오시립도서관은 독자의 요구에 발맞춰 혁신을 꾀했고, 특정한 목적 없이는 가기가 꺼려졌던 도서관이라는 공간을 하나의 복합문화공간으로 변화시켰다. 일본의 다케오시립도서관 사례를 살펴보면, 리딩테인먼트 도서관으로 변신한 이점으로는 작은 마을 사람들에게 '리딩테인먼트'를 즐길 수 있는 복합문화공간을 제공해준 것이다. 그리고 랜드마크로서 지역 경제에 보탬이 되고 경제적 효과도 얻었다.

우리나라의 경우에는 다케오시립도서관 같은 별마당도서관이 좋은 리딩테인먼트 사례다. 2017년 5월에 문을 연 별마당도서관은 강남에 있는 코엑스몰에 신세계그룹이 60억 원을 들여 만들었다. 코엑스 중심부 2,800㎡ 규모 공간에 5만여 권의 서적과 수백 종의 최신 잡지를 개방형으로 비치하여 누구나 자유롭게 이용할 수 있도록 했다. 무엇보다 주목받은 것은 높이 13m의 공간을 모두 책장과 책으로 가득 채운 새로운 형태의 공간이 사람들을 불러모아 개관한 지 10개월 만에 1,700만 명이 이용할 정도로 큰 호응을 얻었다(이용훈, 2017.3.20).

리딩테인먼트는 도서관이나 서점 같은 공간만 있는 것이 아니라 '독서모임'으로도 확대되고 있다. 독서모임은 개인의 영역에 머물 수밖에 없는 경험을 밖으로 이끌어내어 다른 이들과 공유한다. 그 과정에서 각자의 경험을 비교하고 새로운 해석과 시선을 발견하는 입체적 독서를 하게 된다. 이것이 독서모임의 가장 긍정적인 효과다. 이렇듯 독서모임은 개인의 영역에만 머무는 것이 아니라 둘 이상의 사람이 지적 활동으로 인한 즐거움, 즉 '지적 유희'를 즐길 수 있는 리딩테인먼트다.

최근 독서모임 중 '트레바리'가 큰 인기를 끌고 있다. '세상을 더 지적으로, 사람들을 더 친하게'를 모토로 삼는 스타트업기업이다. 1~4월, 5~8월, 9~12월 등 4개월 단위의 멤버십 서비스로 운영하고 있으며, 4개월 동안 함께 '읽고, 쓰고, 대화하고, 친해지는' 일을 한다. 다시 말해 트레바리는 책을 재료로 지적인 대화를 나누는 토론의 장이다. 책을 읽고, 독후감을 쓰며, 감상을 나눈다. 그러고는 한 달에 한 번 만나서 서로의 의견을 발전시키고, 때로는 서로의 의견에 반대하면서 친목을 도모한다. 또한, 모임 후에는 '아지트'라는 공간에서 술을 마시며 놀기도 하고, 책과 관련된 다양한 활동을 즐기며, 새로운 방식의 독서모임을 개척해나가고 있다[트레바리(https://trevari.co.kr/)].

이 외에 '아그레아블(agreeable)'도 있다. 2013년 7월에 시작한 아그레아블은 강남지역을 중심으로 현재 1,700여 명의 회원이 시즌별로 회비 없이 매주 55~70명이 참여하는 강남 최대의 독서모임이다. 아그레아블 독서모임은 '늘 사람이 있고, 새로운 사람들과 대화할 수 있는 장소'를 꿈꾸며 만들어진 공간이다. 나이와 사회적 지위에 구애받지 않고 자유롭게 대화할 수 있는 장을 만들고자 비영리로 진행되는 독서모임이라고 할 수 있다. 독서모임뿐만 아니라 펜 드로잉, 과학 공부, 비즈니스 클럽 등 다양한 주제의 지적 활동을 할 수 있으며, 트레바리에 비해 비용도 들지 않는다[아그레아블 독서모임(agreablebook.com)]. 트레바리가 자신의 의지와 무관하게 강제로 함께하는 공간이라면 아그레아블은 그보다는 조금 편안한 공간을 선보인다. 이처럼 책을 단순히 감성으로만 소비할 것이 아니라 약간의 당위성을 부여해 스스로 책을 읽고 즐길 수 있는 리딩테인먼트를 만들어야 한다.

### 6) 독서진흥과 독서프로그램

문화체육관광부가 2019년 4월에 발표한 제3차 '독서문화진흥 기본계획(2019~2023)'은 주로 개인의 선택과 기호에 의존하던 기존의 여가활동 중심의 독서 방식을 '함께 읽고 쓰고 토론하고 나누는' 사회적 독서의 개념으로 전환함으로써 독서공동체 형성과 시민의 성장, 책 읽는 환경 조성을 강조하고 있다.

우리나라 출판산업 육성과 독서진흥에 관한 예산은 2019년 총 418억 5천만 원으로 2018년 예산(472억 7,200만 원)보다 54억 2,200만 원(11.5%)이 감액되었다. 문화체육관광부는 독서문화 증진에 방점을 찍고 있는데, 2018년 국민 독서문화 증진을 위한 다양한 진흥사업 예산으로 총 336억 원을 집행했다. 2018년은 '책의 해' 행사가 있어 20억 원이 더 책정되었다(제3차 독서문화진흥 기본계획, 2019).

하지만 '2020 독서진흥에 관한 연차보고서'에 따르면, 정부와 지방자치단체의 독서진흥 예산을 합하면, 2019년 4,410억 원(정부 503억 원, 지방자치단체 3,907억 원)이었고, 2020년은 5,366억 원(정부 514억 원, 지방자치단체 4,852억 원)으로 21.7%가 증가해 '제3차 독서문화진흥 기본계획'과는 다른 통계를 보인다.

국방부는 진중문고 보급과 병영도서관 운영 등 병영 독서활동 지원사업을 추진했으며, 문화체육관광부의 '병영 독서 활성화' 사업을 지원받아 병영 독서프로그램을 추진하고, 총 135억 9,800만 원의 예산을 집행했다. 법무부도 교도소 수용자의 독서활동 지원을 위한 독서프로그램 시행, 도서 담당자 도서관리 실무교육 시행 및 우수도서 확보 등을 추진하고 있다(2019년 독서진흥에 관한 연차보고서, 2019).

우리나라 독서진흥 정책의 우선순위는 독서환경조성 정책과 독서문화 생활화 정책으로 나눌 수 있다. 첫째, 독서환경조성 정책의 우선순위는 '지역 독서환경 조성', '학교 독서환경 개선', '좋은 책의 발행과 보급 지원', '책 읽는 직장 만들기', '독서치유 프로그램 확대', '디지털 독서 확산' 순이다. 둘째, 독서문화 생활화 정책의 우선순위는 '아기부터 노인까지 생애주기별 독서활동 지원', '다양한 독서동아리 활성화', '독서교육, 독서프로그램 보급', '독서 정보시스템 구축 및 활용' 순이다.

미국의 경우 독서정책과 독서진흥 혹은 독서프로그램은 궁극적으로 '독서는 즐겁다' 또는 '독서의 즐거움'을 일깨우는 과정이며, 단순한 독해보다 문해력을 높이는 데 주안점이 있다. 구체적인 독서 정책이나 독서진흥의 주안점을 보면 다음과 같다. 첫째, 문해력의 향상을 통한 국가경쟁력 제고, 둘째, 저소득층 자녀나 이민자의 독서환경 개선과 문해력 향상, 셋째, 과학적 방법론을 기반으로 한 읽기 교수법의 강조, 넷째, 학교도서관을 통한 정보 문해력과 연구기술 향상, 다섯째, 청소년을 위한 도서관 공간과 프로그램, 여섯째, 한 도시 한 책 읽기, 북클럽 등 함께 읽기 도모 등이다(2019년 독서진흥에 관한 연차보고서, 2019).

이러한 정책 기조에 맞춰 미국은 다양한 독서프로그램을 진행하는데, 한 도시 한 책 읽기(One City One Book, OCOB), 문학 작가에게 편지 쓰기(Letters About Literature), 개에게 책 읽어주기(The Reading Education Assistance Dogs, READ) 등을 진행하고 있다. 영국은 다양한 독서동아리를 지원하고 있는데, 모든 청소년과 성인을 대상으로 '모두를 위한 독서동아리(Reading Group for everyone)'를 운영하고 있다(http://readinggroups.org/). 일본은 초고령화 사회로 진입하면서 시니어를 위한 서점, 출판, 도서관 서비스를 운영하고 있다.

최근 각 대학은 독서진흥 정책으로 독서인증제를 적극적으로 활용하고 있다. 독서를 더욱 효율적이고 체계적으로 운영하기 위함인데, 강원대, 경상대, 인천대, 금오공과대 등은 독서인증제를 운영하고 있고 카이스트와 조선대는 독서마일리지제도를 운영하고 있다. 대부분 대학의 중앙도서관이 주관하여 운영하고 있다. 독서인증제는 대학에서 운영하는 독서동아리나 독서골든벨 같은 이벤트보다 한 단계 상위 개념인 대학 차원의 공식적인 제도다. 졸업 자격과 의무적으로 연계하는 학교도 있고, 학점이나 교육과정과 연계하기도 한다. 아래 [표 3-3]은 각 대학의 독서인증제를 정리한 것이다.

대학에서 운영하는 독서인증제는 단순한 책 읽기 운동 확산을 통한 형식적 인증에 의미가 있는 것이 아니라 '읽기', '쓰기', '듣기', '말하기'라는 통합적 관점의 독서를 통해 확산적 사고와 언어 능력을 향상시키기 위함이다(박정길, 2006: 21-22).

이러한 제도를 시행하는 이유는 요즘 대학생이 인문이나 과학, 고전이나 문학을 잘 읽지 않기 때문이다. 책 읽기도 판타지나 흥미 위주

**[표 3-3] 대학의 독서인증제**

| 방식 | 대학 | 특징 |
|---|---|---|
| 졸업자격인증 | 강원대 | 도서관에서 준비한 단말기 평가로 추천도서에 대한 인증심사 |
| | 경상대 | 독서인증 컴퓨터평가시스템 개발, 운영, 문제은행 구축 |
| | 금오공과대 | 도서별 지도교수 선정, 마일리지 우수자 장학금 및 해외 연수 우선권 지급 |
| 독서마일리지 | 카이스트 | 홈페이지에 서평을 쓰고 인증, 인증서 차등 교부 |
| | 인천대 | 정규교과로 운영, 우수 마일리지 적립자 국외 배낭여행권, 장학금 지급 |
| | 조선대 | 독서 멘토링, 독서토론 활동, 독서마일리지 우수자 시상 |

출처: 서기자(2012), 「교양교육 과정과 연계한 독서인증제에 대한 고찰」, 『교양교육연구』 6(3), 한국교양교육학회, 477쪽.

의 책을 읽는 경우가 많고, 인문 계열은 인문서만, 자연계열이나 공학 전공자는 과학기술 도서만 읽는 등 편식이 심하다. 특히 흔히 말하는 명저나 고전을 등한시하는 경우가 많다. 이러한 편식 개선과 올바른 독서진흥을 권장하기 위해 독서프로그램을 운영하고 있고, 그런 방식 중의 하나가 독서인증제, 독서동아리 등이다.

## 2 독서환경과 책의 수요

### 1) 독서 생활

「2019 국민독서 실태조사」에 따르면, 성인과 학생의 미디어별 이용 빈도가 다르게 나타난다. 종이책을 '매일' 읽는 비율은 성인 2.3%, 초·중·고 학생은 15.4%로 비중이 높고, 이용 빈도가 가장 높은 미디어로 성인은 '인터넷신문'이었고, 학생은 '웹툰'을 가장 자주 이용하는 것으로 나타났다. 그리고 독서율이 높은 중·고등학생의 경우 선호하는 도서 분야는 '추리, 로맨스, 판타지 등 장르소설'(30.3%)이고 그다음으로 '시, 일반 소설, 수필 등 문학도서'(17.3%), '연예, 오락, 스포츠, 취미, 여행'(9.9%) 등의 순이었다. 초등학생이 선호하는 도서 분야는 '소설'(19.7%), '위인전, 인물 이야기'(12.2%), '취미'(10.6%), '역사'(10.4%) 등의 순이며, 여학생은 소설을 더 좋아하고, 남학생은 역사 분야를 더 선호했다.

또한, 종이책 독서 시간은 성인 평일 25.0분, 휴일 21.9분이었고, 학생 평일 69.5분, 휴일 56.9분이었다. 성인과 학생 모두 독서 시간은 평일이 더 많았다. 학생들의 여가생활에서 독서시간의 비중을 조사한 결과, 평일 평균 독서시간은 전체 여가 대비 22.9%를 차지하는 것으로 나타났고, 주말 및 공휴일에는 14.4%로, 야외 활동 등이 많은 주말보다는 평일의 독서활동 비중이 더 높은 것으로 나타났다(2019 독서진흥에 관한 연차 보고서).

일반적으로 독서를 가장 많이 하는 장소는 '집'이다. 성인은 집, 직장, 이동할 때 등이었고, 학생은 집, 교실, 학교도서관 순이었다. 구체적으로 살펴보면, 성인과 학생 모두 주된 독서 장소는 '집'으로 성인 60.9%, 학생 46.4%로 나타났다. 그리고 책을 읽는 목적은 '새로운 지식과 정보를 얻으려고'라고 응답했다. 그다음 책을 읽는 목적은 '마음의 위로와 평안을 얻으려고', '교양과 상식을 쌓으려고', '시간을 보내려고' 순이었다.

### 2) 독서 선택

책을 선택할 때 정보를 얻는 곳으로는 30% 정도가 서점이나 도서관에서 직접 책을 살펴보고 선호하는 책을 선택한다고 응답했다. 즉, 학생들이 도서를 선택할 때 참조하는 정보가 무엇인지 알아본 결과 '서점, 도서관 등에서 책을 직접 살펴보고'(34.2%) 선택하는 경우가 가장 높았고, 그다음으로 '가족·선생님·친구의 추천'(15.9%), '베스트셀러 목록'(9.3%), '인터넷의 책 소개, 광고'(8.0%), '드라마, 영화의 원작'(7.7%) 순이었다. 학교급이 낮을수록 '가족·선생님·친구의 추천' 비중이 상대적으로 높았고, 학교급이 높아질수록 책을 고를 때 '베스트셀러 목록' 및 '인터넷' 이용률이 다소 높은 경향을 보였다. 그리고 성인과 학생의 책을 선택할 때 차이점은 성인은 대체로 인터넷의 책 소개나 광고의 영향을 많이 받았고, 학생은 SNS 등 소셜미디어의 영향을 더 많이 받았다.

도서 구입처는 성인과 학생 모두 '대형 서점', '인터넷서점'이 높게 나타났다. 이러한 현상은 비단 우리나라에서만 일어나는 일이 아니라 전 세계적인 현상이다. 그 대신 특색있는 독립서점들이 나름대로 영업력을 발휘해 좋은 성과를 올리는 서점이 늘어나는 점은 긍정적인 부분이다. 우리나라 성인은 시내의 대형 서점, 인터넷서점이나 인터넷 쇼핑몰에서 책을 많이 구입하고 동네서점이나 소형서점은 9%로 낮은 비율을 보이는 게 현실이다. 전자책 분야는 디지털의 속성상 인터넷 포털(24.3%)이나 인터넷서점(15.2%)에서 많이 구입하고 그다음이 전자책 종합 사이트(15.2%) 순이었고, 장르소설 전문 사이트는 3.3%로 의외로 낮게 나타났다. 최근 오디오북이 인기를 끌고 있으나, 아직 대중화되지는 못했다. 오디오북은 오디오북 플랫폼이나 인터넷 포털에서 구입하는 것으로 나타났다.

성인의 연간 종이책 구입량은 평균 2.5권, 학생 본인이 구입한 연간 종이책 구입량은 평균 4.3권으로 성인과 학생 모두 이전보다 감소했다. 전자책 비독서자까지 포함한 전체 성인의 전자책 구입량은 0.9권(구입자 기준 6.9권), 학생 0.9권(구입자 기준 9.6권)으로 나타났다. 평균 1권이 되지 않는 점은 안타까운 현실이지만, 전자책을 구입하는 구매층이 성인은 약 7권, 학생은 9권이 넘는 것을 보면 독서진흥 운동을 넓혀가야 한다는 점을 시사한다. 물론 독서진흥에서 디지털독서의 중요성도 간과하면 안 된다. 오디오북 비이용자를 포함한 전체 성인의 오디오북 구입량은 0.1권(구입자 기준 5.2권), 학생 0.2권(구입자 기준 5.5권)으로 학교급이 낮을수록 구입량이 많은 것으로 나타났다.

성인의 연간 종이책 구입비는 3만 5천 원, 학생 본인이 구입한 종이책 구입비는 3만 7천 원으로 이전보다 많이 감소했다. 2년마다 진행하는 「국민독서 실태조사」를 감안한다면, 성인은 약 2만 원, 학생은 6천 원 감소했다. 전자책 비독서자를 포함한 전자책 구입비는 성인 5천 원(구입자 기준 3만 9천 원), 학생 3천 원(구입자 기준 4만 3천 원) 수준으로 종이책 대비 지출 비용이 낮았다. 오디오북 비독서자를 포함한 오디오북 구입비는 성인 평균 1천 원(구입자 기준 2만 9천 원), 학생 1천 원 이하(구입자 기준 2만 4천 원)로 매우 적은 것으로 나타났다.

### 3) 도서관과 도서 구입

우리나라 공공도서관 총수는 꾸준히 증가하는 추세다. 2000년 420관(전체 9,336개)이었고, 2010년에는 인구 5,051만 명당 759관이었으며, 전체 도서관 수는 1만 3,248관이었다. 하지만 여전히 우리나라의 도서관 수는 적은 편이다. 도서관당 인구도 1만 명 내외인 유럽 국가들과 달리 우리나라는 6만 명이 넘는다. 2010년 같은 시기의 미국(9,221개)이나 독일(8,256개), 영국(4,517개), 프랑스(4,319개), 일본(3,196개)과 비교하면 매우 적은 수라고 할 수 있다. 물론 도서관 수도 문제이지만, 그보다 더 큰 문제는 도서관 이용률이다. 우리나라 성인의 공공도서관 이용률은 22.9%에 불과한데, 핀란드(72%), 스웨덴(70%), 영국(53%) 등 유럽 주요 국가에 비해 상당히 저조한 편이다.

〈그림 3-1〉 국가별 공공도서관 수

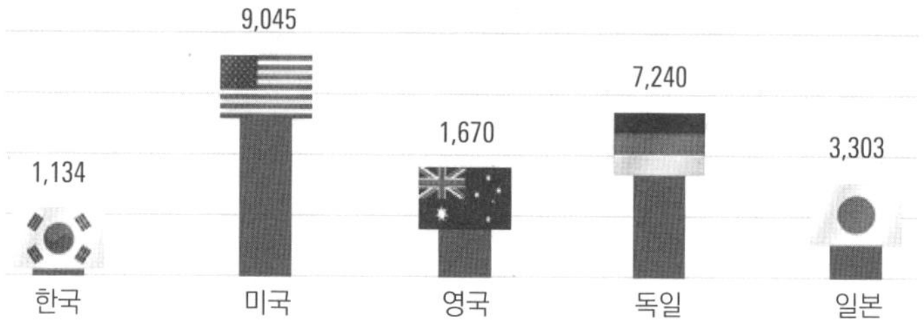


출처: 문화체육관광부

우리나라가 K-방역이나 한류 등 다른 문화에서는 세계 최고이지만, 도서관 인프라만 놓고 본다면 후진국이다. 2010년 국회에 보고된 'OECD 회원국 공공도서관 현황' 자료에 의하면, 국가별 1인당 장서 수는 1위 핀란드 7.6권, 2위 덴마크 4.5권, 3위 스웨덴 4.3권이며 우리나라는 1.3권으로 10개 조사 대상국 중 최하위였다. 하지만 우리나라 공공도서관 수가 꾸준히 증가하는 점은 긍정적이다. 2017년 1,042관, 2018년 1,096관, 2019년 1,134관으로 꾸준히 증가하고 있다.

공공도서관 1관당 봉사인구 수는 전국 단위로 4만 9,350명이다. 서울의 경우 1관당 인구 수는 6만 888명이며, 도서관 1관당 봉사인구 수가 가장 많은 곳은 부산(8만 5,425명)이었고, 1관당 봉사 대상 인구가 가장 적은 곳은 전남과 강원도로 3만 명 이하로 낮았다. 공공도서관의 전체 직원 수는 8,248명이었고, 이 중 사서가 4,461명으로 정규직 직원 수 대비 54.1% 정도였다.

〈그림 3-2〉 공공도서관 현황(2015~2019)

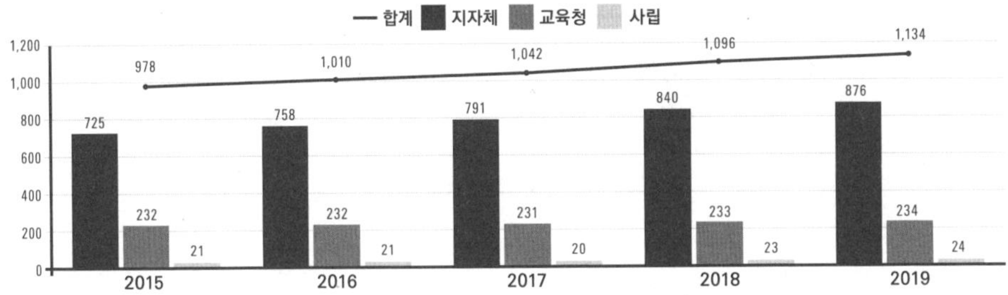


출처: 문화체육관광부

**[표 3-4] 전국 도서관 현황(2018)**

(단위: 백만 원, %, 명, 종, 권)

| 구분 | 공공도서관 수 | 지자체 | 교육청 | 사립 |
|---|---|---|---|---|
| 도서관 수(관) | 1,096 | 840 | 233 | 23 |
| 총 연면적(천㎡) | 2,789 | 2,041 | 726 | 23 |
| 1관당 평균 연면적(㎡) | 2,545 | 2,429 | 3,114 | 999 |
| 총 좌석 수(석) | 368,163 | 258,530 | 107,014 | 2,619 |
| 1관당 평균 좌석 수(석) | 336 | 308 | 459 | 114 |
| 총 결산 예산액 | 1,065,849 | 750,148 | 312,022 | 3,680 |
| 1관당 결산 예산액 | 972 | 893 | 1,339 | 160 |
| 직원 수 | 16,577 | 11,756 | 4,706 | 115 |
| 1관당 직원 수 | 15.1 | 14 | 20.2 | 5 |
| 사서자격증 보유자 | 6,601 | 4,519 | 2,030 | 52 |
| 직원 중 사서자격증 보유자 비율 | 39.8 | 38.4 | 43.1 | 45.2 |
| 1관당 평균 사서자격증 보유자 | 6 | 5.4 | 8.7 | 2.3 |
| 총 도서(인쇄) 수 | 111,360,408 | 76,100,507 | 34,312,905 | 946,996 |
| 총 비도서 수(점) | 4,112,614 | 2,330,546 | 1,746,179 | 35,889 |
| 총 연속간행물 수 | 120,087 | 62,845 | 56,336 | 906 |
| 총 전자자료 수 | 19,483,203 | 15,975,968 | 3,499,871 | 7,364 |
| 1관당 평균 도서(인쇄) 수 | 101,606 | 90,596 | 147,266 | 41,174 |
| 1관당 비도서 수(점) | 3,752 | 2,774 | 7,494 | 1,560 |
| 1관당 연속간행물 수 | 110 | 75 | 242 | 39 |
| 1관당 전자자료 수 | 17,777 | 19,019 | 15,021 | 320 |
| 총 방문자 수 | 278,234,974 | 200,964,130 | 76,298,792 | 972,052 |
| 1관당 방문자 수 | 253,864 | 239,243 | 327,463 | 42,263 |
| 연간 자료실 이용자 수 | 195,925,281 | 148,911,663 | 46,281,164 | 732,454 |
| 연간 대출 도서 수 | 127,230,422 | 101,090,083 | 5,679,151 | 461,188 |
| 자료 구입비 | 103,429 | 77,800 | 25,281 | 349 |
| 1관당 자료 구입비 | 94 | 93 | 109 | 15 |

출처: 통계청(https://kosis.kr/)

# 3 책 생산과 출판사 현황

### 1) 한국출판 현황

2018년 문화콘텐츠산업 매출액은 2017년 대비 5.2% 증가한 116조 3천억 원에 이른다. 전체 콘텐츠산업 중 '출판'의 매출 비중은 17.8%로 1위이며, 2위는 '방송'(16.2%), 3위는 지식정보(14.0%) 순이다. 콘텐츠산업 수출액 역시 전년 대비 8.8% 성장할 것으로 전망한다. 2018년 콘텐츠산업 수출액은 전년 대비 68억 9천만 달러에서 약 6억 달러 증가한 75억 달러에 달한다(한국콘텐츠진흥원, 2019). 또한, 한국 출판산업의 추이를 보면, 사업체 수와 종사자 수는 2014년부터 2018년까지 소폭 감소하고 있고, 매출액은 증가하고 부가가치액은 등락을 반복하고 있다.

**[표 3-5] 한국 출판산업 총괄**

(단위: 개, 명, 백만 원, %)

| 구분 | 사업체 수 | 종사자 수 | 매출액 | 부가가치액 | 부가가치율 |
|---|---|---|---|---|---|
| 2014 | 25,705 | 191,033 | 20,586,789 | 8,790,456 | 42.7 |
| 2015 | 25,505 | 190,277 | 20,509,764 | 8,806,324 | 42.9 |
| 2016 | 25,452 | 185,001 | 20,765,878 | 8,814,564 | 42.4 |
| 2017 | 25,829 | 184,794 | 20,755,344 | 8,809,000 | 42.4 |
| 2018 | 24,995 | 184,554 | 20,953,772 | 8,879,278 | 42.4 |

출처: 한국콘텐츠진흥원(2019), 「2019 콘텐츠산업 통계조사」 재구성

2018년 기준 출판사 수는 5만 9,306개이지만, 무실적 출판사가 5만 1,248개로 86.4%에 달한다. 바꾸어 말하면, 13.6%만이 연간 책 1권이라도 출간하는 출판사로 8,058개에 불과하다. 이 중 1년에 1~5종의 책을 출판하는 출판사가 5,628개로, 실적이 있는 출판사 중 69.8%에 달한다. 6~10종의 책을 출판하는 출판사는 12%로, 1~10종 이하의 책을 출판하는 출판사 수가 82%로 대부분을 차지한다. 이는 우리나라 출판사의 영세성을 보여주는 수치라고 할 수 있다. 예를 들어 베이징대학교 출판사 한 곳에서만 1년에 약 4천 종의 책을 출판한다. 지역별로 서울·경기·인천을 포함한 수도권에 77.4%의 출판사가 몰려 있고, 그중 서울에만 54.9%의 출판사가 몰려 있다.

2019년 8월 우리나라 전국의 출판사 수는 7만 135개로 2011년 3만 8,170개에 비해 3만 1,965개가 증가해 매우 높은 증가율을 보이고 있다. 지역별로 살펴보면, 서울에 4만 495개의 출판사가 영업 중이며, 수도권 지역인 경기(파주출판단지 포함)가 1만 3,192개로 서울·인천·경기를 포함한 수도권 지역에 약 79%의 출판사가 밀집해 있다. 콘텐츠산업통계를 기준으로 한 출판산업 전체 종사자 수는 2018년 기준

**[표 3-6] 한국 출판산업 매출과 수출액(2014~2018)**

(단위: 개, %)

| 구분 | 2012 | 2013 | 2014 | 2015 | 2016 | 2017 | 2018 |
|---|---|---|---|---|---|---|---|
| 출판사 수 | 42,157 | 44,148 | 46,982 | 50,178 | 53,574 | 55,779 | 59,306 |
| 전년 대비 증가율 | 10.4 | 4.7 | 6.4 | 6.8 | 6.8 | 4.1 | 6.3 |
| 발행 실적이 있는 출판사 수 | 6,222 | 5,740 | 6,131 | 6,414 | 7,209 | 7,775 | 8,058 |
| 전체 대비 구성비 | 14.8 | 13 | 13 | 12.8 | 13.5 | 13.9 | 13.6 |

약 18만 4,500여 명, 사업체는 2만 5천여 개사이며, 도서출판업의 경우 2018년 기준 종사자 수는 2만 5천여 명, 사업체 수는 2,700개사에 달한다(한국출판문화산업진흥원, 2020).

### 2) 한국 출판 트렌드

가구당 도서구입비는 1만 2,054원으로, 오락비 항목에서 도서가 차지하는 비중은 6.3%로 계속 낮아지고 있으며, 도서 정가는 약 2.5% 인상되었다. 약 6만 5천 종, 500만 권의 신간이 출간되었다. 독자는 여성이 65%를 차지하고, 남성은 35%로 차이가 크다(한국콘텐츠진흥원, 2019). e북은 3년 동안 계속 성장하고 있고, 웹소설이 전자출판시장을 견인하고 있으며, 매체는 모바일 채널을 주로 사용하고 있다. 소설, 여행, 인문 도서는 하락하고, 일본 소설의 인기도 하락했다. 문학은 전반적으로 상승했으나 소설만 하락하고 있고, 일본 소설은 일본의 경제 보복 이후 일본 불매운동의 영향으로 보인다. 그리고 단순히 여행도서가 아니라 나만의 색이 분명한 여행 에세이는 강세다. 학습만화, 아동, 경제, 초등학습시장은 성장하고 있고, 로맨스, 판타지 등 스낵컬처 같은 디지털 콘텐츠가 인기를 끌고 있다.

예술·대중문화, 교육 도서는 증가하고 아동서와 과학기술, 사회과학 도서는 감소하는 추세가 뚜렷하다. 예술·대중문화(39.0%)가 매우 높은 성장세를 보이고, 교육 도서(8.2%)와 문학(5.4%), 인문서(0.4%)가 상반기 기준으로 동기 대비 아동물이 31.2%로 크게 감소했으며, 과학기술이 18.6%, 사회과학이 4.8% 감소했다(한국콘텐츠진흥원, 2019).

청년층의 취·창업 등의 고민으로 취업·수험서·자격증 관련 도서는 15.5%로 꾸준히 증가하고 있고, 글쓰기와 독서 등 기타 인문학 서적(44.9%)도 두드러진 증가세를 보이고 있다. 글쓰기와 독서는 대학의 교양 강좌도 많이 늘어나면서 대중 글쓰기 시대라고 볼 수 있다. 문학 가운데 소설(4.9%)은 감소했으나, 가볍게 읽을 수 있는 다양한 시와 에세이 등(20.3%)은 증가해서 대조를 보이고 있다(한국콘텐츠진흥원, 2019).

독립출판, 소규모 출판, 작은 책이 인기를 얻고 있다. 북미지역을 중심으로 한 미국에서는 독립출판을 'Independent Publishing'이라고 부른다. "작가들이 기존의 출판 시스템이 아닌 독립적으로 출판물을 제작하며, POD 같은 기술을 통해 주문형 소량 인쇄가 가능해 비용은 절감하고 과정은 간소화한 형태"를 '독립출판'이라고 한다(이건웅·고민정, 2018). 미국 최초의 독립출판물은 토머스 페인(Thomas Paine)의 1772년 작품 *The Case of the Officers of Excise*다. 그는 48쪽 분량의 책 1천 부를 자가출판(Self-publishing)했다.

독립출판물을 ISBN이 없고, 독립서점에 아름아름 유통하는 책으로 규정하는 것은 독립출판을 매우 좁게 보는 시각이다. 독립서점이 프랜차이즈서점의 대척점에 있듯이 독립출판은 기존의 출판자본이나 유통 시스템이 아닌 자체적인 힘으로 출판을 전개하는 것을 모두 지칭한다. 5종 이하를 발행하는 출판사 비중이 75.7%에 이르는데, 기존 중대형 출판사의 활력 회복보다는 낮은 진입장벽에 따른 소규모 출판사가 활약하는 반면, 31종 이상을 출간하는 중대형 출판사 수는 5.1% 감소하고 있다.

『죽고 싶지만 떡볶이는 먹고 싶어』가 베스트셀러에 진입하면서 젊은 층을 중심으로 독립출판물에 대한 반향이 시작되었다. 새로운 기획

편집 부문의 시도로 주목받으며, 작고 얇은 분량으로 지갑이 가벼운 청년 세대를 서점으로 소환한 작은 책이 여전히 사랑받고 있다. 대형출판사와 동네 책방이 연계한 '쏜살문고' 이후로 '현대문학 핀', '테이크아웃', 손바닥소설 모음집 '짧아도 괜찮아'와 잡지형 단행본 '북저널리즘' 등 다양한 방식으로 선보이고 있다(한국콘텐츠진흥원, 2019).

일반 단행본 전자책은 별다른 성과가 없지만 장르소설 및 웹소설의 성장세가 전자출판의 성장을 주도하고 있으며, 콘텐츠의 다양성만큼 시장의 성장 가능성과 추이가 주목된다. e-pub을 기반으로 한 전자책 시장은 지리멸렬하다.

전 세계 오디오북시장은 2013년 20억 달러에서 2016년 35억 달러로 연평균 20.5%의 높은 성장률을 보인다. 우리나라 오디오북 시장은 2020년 현재 약 300억 원 정도로 추산한다. 네이버는 300억 원 규모의 오디오콘텐츠 투자를 조성했고, 커뮤니케이션북스는 '100인의 배우, 우리 문학을 읽다'를 내놓았다. 팟캐스트 팟빵에서는 1천여 개의 오디오북 채널을 운영하고 있으며, 한국출판문화산업진흥원은 한국출판콘텐츠센터 지하 1층에 오디오북센터를 개관했다.

오디오북은 이제 시작하는 사업이라서 성장세이지만, 여전히 숙제는 남아 있다. 출판사가 큰 비용을 투자해서 오디오북을 제작해도 유통채널이 부족하고, 특정 출판사의 콘텐츠만 편의적으로 유통하므로 한계가 있다. 국내 오디오북 유통채널은 오디언(Audien), 윌라, 스토리텔(Storytel), 교보이북 등이 있다. 하지만 실제 오디오 콘텐츠의 이용실태를 보면, 대부분 음악을 듣는 경우가 많고, 라디오, 팟캐스트, 오디오 강좌 등을 들으며, 오디오북은 1.7%만 사용하고 있다(한국출판문화산업진흥원, 2019).

전국 서점 수는 2,050개인데, 10년 전보다 36.9% 감소했다. 100평 이상의 서점은 9% 증가해 대형 서점은 증가하고 중소형 서점은 감소하고 있다(한국서점조합연합회, 2018). 최근 독립서점이 이슈가 되고 있으나 현실은 냉혹하다. 독립서점은 독자에게 신선하고 재미있고 매력적인 공간(나만의 아지트)으로 새롭게 개장하는 매장이 증가하는 만큼 임대료, 인건비 등 비용 부담과 저수익 구조의 영향으로 이전, 축소, 휴폐업하는 업체 또한 증가하고 있다.

반면에 인터넷서점은 10년간 꾸준히 고속 성장을 해왔으며, 2012년부터 감소세를 보이며 부진했다가 도서정가제 시행 안정화 영향으로 2016년 이후 매출 증가세를 보인다. 특히 2020년 코로나19 영향으로 오히려 매출액이 증가하는 역설적인 현상도 보이고 있다. 모바일 쇼핑에서 도서가 차지하는 비중은 39%에 달한다. 최근 새로운 트렌드는 온라인 해외 직접 판매액은 전년 동기 대비 37.6% 증가했고, 직접 구매액은 21.6% 증가했으며, 온라인 직판액이 직구액보다 1.3배 많은 특징이 있다.

중고서점의 대표 주자는 알라딘인데, 전국 대도시(서울 15곳, 경기 9곳, 광역시 19곳)에 43개 매장을 운영하고 있고, 예스24가 수도권과 부산에 오프라인 중고서점 6개 점을 운영하고 있다. 알라딘은 중고서점 매출이 전체 매출의 약 20%를 차지한다.

겜툰출판사는 「모두의 마블」 게임 캐릭터를 이용한 시리즈 출간 경험을 바탕으로 2018년 「좀비고등학교」, 「스페셜솔져」 시리즈로 약 100만 부 이상 판매했다. 「좀비고등학교」는 학교에서 좀비를 피해 생존하는 '감염모드'를 비롯한 다양한 모드를 즐길 수 있는 액션 게임으로, 2014년 3월 26일 출시됐다. 아울러 개선된 그래픽을 바탕으로 '픽

셀 드라마'를 제작하고 출판물, 캐릭터 피규어 등 관련 상품을 출시하고 있다(게임메카, 2019.7.18).

삼성출판사 스마트스터디의 핑크퐁(상어가족)은 자체 IP(지적재산권) 개발과 장기적인 투자, 영역 확장과 글로벌 수출의 결실이 빚어낸 2018년 대표적인 성과이고, 큰 인기를 얻은 데 힘입어 2019년 유가증권시장에서 127.9%가 뛰었다. 또한, 매년 매출이 50% 이상 성장하는 중이며, 특히 앱(112개국 앱스토어 교육 카테고리 매출 1위), 게임, 유튜브, 오프라인 상품 포함 기타(치약, 핸드워시 컬래버까지) 등 분야별로 20~30%씩 균형적인 수익구조를 갖추고 있다(한국콘텐츠진흥원, 2019). 최근 신인 트로트 가수 유산슬(유재석)이 부른 '상어가족' 트로트 버전이 MBC TV 「놀면 뭐하니?」에서 방송되었고, '핑크퐁' 유튜브 채널이 공개되었다(중앙일보, 2019.12.20).

휴먼큐브의 유아동 출판브랜드 '아이휴먼'은 셀럽과 등장인물의 캐릭터화로 재미를 더한 학습만화 『설민석의 한국사 대모험』 시리즈가 2018년 120만 부를 돌파하는 성과를 기록했다. 그리고 2019년 '올해의 소년한국 우수 어린이 도서'로 선정되었다. 또한, EBS 캐릭터 펭수도 열풍을 몰고왔는데, 의류부터 도서에 이르기까지 펭수만 뜨면 모든 상품이 완판되고 광고 모델로 인기를 끌고 있다. 2020년 달력도 없어서 못 팔았을 정도로 인기를 끌었다. 예를 들면, 펭수 파자마는 10분 만에 완판되었고, 펭수 에세이 다이어리 『오늘도 펭수 내일도 펭수』는 예약판매 기간에 200만 부가 판매되었으며, 예스24에서는 3주 연속 판매 1위 자리를 지켰다(컨슈머타임스, 2019.12.25).

### 3) 출판기획의 개념

출판기획과 출판기획자의 개념과 정의는 학자나 연구자마다 다소 차이가 있고, 산업이나 현장의 목소리가 각기 다르다. 또 시대와 기술의 발전에 따라 세상이 변화하면서 출판기획에 요구하는 가치나 의미도 변화하기 마련이다. 다양한 출판기획에 대한 개념과 정의를 정리해보면 다음과 같다.

이기성과 고경대 교수는 "출판기획은 일정한 독자를 대상으로 공표할 목적으로 책을 펴내기 위한 구상과정"이라고 정의하면서 더불어 "출판기획은 저자 수배, 원고 수집뿐만 아니라 제작과 마케팅 단계까지 기획의 콘셉트를 제대로 연결하도록 해야 한다"라고 말한다(이기성·고경대, 2004). 다산출판사 강희일 대표는 출판기획(出版企劃, book publishing planning)을 "출판을 하기 위한 지식과 정보를 찾아서 어떠한 책을 어떻게 출판할 것인가를 생각하고 시장조사를 통해 세밀하고도 구체적인 계획을 세우는 것이다. 이는 책의 제목, 주제, 내용, 저자, 독자 대상, 분량, 편집, 제작방식, 가격, 발행일자, 제작비, 저자 인세, 제작 부수, 광고, 서평, 유통방식 등 출판에 필요한 제반 사항을 사전에 계획하는 포괄적인 설계"라고 정의했다(강희일, 2007).

마음산책 정은숙 대표는 출판기획을 "세상에 대한 이해, 세상 읽기"라고 정의한다. 출판편집자는 변전하는 세상을 잘 읽어야 기획을 잘 할 수 있다는 것이다. 즉, "안테나를 높이 세우고 세상과 주파수를 잘 맞추는 것이 곧 트렌드 읽기이고 기획"이라고 본다. 푸른역사 박혜숙 대표는 "수천 명의 독자를 위한 책이 아니라 몇백 명이라도 더 읽을 수 있는 책을 기획하는 것이 출판인의 자세"라고 말한다. 자본에 의한 상업출판이 아닌 전문출판사, 전문편집자를 꿈꾸면서 끝내 '기획자'라는 말을 하기 꺼렸다. 편집자 안에 기획이 내포되어 있다면서 투철한 편집자의 자세에서 기획을 본다.

이지연은 기획에서 가장 중요한 요소를 첫째, 시장이 존재하는가? 둘째, 책을 잘 만드는 것 두 가지뿐이라고 말한 바 있다. 그녀는 디자인을 중요시하는 편집자다. 그뿐만 아니라 철저히 독자 입장에서 책을 만드는 출판기획자다. 유정연은 "기획은 행동이다. 그리고 책임이다"라고 말한다. 그는 마케팅에 중점을 두는 기획자로 기획, 편집, 마케팅의 삼위일체를 주장하는 컨버전스 전도자다. 기획자는 물고기가 있는 낚시터에서 낚시하는 낚시꾼이 아니다. 기획자는 자신이 원하는 물고기를 골라 양식하고 소비자에게 전달하는 능동적인 창조적 생산자다. 따라서 자기만족으로 물고기를 잡는 낚시꾼과는 구별된다.

21세기의 출판기획자는 콘텐츠 기획자로 변모해야 하며, 멀티플래너의 역할을 통해 출판기획을 해야 한다. 기술의 발전에 따라 종이책은 물론 전자책을 동시에 기획해야 한다. 종이인쇄는 물론 인터넷을 통한 전자책, 모바일북, 멀티미디어북 등 다양한 디바이스에 맞는 전자책 기획을 병행해야 한다. 또한, 출판콘텐츠의 다각적인 활용을 염두하고 기획해야 한다. 성공한 출판콘텐츠는 다양한 부가가치를 창출한다. OSMU를 통해 애니메이션, 영화, 드라마, 다큐멘터리, 뮤지컬, 연극, 캐릭터 등 다양한 부가 상품으로 파생될 수 있다. 그리고 글로벌 지수를 키워야 한다. 출판기획자는 해외의 우수한 콘텐츠를 적극적으로 수용함과 동시에 우리의 콘텐츠를 해외에 수출해야 한다. 해외 출판시장을 모니터닝하고 출판의 흐름을 감지하는 능력을 갖추어야 한다. 출판기획자는 기술은 발전하고 문화 트렌드가 빠르게 변모하고 있음을 한순간도 잊으면 안 된다.

1990년대 이전까지 한국가요는 일본가요를 모방한다는 다소 비난 섞인 말과 냉소를 받았으나, 일본가요와 해외의 우수한 문화를 적극적으로 수용해 한국적으로 내재화하고 독창적인 케이팝(K-Pop)으로 발현시켰다. 그 결과 2000년대 이후 한국의 케이팝이 세계의 중심에 우뚝 서는 쾌거를 이루었다. 수많은 아이돌 스타가 양성되고 가요계에 시스템이 정착되면서 BTS 같은 세계적인 스타가 탄생하기에 이르렀다. 이들은 중국과 일본, 타이완과 동남아시아를 누비며 한국 문화를 알리는 홍보대사 역할도 겸하고 있다. 케이팝의 성공은 출판산업의 타산지석이 되어야 한다. 출판기획자에 대한 투자와 콘텐츠 개발에 집중해야 한다. 출판산업을 일으키고 21세기 신성장산업으로 변모하기 위해서는 우수한 인력 양성과 콘텐츠 개발에 매진해야 한다.

출판기획자의 역할은 중요하다. 최봉수가 출판기획자를 '프로듀서', '코디네이터'라고 정의한 것은 출판 각 프로세스의 전문가들을 적절히 고용·배치하고, 그들의 전문성을 최대한 발휘케 하며, 그들의 노력에 대한 결실이 하나의 목표를 위해 집결해내는 기획 능력이 요구되기 때문이다. 가령 출판기획자가 '삼국지'를 기획한다고 가정해보자. 기존 이문열의 『삼국지』와 황석영의 『삼국지』의 기획 의도가 다르다는 것과 시장 장악력을 알고 있으므로 유사 도서를 출간하는 것은 기피할 것이다.

그러나 삼국지 시장을 보고 『삼국지』를 학습만화로 만든다면 타깃과 제작 부수, 마케팅 방법 등이 완전히 다를 수 있고 새로운 시장을 개척할 수 있을 것이다. 또 기존의 게임 「삼국지」와 손잡고 퓨전 『삼국지』를 내놓는 것도 하나의 방법일 수 있다. 출판기획자는 저자 섭외는 물론 타 분야와 제휴 등 적극적인 활동력을 보여야 한다. 출판 프로세스

만 이해하는 것은 편집자의 몫일 수도 있다. 뛰어난 기획자의 역할은 단순히 출판전문가만을 의미하는 것이 아니라 타 분야에 대한 이해와 접목을 이끌어내야 한다.

출판기획자에게는 두 가지 역할을 강조하고 싶다. 첫째는 위기 대처 능력, 둘째는 통섭이다. 도서를 기획해서 상품으로 출간하여 유통·판매되기까지 수많은 공정과 담당자를 거쳐 수많은 회의와 의사결정을 하게 된다. 책의 완성도를 위해 출간 시기를 늦출 것인지, 마케팅 타이밍을 위해 출간을 서둘러 진행할지 결정해야 한다. 내부 의사결정에서 발생하는 갈등도 있을 수 있고, 외부 거래처와 발생하는 갈등도 있을 수 있다. 갈등은 좋은 상품을 만드는 데 치명적인 독이 될 수 있으므로 위기가 발생했을 때 이를 원만하게 해결하는 능력을 갖추어야 한다. 또한, 외부적인 요인에 의한 위기 대처 능력도 중요하다.

1997년 IMF 외환위기는 출판산업의 최대 위기였다. 당시 우리나라 경제는 총체적 난국이었고, 고려원 등 최대 규모의 단행본 출판사가 문을 닫는 등 큰 고비를 겪었다. 2008년 10월 발생한 외환위기는 출판계에 또다시 직격탄을 날렸다. 당장 매출이 3분의 1로 줄고 원자잿값이 들썩이기 시작했다. 출판사마다 출간 일정을 조절해 출간 시기와 종수를 줄이고 내부 인력 등 전반적인 조정이 불가피했다. 미국에서 발생한 세계적인 금융위기가 장기적인 불황의 늪으로 빠질지, 아니면 일시적인 현상으로 끝날지 알 수 없는 상황에서 출판기획자는 정확한 상황판단과 결단으로 위기를 대처해나가야 했다. 2020년 코로나 19로 인해 전 세계가 팬데믹에 빠지고 국내 출판시장도 위축되었다. 아동 도서와 일부 경제 경영서 등은 오히려 판매가 늘어나고, 온라인서점의 매출은 증가했으나, 출판계 전체는 심각한 불황의 늪으로 빠져들었다. 경쟁력이 낮은 1인 출판사, 중소출판사와 지역서점의 타격이 컸다.

2010년 이후 최재천 교수의 소개로 일반화된 '통섭' 또는 컨버전스는 하나의 트렌드가 되었고, 김난도 교수의 '언택트'는 2020년 이후 새로운 트렌드가 되었다. 출판기획자에게 중요한 능력과 역할로 '통섭'은 매우 중요하다. 출판기획자는 만물박사가 될 필요는 없다. 하지만 도서를 기획할 때는 한 분야가 아닌 여러 분야에 해박한 지식과 학습력이 요구되며, 도서가 아닌 다른 분야와 적극적으로 소통하면서 양질의 책을 만들고 책의 영역을 확대할 수 있을 것이다.

### 4) 1인 출판과 기획

출판시스템의 안정화와 기술 발전에 힘입어 1인 출판 시대가 열렸다. 1인 미디어의 유행도 이런 부분에서 1인 출판과 궤를 같이한다. 하지만 1인 출판의 시작은 1997년 IMF 당시 출판계의 대량해고와 부도라는 불가항력적인 결과로 촉진되었다고 보는 것이 옳다. 그뿐만 아니라 광고계, 신문, 잡지사 등 타업종에서 유입된 외부 인력들이 출판계로 뛰어들면서 1인 출판에 불을 붙였다. 일반적으로 1인 출판사는 혼자서 편집, 마케팅, 디자인 등을 도맡아 하는 방식이 아니다. 예를 들면 마케터 출신의 1인 출판사는 편집과 디자인, 제작을 외주로 주고 마케팅에 집중하는 형식으로 위탁과 외주 형식을 빌려 1인 출판이 가능한 형식이다.

1인 출판사를 하기로 결심한 사람이라면 수시로 어떤 책을 만들 것인지 고민할 수밖에 없다. 처음 계획한 도서가 10종이라면 그중 1~2종을 남기고 나머지는 모두 기획 과정에서 자연스레 사라지기 때문이다. 그러므로 1인 출판사가 출판기획을 할 때는 기획에 대한 다양한 경험을 쌓고 출판시장의 정보를 얻기 위한 끊임없는 노력을 하며, 관심 분야에 대한 구체적이고 집중적인 연구를 할 필요가 있다.

출판물의 기획은 크게 세 가지로 분류해볼 수 있다. 첫째로 직접 기획하는 경우다. 말 그대로 본인이 직접 기획하며, 독립적으로 기획하면 책에 대한 검증이 제대로 이루어지지 않을 수 있어 충분한 검증 절차가 필요하다. 방법은 지인이나 전문가 등 책에 대한 지식을 지닌 사람에게 자문을 구하는 것이다. 자문을 구할 내용으로는 책의 수요를 담당할 독자층의 타깃 설정이나 도서 가격의 설정, 책의 종이 재질과 디자인 설정 등 다양하다.

두 번째로 에이전시를 통해 기획하는 경우다. 작가와 출판사를 서로 소개하고 연결해주어 출판계약이 이루어지게 되면 계약금의 일부를 수수료로 받는 에이전트는 작가가 협의하기 어려운 인세에 대한 금전적 문제를 출판사와 협의를 거쳐 원활하게 처리해주게 된다. 1인 출판사는 원하는 도서를 선택하여 에이전시와 계약하면 된다. 평균 500만 원 정도 요구된다.

세 번째로 출간을 의뢰받는 경우다. 1인 출판사를 운영하는 중에 출간 의뢰가 들어오면 분야에 맞는 원고를 선정하여 다시 기획하고 진행해나갈 수 있다. 이때는 자사의 자금이 투입되는 사안이므로 신중한 선택이 요구된다(이시우, 2013).

# 4 베스트셀러와 스테디셀러

### 1) 베스트셀러

'베스트셀러(best seller)'라는 개념은 1897년 미국에서 가장 먼저 사용되었다. 미국의 월간 문예잡지 「북맨(Bookman)」이 미국 전역의 서점에서 판매가 잘되는 책을 조사하여 발표했다. 처음부터 '베스트셀러'라는 용어를 사용한 것은 아니고, '베스트 셀링 북스(best selling books)'라고 불렸다. 이 용어가 점차 전 세계에 보급되면서 1920년대에는 통용어가 됐다.

우리나라에서 '베스트셀러'라는 개념이 사용되기 시작한 것은 1945년 광복 이후부터다. 1954년 정비석의 『자유부인』이 한국 출판 사상 최초로 10만 권을 돌파한 것이 '베스트셀러'라는 말이 사용된 계기가 되었다. 언론에서 베스트셀러 목록을 다루기 시작한 것은 1962년이고, 우리가 잘 알고 있는 대형 서점에서 베스트셀러를 공식적으로 집계하기 시작한 것은 1988년부터다.

하지만 좋은 내용을 담고 있어 수준이 높아 베스트셀러가 된 것이 아니라 단순히 대대적인 홍보와 마케팅에 의해 만들어진다는 데 환멸을 느낀 미국의 일부 서점들은 1960년대 후반부터 베스트셀러 목록과 함께 '롱셀러' 목록을 발표하기 시작했다. 오랫동안 꾸준히 팔리는 책을 의미하는 롱셀러는 이후 '스테디셀러'라는 말로 변화되었다.

베스트셀러와 스테디셀러의 특징도 구분된다. 베스트셀러는 당대 사람들의 욕망을 잘 반영하게 마련이다. 하지만 스테디셀러, 즉 10년에서 20~30년 이상 꾸준히 팔린 책을 통해 당대를 지배한 이념이나 트렌드를 읽어낼 수 있다. 그리고 30년 이상 꾸준히 팔린 책은 한 세대의 변하지 않는 욕망을 알려주게 마련이다. 말하자면 스테디셀러는 시대상을 고스란히 반영한다.

베스트셀러가 가진 가장 큰 의의는 시대상을 반영한다는 것이다. 시대별 베스트셀러를 통해 알 수 있듯이 우리는 각 시대 사람들이 어떤 공통된 정서를 가졌는지, 혹은 당대에 가장 파급력이 있었던 사상이 무엇인지를 파악할 수 있다. 특정한 시기, 특정한 사회에 어떠한 책이 베스트셀러로 존재한다는 것 자체가 다수 대중의 공통된 욕구나 욕망을 충족시켜주는 소비재로서의 가치를 지닌다는 것을 의미한다. 개인을 통해 사회가 체화되듯이 당대 독자의 관심과 욕망의 성격을 드러내주는 베스트셀러는 단순한 개인의 열망의 합을 넘어 당대 사회의 흐름과 욕망 그리고 자본주의 시장도 반영한다.

이에 대한 가장 대표적인 예로 2017년부터 현재까지 꾸준히 문학 분야 베스트셀러를 선점하고 있는 조남주의 소설 『82년생 김지영』을 들 수 있다. 2019년 영화 「82년생 김지영」이 개봉하면서 이 문제는 재점화된다. 페미니즘을 비롯한 각종 젠더 이슈, 여성 관련 혐오범죄가 만연한 2017년부터 현재까지 정서를 적극적으로 반영한 이 지표는 베스트셀러가 어떤 방식으로 시의성을 가지는지, 그리고 어떤 의의가 있는지를 가장 뚜렷하게 드러낸다고 생각한다.

물론 2020년 코로나19로 인한 전염병의 창궐은 이전에 경험해보지 않은 새로운 트렌드를 낳았고, 나 홀로 집에서도 즐길 수 있는 책들, 특히 아동, 과학, 경제경영서 등이 인기를 끌었다. 더불어 베스트셀러는 책을 고르는 데 '진입장벽이 낮은' 좋은 기준으로 작용하기도 한다. 오프라인 서점에서는 베스트셀러와 스테디셀러 코너를 따로 배치하여 서점 방문객이 자연스럽게 베스트셀러를 소비하게끔 이끈다. 구매하거나 빌릴 책을 고를 뚜렷한 기준이 없는 소비자에게는 베스트셀러가 충분히 적절한 기준이 되어줄 수 있기 때문이다.

### 2) 스테디셀러

스테디셀러(steady seller)는 "오랜 기간에 걸쳐 꾸준히 잘 팔리는 책"을 뜻한다. 그렇다면 스테디셀러가 되기 위한 조건들에는 어떠한 것들이 있을까? 우선 간단히 세 가지 요건이 있다고 한다. 그것은 3L이다. 3L이란 "원칙에 충실하고(Legal), 시대를 초월한 고전적 가치를 지니고 있어야 하며(Legendry), 생명력이 길어야 한다(Long run)"라는 것이다. 이러한 기본적인 이론 요소 말고도 사회적인 요소도 있다. 다음은 사회적인 요소들이다.

첫째, 시대적 특성을 확실하게 담은 우수한 '문학도서'여야 한다는 것이다. 최인훈의 『광장』, 조세희의 『난장이가 쏘아올린 작은 공』, 황석영의 『객지』, 조정래의 『태백산맥』 등이 대표적이다. 둘째, 지적 호기심을 끊임없이 유발하면서 새로운 지식과 정보를 알려주는 신간을 꾸준히 펴내는 유명 교양서 저자의 책이어야 한다는 것이다. 최재천, 정재승, 이원복, 강신주, 김두식, 고미숙, 정민 등 이런 유형의 저자는 초기 저작이 장기 스테디셀러가 되는 경우가 많다. 셋째, 후속편일수록 이야기성이 더욱 확실해지는 글을 쓰는 저자의 책일수록 스테디셀러가 될 가능성이 높다. 권이 더할수록 이야기성이 짙어지는 유홍준의 『나의 문화유산답사기』는 20년 이상 인기가 식을 줄 모른다. 넷째, 기초학문 분야의 태두라 일컬어지는 학자들이 지적 기초를 확실하게 제시한 책이어야 한다. 다섯째, 필독 고전이나 교과서에 일부가 수록된 작품은 교육적 효용이 커서 스테디셀러가 될 확률이 높다. 여섯째, 영화나 드라마, 게임, 애니메이션, 만화 등 다른 매체와 연결된 책이다. 지금은 인터넷 영상 시대다. 이제 활자와 인터넷이라는 미디어의 양분된 틀에 사로잡히지 않고 모든 미디어를 제대로 알고 콘텐츠 활용을 추진하거나 제안하는 '크로스 미디어' 발상에 따라 만들어진 책이 스테디셀러가 될 확률이 가장 높다. 일곱 번째, 해외시장에서 좋은 반응을 얻은 책이다. 1990년대 이후 단권으로 200만 부 이상 팔린 소설은 『엄마를 부탁해』(신경숙), 『가시고기』(조창인), 『아버지』(김정현) 세 권뿐이다. 21세기에 단권으로 밀리언셀러가 된 소설로는 『가시고기』를 제외하면 『봉순이 언니』, 『아홉살 인생』, 『그 많던 싱아는 누가 다 먹었을까』, 『우리들의 행복한 시간』(공지영) 등 네 종에 불과하다. 이 소설들은 모두 극도로 축소된 인간관계만을 다루고 있다. 이 중 가장 확실한 스테디셀러는 『엄마를 부탁해』다. 이 소설은 미국을 비롯한 35개국에서 좋은 반응을 불러일으키면서 확고한 스테디셀러가 되었다.

일반적인 스테디셀러로 소설 분야에서는 『나의 라임오렌지나무』(J. M. 바스콘셀러스, 동녘), 『아홉살 인생』(위기철, 청년사), 『창가의 토토』(구로야나기 데츠코, 프로메테우스), 『내 영혼이 따뜻했던 날들』(포리스트 카터, 아름드리), 『냉정과 열정 사이』(에쿠니 가오리 외, 소담), 『난장이가 쏘아올린 작은 공』(조세희, 이성과힘), 『봉순이 언니』(공지영, 푸른숲), 『그 많던 싱아는 누가 다 먹었을까』(박완서, 웅진출판),

『연어』(안도현, 문학동네), 『19세』(이순원, 세계사), 『모두 아름다운 아이들』(최시한, 문학과지성사) 등이 있다.

일반적인 스테디셀러에 속하는 이 소설들은 대부분 성장소설이다. 성장소설은 한 인간이 성장하는 과정에서 겪게 되는 꿈과 희망, 부분적인 성취와 좌절을 통해 개인의 보편적 교양, 곧 자기실현을 위한 길을 제시한다. 책은 미완성에서 완성을 지향하는 사람이 많이 읽게 마련이어서 성장소설의 인기는 세계적인 추세다. 이러한 성장소설이 꾸준히 잘 팔리는 이유 중 하나는 사회가 현대화되고 글로벌화됨에 따라 다양한 사회 요소에 부딪힐 수밖에 없는데, 이러한 과정에서 스스로 나아갈 방향을 찾기 어려워한다. 이러한 사람들에게 가장 절실한 것은 어떤 지침서 같은 존재다. 이로 인해 '성장소설'은 끊임없이 러브콜을 받는다.

최근에도 잘 팔리는 몇 편의 성장소설이 소설시장을 주도하고 있다. 2008년 『즐거운 나의 집』(공지영, 푸른숲), 『개밥바라기별』(황석영, 문학동네), 『완득이』(김려령, 창비), 2009년 『엄마를 부탁해』(신경숙, 창비), 2010년 『덕혜옹주』(권비영, 다산책방), 『성균관 유생들의 나날』(정은궐, 파란미디어), 『어디선가 나를 찾는 전화벨이 울리고』(신경숙, 문학동네), 2011년 『두근두근 내 인생』(김애란, 창비) 등이다. 어떤가? 여전히 그 시절, 그 이야기인 '대한늬우스'가 없지 않지만 그런 소설보다는 『완득이』처럼 새로움을 보여주는 소설이 5년째 잘 팔리고 있다.

2020년 교보문고를 기준으로 문학 분야 스테디셀러는 『나미야 잡화점의 기적』(2012), 『82년생 김지영』(2016), 『라플라스의 마녀』(2016), 『연금술사』(2018), 『가면산장 살인사건』(2014), 『아몬드』(2017) 순이다.

### 3) 재출간 도서

이미 출간된 도서를 다시 출간하는 사례가 최근 증가하고 있고, 실제로 매출에 큰 도움을 주고 있다. 영화화된 소설이 재출간되고, 절판된 책들이 복간되며, 개정판·개정증보판들이 계속해서 나오고 있다. 재출간은 항상 있어온 일인데, 주로 5년마다 개정판 붐이 주기적으로 분다는 말이 있다. 파울로 코엘류의 『연금술사』처럼 재출간해 베스트셀러가 되면서 다시 세계적으로 인정받은 책도 많다. 재출간은 문화계 전반의 복고 열풍으로 해석되기도 하고, 불황 속에서 출판사들이 검증된 책을 출간하는 것으로 분석되기도 한다(문화일보, 2016.7.1).

절판된 책이 재출간되는 경우도 이제 흔히 찾아볼 수 있다. 2016년 복고 열풍에 힘입어 5년 만에 재출간된 책이 있다. 바로 『보여줄 수 있는 사랑은 아주 작습니다』(진선북스, 2016)다. 재출간된 이유는 바로 드라마 때문이다. tvN의 「응답하라」 시리즈 중 2015년 「응답하라 1988」 15회에 방송된 정봉과 만옥의 데이트 장면에 이 책이 등장했다. 만옥이 이 책을 종로 커피숍으로 가져와 테이블 위에 올려두었고, 속에는 정봉이 준 책갈피가 끼워져 있었다. 진선북스 측은 "드라마 방영 후 독자들의 구입 문의가 이어져 1988년도 초판본 그대로의 판형과 편집으로 재출간했다"라고 밝혔다(중앙일보, 2016.1.18).

또한, 최근에는 기존에 절판된 해외 명저들의 재출간이 활발하게 이루어지고 있다. 1987년 출간돼 1990년 국내에 처음 소개된 『월리를 찾아라!(Where's Wally)』가 절판 후 8년 만에 북메카에서 재출간됐다. 재출간된 『월리를 찾아라!』는 최근 복고 열풍에 힘입어 어린이뿐만 아니라 과거 월리와 함께 커온 2030세대의 큰 인기를 모았다. 그리고 유명 온라인서점에서 베스트셀러 1위(예스24, 어린이 베스트셀

〈그림 3-3〉 재출간 도서들

러 2016년 4월 기준)에 올랐다. 북메카 관계자는 "당초 예상보다 높은 관심에 이번에 출간된 1, 2, 3권 모두 5월 가정의 달을 맞아 대형 서점과 기업체를 중심으로 주문량이 밀려들어 출판사에서는 이미 도서가 거의 남지 않았다"라고 말했다. 그러나 출판사 관계자는 "영국 출판사의 승인이 필요한 재인쇄 계획이 아직 확정되지 않아 재출간된 한글판 『월리를 찾아라!』는 당분간 구매하기 어려워질 수도 있다"라고 전했다(머니투데이, 2016.4.28).

위의 사례뿐만 아니라 절판된 책이라도 독자들의 구입 문의와 관심이 있다면 재출간되기도 한다. 이로 인해 재출간과 함께 진행하는 이벤트가 당초 계획보다 연장되고, 절판된 책을 다시 소장할 기회를 만들어준다. 일제강점기 근대 한국문학 명작들의 초판본은 출간 당시 처음 낸 판본으로, 최근 주로 시 분야 초판본의 재출간 열풍이 불고 있다.

> "죽는 날까지 하늘을 우러러 한 점 부끄럼이 없기를
> 잎새에 이는 바람에도 나는 괴로워했다"
> - 윤동주 '서시' 중

문학 시험의 단골 문제로 등장하는 윤동주의 '서시'를 모르는 사람은 거의 드물 것으로 생각한다. 이 시가 수록된 윤동주의 유고 시집 『하늘과 바람과 별과 시』는 발표된 이래 한국 시문학사의 대표적인 명작으로 남아 있다. 그로부터 60년이 넘은 2016년 전후 대한민국 출판계는 때아닌 '윤동주 신드롬'에 휩싸였다. 2015년 윤동주의 생애를 그린 영화 「동주」(2015)가 흥행에 성공함과 동시에 각종 온라인서점 베스트셀러 순위에서 초판본 『하늘과 바람과 별과 시』가 상위권에 올랐기 때문이다(더피알, 2016.4.22). 그리고 2017년은 윤동주 탄생 100주년이기도 했다. 이러한 복합적인 환경이 그의 초판 시집을 재출간하게 했다.

여기에 힘입은 초판본 재출간 현상은 『하늘과 바람과 별과 시』에서 그치지 않는다. 김소월의 『진달래꽃』과 한용운의 『님의 침묵』 등 1920년대에 발표된 시집들이 재출간되면서 출판계의 주목을 받고 있다. 또한, 시 분야뿐만 아니라 1947년 출간된 『백범일지』도 초판본이 재출간되었다. 복각판 『백범일지』는 시대 상황을 재현한 듯 소포 봉투에 담겨 있으며, 우표와 소인도 그대로 재현했다. 발신인은 김구 선생이고 주소는 다름 아닌 대한민국 임시정부다. 여기에 "동지를 대한민국의 독립군으로 임명한다"라는 내용의 임명장도 담겨 있어 구매자에게 색다른 재미를 선사한다.

이러한 초판본 재출간 마케팅은 도서정가제 시행 이후 침체에 빠졌던 출판업계에 새로운 트렌드로 자리 잡고 있다. 초판본의 재출간이 인기를 끄는 이유는 '소장 가치'와 기존 책과의 '차별화'다. 윤동주나 김소월 시집의 오리지널 초판본을 구입하는 것은 일반인들에게는 쉽지 않다. 전국의 헌책방을 이 잡듯 뒤져도 찾기 어려울뿐더러 어렵게 구한다고 해도 상상 이상의 금액을 내야 한다. 반면 재출간 초판본은 쉽게 구입할 수 있고, 가격도 여타 책들과 다르지 않은 수준이다. 비록 오리지널 초판본은 아니지만, 얼핏 보면 구분이 어려울 정도로 재현해내어 전문 수집가가 아닌 일반 독자들게는 충분히 만족감을 줄 수 있다. 또한, 다양한 세대에게 어필할 요소가 가미됐다. 젊은 세대들에게는 지금과는 다른 표현이나 언어, 세로쓰기 등이 신선하게 작용했을 것이고, 중장년층에게는 향수를 일으키는 복고마케팅 전략으로 사용했다(더피알, 2016).

출판사 입장에서 보면 초판본 재출간은 저비용 고효율 마케팅 전략으로 사용될 수 있다. 따로 디자인이나 편집할 필요가 없기 때문이다. 교과서에 실릴 정도로 검증받은 글이기에 신간보다 위험부담이 적다는 장점도 있다. 다만, 시간이 지날수록 가치가 높아지는 문화상품과 달리 소비재의 초판본 혹은 복각 마케팅은 오래가기 어렵다. 소비 시간이 짧고 트렌드가 빠르게 바뀌는 속성 때문이다. 일시적인 향수 마케팅일 뿐 지속성을 갖기에는 한계가 있다며 특정 시즌과 관련된 마케팅 툴로 활용되는 추세라고 전했다(더피알, 2016).

〈그림 3-4〉 근대 한국문학 명작 재출간 도서들

# 4

# 출판산업의 유통과 출판 마케팅

# 1 마케팅의 개념

지금을 뷰카(VUCA)한 시대라고 한다. 뷰카란 Volatile(변동성), Uncertainty(불확실성), Complexity(복잡성), Ambiguity(모호성)의 앞 글자를 따서 VUCA로 표현하며, 불확실한 미래를 통틀어서 말하는 단어다. 뷰카한 시대의 마케팅은 더욱더 중요해졌다. 시장은 변화하고 그 변화하는 시장을 분석하고 그에 따라 진화하는 것이 마케팅이라고 할 수 있다.

그러면 마케팅이란 무엇인가. 마케팅이라는 용어는 우리 주위에서 많이 접하고 있으며, 평상시에도 우리는 마케팅활동을 하고 있다. 기업의 활동 중 어떤 활동에서든지 마케팅활동이 아닌 것은 없을 것이다. 그러나 이렇게 쉽게 접할 수 있는 용어의 개념 등을 정확하게 알고 있는 사람은 적기도 하다.

시장의 경쟁이 심화되고, 공급이 수요를 초과하며(공급 > 수요), 소비자의 요구도 제품이 주는 1차적인 효용에서 벗어나 더욱 다양화되고 복잡해졌다. 이에 따라 기업들은 기업의 생존을 위해 마케팅 개념을 도입하게 되었다.

마케팅에서 가장 기본적인 용어는 필요(needs), 욕구(wants), 수요(demand)다. 이 세 단어는 모두 소비자가 중심이다. 즉 마케팅의 마켓은 시장을 말하며, 시장은 소비자가 있는 곳이다. 이것으로 알 수 있듯이 마케팅이란 '소비자'를 중심으로 생각하는 전략이라 할 수 있다(한주리 외, 2014). 마케팅은 제품, 생산, 판매가 중심이 아니라 소비자가 있는 시장, 즉 소비자가 중심이 된다. 따라서 마케터의 눈은 항상 시장을 바라보고 있어야 한다. 그 시장은 고객이 있는 곳이다.

미국마케팅협회(American Marketing Association)는 1985년 마케팅을 "개인과 조직의 목적을 만족시키는 교환을 창조하기 위한 아이디어, 재화, 서비스의 개념 형성, 가격 설정, 프로모션, 유통을 기획하고, 실행하는 과정"이라고 정의했다. 이 정의는 마케팅믹스(4P) 전략을 중심으로 정의한 내용이며, 가장 오래도록 사용되었다. 그리고 2004년에는 "조직과 스테이크홀더, 양자에게 유익하도록 고객을 위한 가치창출, 커뮤니케이션하고 전달하며 고객과의 관계성을 구축하기 위한 조직적 기능 및 일련의 과정"이라고 마케팅을 정의하고 있다. 이 정의는 고객과의 관계성(relationship)을 더욱 중요하게 보았으며, 조직 내의 관계자도 고객으로 바라보는 관점이라고 할 수 있다. 또한, 가장 최근인 2017년 정의로는 "마케팅은 고객, 클라이언트, 파트너, 넓게는 사회를 위한 가치를 갖는 제공물을 만들고, 알리고, 전달하고, 교환하는 활동이자 제도의 집합이며, 프로세스다"라고 하여 2004년 정의와 마찬가지로 소비자와 내부 관계자뿐 아니라 사회로까지 더욱 폭넓게 마케팅을 바라보고 있다(미국마케팅협회, https://www.ama.org).

그러나 우리는 지금까지 '마케팅'이 무엇이냐고 물으면 '판매', '영업' 또는 '광고' 등의 단어로 일축했다. 그래서 지금까지 출판 마케팅이라고 하면 '영업(판매)'이 중심이었다.

〈그림 4-1〉에서는 '판매'에만 집중하며 그것을 마케팅이라고 본 것

〈그림 4-1〉 마케팅의 범위

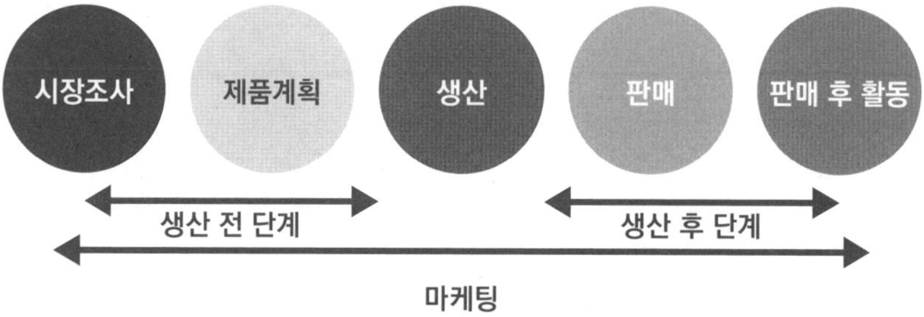


이다. 그러나 그림과 같이 생산 전 과정과 생산 후 과정이 모두 마케팅 활동에 포함된다고 할 수 있다.

과거에는 소비자에게 제품을 판매하고 나면 기업과 소비자 사이의 관계가 끝났다고 봤지만, 지금은 바로 그때부터 소비자와의 관계가 시작된다(리완창, 2015). 대부분 판매하면 그것으로 마케팅 활동이 끝났다고 생각하는 경우가 많은데, 그것도 틀린 생각이다. 소비자에게 판매했으면 '판매 후 활동', 즉 판매 후의 고객 관리 또한 마케팅 활동에서 중요하다.

마케팅은 기본적인 개념을 중심으로 변화와 진화를 거듭하고 있다. 출판산업뿐 아니라 다른 산업에서도 마케팅의 변화를 가져온 요인은 다음과 같다.

첫째, 대중시장의 분화다.

둘째, 정보통신기술(Information & Communication Technology: ICT)의 발전이 마케팅 수단을 발전시켰다. 정보통신기술의 발전은 다양한 미디어의 탄생, PC의 빠른 보급, 인터넷과 스마트폰, 소셜미디어 등 쌍방향 커뮤니케이션을 가능하게 했다.

셋째, 산업의 발달로 마케팅 경쟁을 심화시켰다. 마케팅 경쟁의 심화는 다양하고 새로운 수단을 활용하도록 촉진시켰다.

마케팅의 기본전략은 마케팅믹스 전략을 중심으로 이루어진다. 마케팅믹스는 주로 '4P전략'이라고 한다. 4P는 제품전략(Product), 가격전략(Price), 유통전략(Place), 프로모션전략(Promotion)을 말한다. 이 네 가지 전략을 '마케팅믹스 전략'이라고 하며, 기업은 이러한 믹스 전략을 통해 마케팅 전략을 진행해나간다. 마케팅은 광의의 의미로는 기업경영의 중심이라 할 수 있으며, 전사적 차원의 활동이라고 할 수 있다. 협의의 의미로는 주로 프로모션 전략이 중심이 되었다. 프로모션 전략을 구성하는 프로모션 믹스는 광고, 홍보, 인적판매, 판매촉진으로 구성되어 있다.

여기에서 프로모션 믹스는 ATL(Above the line marketing)과 BTL(Below the line marketing)로도 말할 수 있다. ATL은 TV, 신문, 라디오, 잡지 등의 매체에 일방적으로 광고를 전달하는 것을 말하며, 최근에는 인터넷과 케이블로 확장되었다. 전통적으로 광고는 ATL 방식으로 전달되었다. 많은 대중에게 효과적으로 브랜드를 인지시킬 수 있기 때문이다. 출판산업에서는 라디오, 잡지 등의 광고를 중심으로 실시한 것과 마찬가지다.

BTL은 이벤트, 전시, 스폰서십, PPL 등을 이용하여 소비자가 경험하고 참여함으로써 자연스럽게 구매 및 브랜드 인지도에 영향을 미치게 하는 방식으로 주로 쌍방향 커뮤니케이션이 필요한 간접적인 마케팅 방식이기도 하다.

이제는 광고에서 4대 매체의 한계[1]를 느끼고 있으며, 소비자의 세

---

1 2019년에 PC·모바일 등 인터넷 매체 광고비가 방송매체 광고비를 처음으로 추월했다[문화체육관광부(2020), 2020년 광고산업조사].

분화로 불특정 다수에게 일방향 커뮤니케이션은 매력적이지 않은 시대가 되었다. 그래서 불특정 다수를 상대로 하는 ATL은 그 효율성이 차차 줄어드는 추세이며 직간접적인 경험과 참여, 그리고 쌍방향 소통이 가능한 BTL이 주목을 받고 있다.

마케팅은 소비자와 함께 변화한다. 코틀러(Kotler)는 지금을 '마켓 4.0 시대'라고 한다. 제품 중심의 마켓1.0 시대, 고객 중심의 마켓2.0 시대, 인간 중심의 마켓3.0 시대를 거쳐 현재는 융·복합, 온·오프라인 통합마케팅의 시대, 즉 연결을 중심으로 한 마켓4.0 시대다(필립 코틀러 외, 2017). 마케팅은 변화한다. 전통적인 마케팅믹스 전략인 4P를 기반으로 환경의 변화에 따라 새로운 마케팅 수단이 생겨나고 전략이 변화한다.

## 2 출판 마케팅

위에서 마케팅에 대해 간단히 살펴보았다. 출판산업에서는 마케팅을 주로 협의의 의미로 사용해왔다. 즉, 출판 마케팅을 '도서를 어떻게 판매할 것인가'에만 중심을 두었다. 그러나 출판 마케팅도 다른 분야의 마케팅과 다를 바 없다. 협의의 의미가 아닌 광의의 의미로서 출판산업을 바라봐야 한다.

또한 출판 마케팅을 출판사의 마케팅이라고만 생각해서도 안 될 것이다. 출판 생태계에서 일어나고 있는 마케팅 활동을 모두 포함할 수 있다. 출판 생태계에서 일어나는 마케팅 활동은 출판사의 마케팅, 서점 및 유통업체의 마케팅 등으로 출판콘텐츠를 중심으로 하는 마케팅 활동이 있다. 즉, 출판사 마케팅과 출판물 마케팅으로 생각할 수 있다. 출판 마케팅은 출판사 자체의 마케팅이며, 출판물 마케팅은 각각의 출판물에 따라 마케팅을 하는 것이라고 할 수 있다.

과거에는 출판 마케팅에서 제품은 '종이책'이었다. 지금은 종이책도 하나의 제품이지만, 현재 출판산업에서 제품은 콘텐츠다. '책'이라고 생각하기 쉽지만, 출판은 '책'이라는 협의로 보는 것보다 '콘텐츠'를 제품으로 소비자에게 보여주는 것이다. 여기에서는 출판산업의 범위를 생각할 수도 있을 것이다. 출판산업의 범위에 따라 여기에서 다루어지는 제품의 범위가 달라질 수 있다. 과연 '출판산업'이라고 부를 수 있는 범위는 어디까지인가?

여기에서는 출판산업의 범위를 종이책에 한정하지 않고 폭넓게 보고자 한다. 따라서 제품도, 소비자도, 경쟁자도 폭넓어질 수 있다. 그렇기 때문에 출판산업에서는 제품을 '콘텐츠'로 보고 마케팅 활동을 해야 한다.

코틀러(Kotler)의 『필립 코틀러의 마켓4.0』(2017)은 전통적인 마케팅 관점을 바꾸었다. '시장세분화'와 '목표고객 설정', '포지셔닝과 차별화'(STP전략), 그리고 제품, 유통, 가격, 프로모션으로 대변되는 4P라는 마케팅믹스 전략에 기반을 둔 판매 전략의 유효성을 부인했다는 것이다. 그렇다고 해서 지금까지 코틀러가 말해온 STP와 마케팅믹스 전략(4P)이 완전히 필요 없이 달라진 것은 아니다. 기본적으로 가져온 마케팅믹스 전략을 기반으로 변화된 환경에 대응해나가야 한다.

현실의 환경은 바뀌어가고 그 환경에 맞춰서 마케팅 전략도 수정되어야 한다는 것이다. 코틀러는 "오늘날 우리는 완전히 새로운 세상에 살고 있다"라고 말한다(필립 코틀러 외, 2017). 이 새로운 세상에서는 '연결성'이 중심이 되고 있다.

코틀러는 연결성에 기반을 둔 마케팅을 '마케팅 4.0'이라 부르고, 연결성은 고객의 참여를 적극적으로 부르는 것이라고 말하고 있다. 출판산업에서도 독자의 참여를 적극적으로 활용하고 있다. 초연결사회는 저자와 독자 사이의 연결비용을 제로에 가깝게 떨어뜨려 둘의 '직접' 연결을 극단적으로 촉진한다. 이론적으로 모든 저자는 이제 적절한 온라인 활동을 통해 독자를 주변에 모을 수 있으며, 원고의 생산에서 판매에 이르는 모든 과정에서 독자와 함께할 수 있다. 『지대넓얕(지적 대화를 위한 넓고 얕은 지식)』(2015)의 채사장이나 『오가닉미디어』(2016)의 윤지영이 잘 실천했듯이, 연결된 네트워크를 활용해 독자를 먼저 확보하고 나중에 책으로 출판하는 것도 얼마든지 가능하다.(https://bookedit.tistory.com/577).

초연결사회에서는 출판 역시 근본적으로 변할 수밖에 없다. '연결된 세계'가 "마케팅의 핵심 기반인 시장 자체를 변화"시키기 때문이다. 세스 고딘(Seth Godin)에 따르면 출판은 서점 판매 공간과 언론 홍보 루트를 장악함으로써 이를 진입장벽 삼아 시장을 안정적으로 관리해 왔다. 물론 다른 모든 산업과 마찬가지로 기획이나 편집, 디자인 등 내부의 제품 개발 역량 역시 중요한 역할을 한다.

마케팅 자체의 큰 변화는 인터넷의 활용이다. PC의 등장과 인터넷의 활용은 출판의 제작을 바꾸었고, 마케팅 수법도 바꾸었다. 이제는 책을 발견할 수 있는 서점에 들르지 않더라도 책을 접할 수 있고, 구입할 수 있게 되었다. 좋은 말로 하면 책을 발견할 수 있는 또 하나의 수단(화면)이 생긴 것이다. 그러나 우연히 발견할 기회가 줄어든 만큼 출판사는 책의 존재를 독자에게 알리는 데 필요한 활동이 더욱 요구되고 있다.

따라서 이 장에서는 4P를 중심으로 출판 마케팅을 살펴보는 것이 아니라 출판 마케팅의 기본 개념과 환경 변화에 따른 출판 마케팅의 이슈를 살펴보도록 하겠다.

### 1) 소비자

책을 구매하고 읽는 행동을 하는 사람을 일반적으로 '독자'라고 한다. 그러나 지금의 출판산업에서 소비자를 '독자'라고만 생각할 수 없다.

'독자'라고만 생각한다면 '독자'라는 굴레 속에 가둬놓고 마케팅 활동을 하게 된다. 우물 안의 개구리가 되는 셈이다. 지금의 출판산업은 종이책만이 아니기 때문이다.

지금까지 독자라고 하면 독자, 즉 讀者로 '읽는 사람'이 된다. 하지만 출판매체의 변화는 빠르게 진행되고 있다. 아날로그에서 지금은 디지털도 변화를 보였으며, 오디오북의 등장으로 '청취자'라는 용어도 어울리게 되었다. 출판에서 소비자는 이제 '독자'라는 용어뿐 아니라 '고객', '향유자', '청취자'라는 용어를 사용해도 불편하지 않게 되었다. 그만큼 출판매체가 다양한 형태로 나타났다고 할 수 있다.

또한 출판산업에서 소비자는 '독자'만이 아니다. 소비자에는 현재 이용(소비)하고 있는 소비자(독자)도 있지만, 향후 소비자가 될 가능성이 높은 소비자도 있다. 이는 '잠재독자'라고도 부른다.

출판산업에서도 소비자의 구매패턴이 바뀌었다. 과거에는 광고에 노출되어 기억하고, 구매의욕이 있다면 오프라인 매장을 방문하여 구매한 패턴에서 지금은 제일 먼저 인터넷 검색을 한다. 인터넷 검색을 하여 가격을 비교하고, 가장 저렴한 사이트에서 온라인으로 구매한다. 인터넷에 키워드를 넣었을 때 검색이 되지 않는다면 눈에 띄기 어렵다.

이러한 변화를 ㈜덴츠(電通)의 아키야마 유헤이(秋山隆平) 교수는 2005년 AID(M)A 이론을 기반으로 AISAS 이론을 제시했다. AISAS 이론은 인터넷상 구매활동의 요소인 검색과 정보공유 활동이 추가되었다. AID(M)A 이론은 1920년대에 사무엘 롤랜드 홀(Samuel Roland Hall)이 제창한 모델로 구매활동을 생각할 때, A(Attention)는 인지·주의, I(Interest)는 흥미·관심, D(Desire)는 욕구, M(Memory)은 기억, A(Action)는 행동을 말하며, 기억(M)과정은 이제 머리로 기억하는 것

〈그림 4-2〉 AISAS 이론

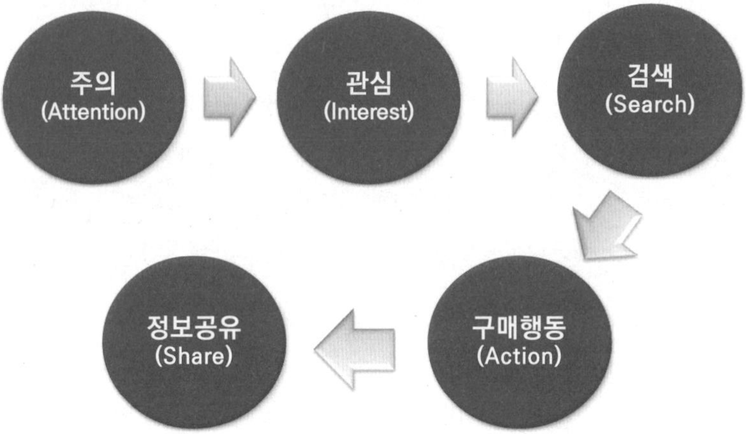


이 아니라 등록해서 보존할 수 있는 환경이 되었으므로 제외하기도 한다. 사람들은 이러한 과정을 거쳐 구매행동을 한다고 제창한 것이다.

이러한 개념을 디지털마케팅에서는 '고객 퍼널(Funnel)'의 개념으로도 설명하고 있다. 고객의 이탈은 줄이고 전환율을 높이는 방법으로 고객 퍼널이라는 개념을 활용한다. 퍼널은 '깔때기'라는 의미로, 위에서부터 아래로 가면서 입구가 좁아진다. 즉, 아래로 갈수록 점점 많은 고객이 이탈한다고 할 수 있다.

마케팅 퍼널의 설계는 마케팅 목적에 따라 완전히 달라질 수 있다. 기본적으로 마케팅 목표를 어디에 둘 것인가, 마케팅을 해야 하는 서비스 또는 제품의 사용 흐름이 어떻게 구성되어 있는가에 따라 퍼널 자체가 달라질 수 있다. 이러한 퍼널 개념을 출판으로 가져와서 생각하면 디지털플랫폼에 무료 콘텐츠 제공으로 입구를 열어놓고 많은 소비자를 불러들여 콘텐츠에 따라 점점 유료회원에게 제공하는 콘텐츠의

〈그림 4-3〉 고객 퍼널의 예

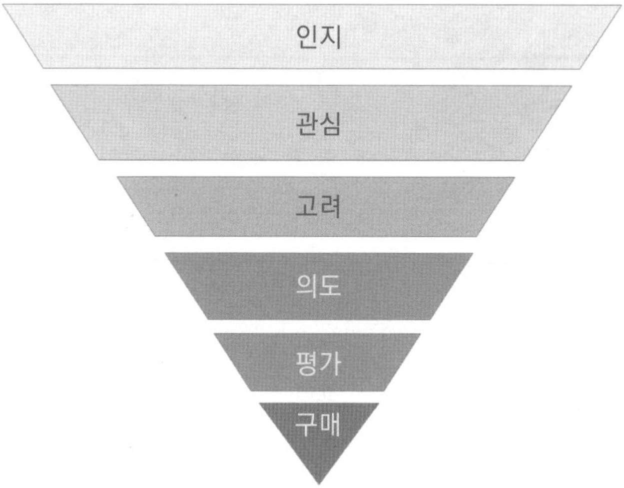


차별화를 주고, 마지막으로는 종이서적화로 종이책의 가치를 더할 방법도 있다. 이러한 방법을 일본 고단샤(講談社)에서는 디지털시프트(Digital Shift)와 함께 추진하고 있다.

그리고 덴츠커뮤니케이션 디자인센터가 제창한 모델로 SHIPS가 있다. 이는 SNS에 특화한 것으로 S(Sympathize, 공감하기), I(Identify, 확인하기), P(Participate, 참가하기), S(Share & Spread, 공유와 확산하기)다. 2015년 덴츠디지털홀딩스에서 제창한 이론은 DECAX로 D(Discovery, 발견), E(Engage, 관계), C(Check, 확인), A(Action, 구매), X(eXperience, 체험과 공유)다. 여기에서 '발견'이란 고객이 원하는 서비스를 발견하는 것이 아니라 고객에게 유익한 정보를 발견하는 것을 말한다(https://ferret-plus.com/8630). 그래서 출판콘텐츠에서는 책을 어떻게 발견하게 할 것인가가 마케팅에서 중심 화제로 대두되기도 했다.

〈그림 4-4〉 사용자 측면 도서시장

## 2) 시장

마케팅에서 '교환' 및 '관계'라는 개념은 '시장'이라는 개념과 연결된다. 시장(market)은 제품의 실제 구매자와 잠재 구매자의 집합을 말한다. 구매자는 교환관계를 통해 충족될 수 있는 특정 욕구를 함께 갖고 있다. 마케팅은 수익성 있는 고객관계를 창출하기 위해 시장을 관리하는 것을 의미한다. 기업은 이러한 관계를 만들어내기 위해 많은 노력을 해야 한다. 판매자는 구매자를 탐색하고, 이들의 욕구를 파악하고, 좋은 시장제공물을 설계하고, 이에 상응한 가격을 책정하고, 시장제공물을 촉진하고, 적절한 점포를 선정하여 이를 유통시켜야 한다. 제품 개발, 시장조사, 커뮤니케이션, 유통, 가격결정, 서비스 등의 활동은 핵심적인 마케팅 활동이다(필립 코틀러, 2017).

시장은 생산자와 구매자 및 잠재 구매자가 만나는 접점이 되는 장소이며 마케팅 활동의 주전장(主戰場)이다. 따라서 구매자와 잠재 구매자의 집합을 시장이라 할 수 있다. 생산자는 시장이 있어야 소비자를 만날 수 있으며, 생산자는 제품 및 서비스 등을 시장에서 마케팅 활동을 통해 판매 및 시장점유율을 높일 수 있다.

시장에는 소비자가 있다. 시장은 변화무쌍하고, 소비자는 그대로 기다려주지 않으며, 기술의 변화 등이 시장을 바꾸어놓는다. 생산자는

〈그림 4-5〉 독자와 만나는 접점

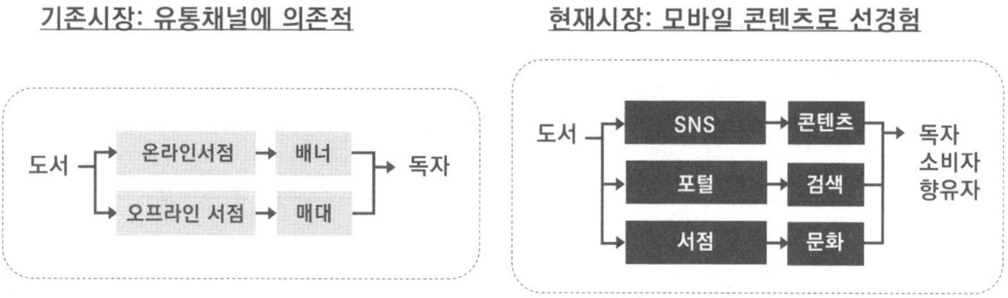


소비자가 있으므로 시장을 주시해야 한다. 출판산업에서 현재의 시장은 어떤 상황이며, 미래의 시장은 어떻게 변해갈 것인가. 마케터는 현재를 분석하고 미래를 예측해야 한다.

### 3) 출판 마케터의 역할

박주훈(2018)은 출판사의 출판 마케터가 편집자와 영업자 간의 시너지를 낼 수 있는 역할을 네 가지로 정리했다. 시장조사 전문가, 사내 기자, 광고기획자, 제휴 관리 담당자다. 시장조사 전문가의 역할은 시장 사람들을 미리 만나는 것이다. 그들이 원하는 것이 무엇인지, 필요한 것이 무엇인지 미리 만나서 확인하는 것이다. 이것을 확인하려면 서점에 나가거나 SNS를 통해 책의 표지나 제목에 대한 의견을 물어볼 수도 있다. 또는 직접 만나 전문적이고 객관적인 인터뷰도 가능하다.

둘째, 사내 기자의 역할이다. 이는 콘텐츠마케팅 업무로 마케터가 책이 만들어지는 과정을 들여다보는 것이다. 이렇게 책 만드는 과정을 회사의 공식 미디어인 블로그나 SNS를 통해 보도하는 내부 프로세스가 있다면 그 역할을 마케터가 한다. 마케터가 웹에 글을 올리고 독자에게 보여주며 조회 수가 늘어나게 준비한다.

셋째, 광고기획자의 역할이다. 마케터는 단순히 온·오프라인 배너, POP, 이벤트 공간을 확보하는 일만 하는 것이 아니다. 이러한 업무는 직접적인 판매와 연결되지만, 이 안의 독자를 설득할 내용을 채우는 것이 광고기획자의 역할이다.

넷째는 제휴업무다. 이 업무는 서점 외 채널에서 책을 알리고 더 나아가 판매를 유도하는 역할이다. 서점 외의 다양한 채널을 개발하고 타 기업과의 제휴를 개발한다.

또한 출판에서는 도서정가제라는 규제가 있어서 마케팅믹스 전략에서 가격전략 이외의 전략방향을 설계해야 한다. 이렇게 출판 마케터는 출판사 내·외부에서 다양한 역할을 해내지 않으면 안 되므로 넓은 시각과 관심사, 능력이 겸비되어야 한다.

### 4) 출판 광고와 홍보

4P전략 중 프로모션 전략에서 핵심이던 광고는 더 이상 최상의 수단으로 인정받지 못하고 있다. 전통적인 광고라고 하면 4대 매체를 중심으로 하는 광고를 말한다. 그러나 점점 4대 매체의 영향력이 감소되고 있다. 광고는 출판물을 쉽게 찾을 수 있고, 발견성을 높이기 위한 노력이다. 이렇게 발견성을 만드는 전통적 마케팅 활동의 힘이 제한되면서 책의 마케팅과 판매에서 저자 의존도가 점차 높아지는 중이다. 책 출판을 전후하여 저자 강의, 강연, 사인회, 낭독회, 독자 만남 등 저자의 외부 활동이 늘었으며, 특히 블로그, 페이스북, 트위터, 인스타그램 등 저자의 소셜 네트워크 활동에 홍보를 의존하는 경우가 늘고 있다(장은수, 2017.2.26).

홍보는 PR(Public Relations)로 말할 수 있다. PR의 광의의 개념으로는 CPR(Corporate Public Relations), 마케팅 수단으로서의 PR은 MPR(Marketing Public Relations)로 말할 수 있다. 출판산업에서는 CPR보다는 MPR이 중심이 된다. 직접적인 도서 제품이나 그 도서의 소비자와의 관계를 구축하는 활동이 중심이 된다는 것이다. 그렇기 때문에 독자는 도서를 구입할 때 출판사 이름보다는 도서명을 중심으로 기억하고 검색한다.

### 5) 소셜미디어

마케팅 환경의 가장 큰 변화는 웹의 발달과 소셜미디어의 등장이다. 소셜미디어는 마케팅전략에서 지금은 생각하지 않으면 안 되는 중요한 수단이 되었다. 소셜미디어는 인스타그램, 트위터, 페이스북 등으로 이러한 소셜미디어를 활용하는 마케팅 전략을 '소셜미디어 마케팅'이라고 한다.

책은 전통적으로 추천과 입소문에 의해 팔리는 상품이다. 이러한 특성은 공유와 확산으로 움직이는 소셜미디어의 생리와 정확하게 부합한다. 따라서 출판이 소셜미디어라는 새로운 환경에 어떻게 적응해야 할지를 고민할 것이 아니라 출판 본연의 마케팅 속성을 가장 잘 반영하고 있는 소셜미디어에서 어떻게 움직이는 것이 가장 자연스러운가를 고민해야 한다. 아쉬운 것은 지금까지 출판이 소셜미디어와의 태생적 궁합에도 불구하고 그 장점을 잘 살리지 못하고 있는 듯하다(박주훈, 2018).

소셜미디어는 독자와의 관계를 형성할 수 있는 중간 매개체 역할을 하고 있다. 따라서 연결성과 깊은 관계가 있다. 개인 또는 기업에서는 소셜미디어를 많이 활용한다. 그런데 소셜미디어를 활용할 때, 숫자

**〈그림 4-6〉 도서 발견 채널**

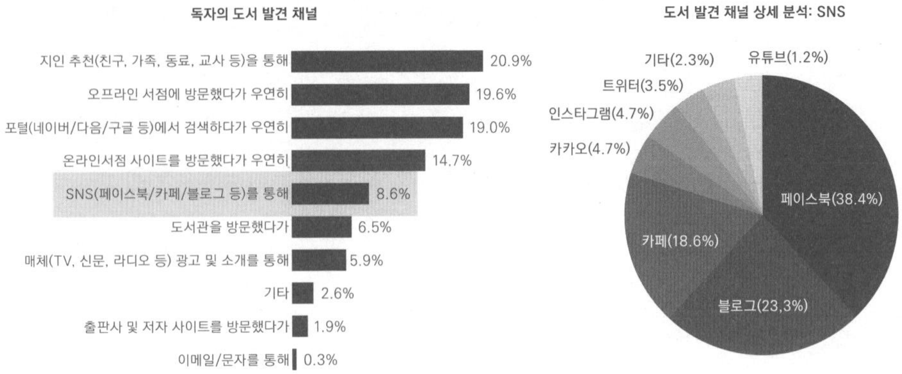


출처: 장은수 외(2015), 「독자의 도서발견 채널과 국내외 책의 발견성 강화」, 한국출판문화산업진흥원.

를 중시하는 경향이 있다. 블로그는 이웃, 페이스북은 친구, 트위터는 팔로워를 몇 명 가지고 있는지를 중요하게 생각한다. 그러나 이것은 단순한 숫자놀음에 불과하다. 몇 명의 이웃, 친구, 팔로워를 가지고 있느냐보다는 나의 팬을 얼마나 가지고 있는지, 나를 위해 얼마나 추천(입소문)하는가가 더 중요하다.

또한 타깃에 따라 어떤 소셜미디어를 활용할지도 결정해야 한다. 한 예로 한국에서는 트위터보다는 인스타그램을 더 많이 활용하고, 해외에서는 트위터를 많이 사용한다. 그렇기 때문에 누구를 대상으로 할 것인가에 따라 소셜미디어를 선택할 필요도 있다.

소셜미디어는 이야기(스토리텔링)도 중요하다. 이 채널을 중심으로 팬을 확보하고 팬과의 지속적인 관계를 맺을 수 있기 때문이다. 웹 마케터를 따로 두는 경우도 있다. 그만큼 웹에서의 활동이 중요해졌다는 사실이다. 위에서도 언급했듯이 독자 또한 오프라인 공간보다 웹 공

〈그림 4-7〉 웹마케팅 수단으로 활용할 수 있는 채널

〈그림 4-8〉 도서 관련 채널

간에서 책을 발견하고 구매하는 비중이 더 높아졌다. 소비자의 구매행동도 웹에서 검색부터 하며, 웹에서 공유하기 때문이다.

### 6) 협업마케팅(컬래버레이션)

저성장시대는 컬래버레이션, 즉 협업, 함께 살아가기(성장하기)가 중요하다. 저성장시대에는 혼자서 먼저 갈 수 없으며 함께 가야 한다. 표범은 원래 혼자서 사냥하는 습성을 지니고 있는데, 지금은 수표범 몇 마리가 함께 협업으로 사냥을 한다고 한다('라이프 오브 사만다', 2019). 이렇듯 자연계에서도 협업의 중요성이 나타나고 있듯이, 이제는 모든 산업에서 협업이 필요하다.

협업(collaboration)은 마케팅에서 각기 다른 분야에서 지명도가

높은 둘 이상의 브랜드가 협업하여 새로운 브랜드나 소비자를 공략하는 기법이다(https://100.daum.net/). 또 다른 말로 '협력', '합작'이라고도 할 수 있다.

협업은 이업종 또는 동업종 간의 컬래버레이션(제휴)을 할 수 있다. 주로 이업종 간의 협업이 중심이 되는데, 이는 각 제품의 특성을 살려 서로의 가치를 최대한 끌어내어 시너지효과를 일으킬 수 있는 방법이다. 이러한 협업이 주목을 끄는 것은 SNS 때문이라는 분석이 있다. 해시태그 등을 통해 공통의 관심사를 가진 소비자가 쉽게 모이며, 브랜드에 대한 팬덤(Fandom)이 더욱 응집된다는 것이다.

쉽게는 원고 모니터링 참여 독자, 독자와 출판사가 기획에서부터 책과 커피, 책과 와인 등을 함께 판매하는 것도 하나의 협업이다. 또한, 산업분야를 넘나드는 컬래버레이션이 이제 우리 주위에서 흔한 것이 되었다. 따라서 '책'이라는 유형물뿐 아니라 콘텐츠를 활용해서 다양한 산업과 협업할 방법을 모색해나가야 한다.

### 7) 출판 플랫폼

국내의 스타트업부터 중견기업, 대기업까지 D2C(Direct to Consumer) 모델을 도입하는 사례가 늘고 있다. D2C란 중간과정을 생략하고 직접 생산자가 소비자에게 자사의 제품을 직접 판매 또는 연결하는 비즈니스 모델이다.

출판사에서도 직접 플랫폼을 운영하는 D2C모델을 도입하기도 한다. 출판사가 직접 독자와 연결하거나 작가와 독자를 연결해주는 시스템이라 할 수 있다. 출판사의 고객은 독자다. 지금까지는 출판사와 독자 사이에 서점이 존재해서 독자와 직접 연결할 기회가 없었다. 이제는 출판사가 직접 독자와 연결하는 것이 중요하다고 할 수 있다. 이것이 D2C모델이다.

그러나 단순히 플랫폼만 운영한다고 해서 출판 마케팅을 하고 있거나 출판 플랫폼을 운영하고 있다고 할 수 없다. 출판 플랫폼 운영을 단순히 서적만 인터넷상에 진열해두는 것으로 생각한다면 독자의 지속적인 방문을 기대하기 어렵다. 그것은 단순히 책을 판매하는 온라인서점 역할을 하는 것이다. 온라인서점의 역할이 아닌 출판 플랫폼이라고 한다면 출판사가 독자와 만나고 이해하고 분석할 수 있는 가능성이 늘어난다. 또한 출판사가 자사의 콘텐츠를 B2B(Business to Business) 또는 B2C(Business to Consumer)로 확장할 기회를 줄 수 있다.

또한 출판사가 플랫폼을 운영할 필요가 있는 한 가지 이유로는 데이터를 얻기 위함도 있다. 자사의 고객이 누구인지 알아야 하기 때문이다. 지금까지 출판사는 자사의 고객을 직접 알 방법이 없었다. 그러나 디지털의 도입으로 출판사도 자사의 고객을 파악할 수단을 가지게 되었다.

### 8) 출판 마케팅의 변화

현대는 빠르게 변화하는 시대다. 새로운 미디어가 순식간에 생겼다가 사라지기도 한다. 출판사는 자본력이 많지 않아서 손쉽고 새롭게 활용할 수단을 지속적으로 개발할 필요가 있다. 지금까지 활용한 채널에 어떤 내용을 넣을 것인가도 중요하다.

마케팅의 변화는 출판뿐 아니라 모든 것에서 바뀌었다. 소비자에게 제공되는 제공물도 유형물에서 이제는 무형물이 많은 부분을 차지하고 있는 것을 보더라도 그렇다. 출판 마케팅 또한 많은 변화를 겪어

왔다. 출판의 정의도 바뀌었기 때문이다. 출판의 정의가 바뀌었듯이 책이라는 개념을 어느 범위까지 생각하는가에 따라, 그리고 독자, 소비자, 이용자, 향유자로서 생각한다면 마케팅 범위도 달라진다.

이제 서점과 도서관 등에서는 책을 추천하는 것이 중요한 요소가 되고 있다. 특히 SNS, 유튜브, 큐레이션, 인플루언서(influencer) 마케팅 등은 책 선택을 잘 못하는 사람들에게 책을 알려주고 책에 대한 확신을 줄 수 있는 방법이다.

이제는 생산자와 소비자의 개념이 없어지고 있으며, 마케터는 시장을 파악해서 기획을 하고, 고객을 늘리는 것도 있지만 팬을 늘려야 하는 숙제가 있다. 이제는 팬을 많이 확보한 기업만이 살아남을 수 있다.

예를 들어, 배달의민족의 성공 핵심은 배달을 가장 많이 사용하는 20대를 중심으로 브랜드 팬덤을 효과적으로 형성했다는 데 있다고도 할 수 있다. 배민에는 2016년 만들어진 '배짱이'(배민을 짱 좋아하는 이들의 모임)라는 팬클럽이 있다. 이 팬클럽이야말로 지금의 배달의민족

〈그림 4-9〉 인플루언서 마케팅

추천사

추천도서

지식인의 서재

을 만든 주요 성장 동력이라고 할 수 있다. 또한 샤오미는 '미펀(米粉)'이라는 팬덤이 있어 그들이 샤오미를 적극적으로 홍보하고 제품에 대한 조언을 아끼지 않아 샤오미식 경제를 '미펀 경제' 또는 '팬덤 경제'라고도 한다. 디지털 시대에 기업이 살아남기 위해서는 다수의 불특정 컨슈머가 아니라 진성 팬슈머를 발굴하고 길러내야 한다.

하나의 히트상품을 기획하여 대량생산해 판매하는 시대는 끝났다. 소비자의 취향은 더욱 세분화되고 있으며, 디지털 세상에서는 매일 새로운 경쟁 제품과 서비스가 쏟아져나오고 있다. 과거의 마케팅 전략이 성공했다고 해서 지금도 성공하리라는 보장이 없으며, 현재의 마케팅 전략이 어느 기업에서 성공했다고 해서 다른 기업도 성공한다는 보장이 없다. 그 기업을 둘러싼 환경과 자원, 고객이 다르기 때문이다.

디지털 시대에 출판 마케팅을 전개하기 위해서는 먼저, 출판의 개념을 정립해야 한다. 디지털이 출판에 도입되면서 출판의 개념을 확장하고 있기 때문에 출판 마케팅의 확장도 필요하다.

마케팅에는 정답이 없다. 마케터가 얼마나 시장과 소비자를 파악하느냐에 따라 마케팅 수단 역시 변하기 때문이다. 그렇기 때문에 다양한 사례를 파악하고, 주위를 둘러보며 출판의 변화를 고민하고, 출판콘텐츠를 살아 움직이게 할 수 있는 고민을 끊임없이 해야 할 것이다.

# 3 출판물의 유통 경로

출판물 유통은 일반적으로 생산자인 출판사에서 유통사인 도매점과 소매점을 거쳐 소비자인 개인(B2C)이나 기업(B2B)에 최종 판매된다. 국내 출판사의 경우 일반단행본, 학술전문서, 아동서, 교과서 및 학습참고서, 학습지, 전집, 잡지 분야로 나누어볼 수 있으며, 분야에 따라 유통방식의 특성이 있다. 유통사는 주로 단행본을 취급하는 전국도매상과 지역도매상이 있고, 지역총판의 경우 주로 출판사로부터 참고서, 학습지, 전집류의 지역별 유통 권한을 위임받은 업체들이다. 소매점

〈그림 4-10〉 출판물 유통 구조(생산자-도매점-소매점-소비자)

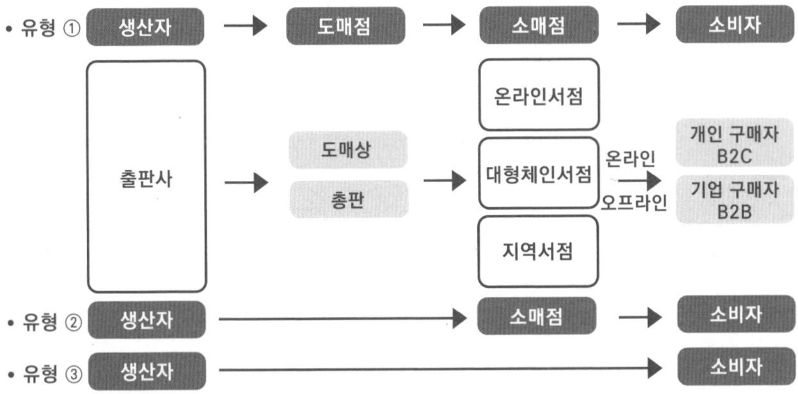


출처: 출판유통진흥원(2018), 「출판유통 어음거래 실태와 개선방안 연구」, 한국출판문화산업진흥원, 47쪽.

은 3대 소매 채널로 온라인서점, 대형체인서점, 지역서점으로 나눌 수 있다.

### 1) 출판물 위탁판매와 한도거래

출판물류회사에 출고 지시를 하면 공급이 시작되는데, 배본 유형은 크게 ① 파주 배본, ② 서울 시내 배본, ③ 수도권·지방 배본, ④ 택배·화물 배본으로 나눌 수 있다. '배본'과 '배송'이라는 용어를 혼용했다. 국어사전에 나오는 "책을 배달함"의 의미로 배본(配本, delivery of a book)을 원칙적으로 사용했고, 참고문헌이나 세미나, 인터뷰 과정 중 업계에서 혼용하는 경우 그대로 사용했다.

〈그림 4-11〉 출판물의 지역서점 공급 물류 흐름도

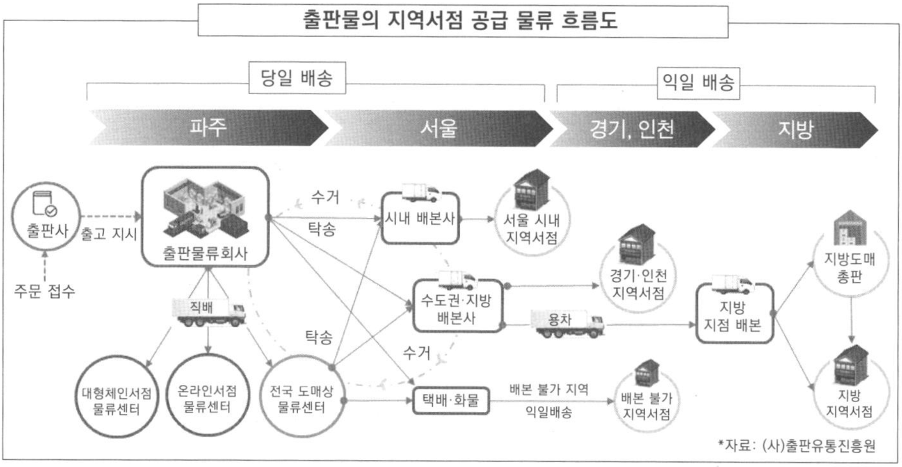


출처: 출판유통진흥원(2019), 「출판물의 지역서점 공급 효율성 제고 방안 연구」, 한국출판문화산업진흥원, 10쪽.

출판물류 업계에서 일반적으로 통용되는 용어로 서울은 '시내 배본', 서울 시내를 제외한 인근 지역과 지방을 '수도권·지방 배본'이라 칭한다. 파주와 서울 시내는 출판사가 오전 중에 출고지시를 한 경우 저녁까지 그날 배본이 이루어지며, 수도권과 지방은 다음 날 밤까지 배본한다. 전국도매상에서 서점에 배본할 때 창고에 재고가 없으면 출판사에 주문하여 보충한 후 처리해야 하므로 배본이 늦어질 수 있다. 배본회사의 차량이 미치지 못하는 배본 불가 지역은 택배·화물을 이용하여 다음 날 밤까지 배본한다.

### 2) 위탁판매와 한도거래

출판물 위탁판매의 경우 출판사는 '위탁판매자', 대행기관인 도매상이나 서점은 '수탁판매자'라고 하며, 도매상 ↔ 서점의 경우 도매상이 위탁판매자, 서점이 수탁판매자가 된다. 출판사에서 도매상과 서점을 거

〈그림 4-12〉 위탁판매 출판물의 지급 및 수금 구조

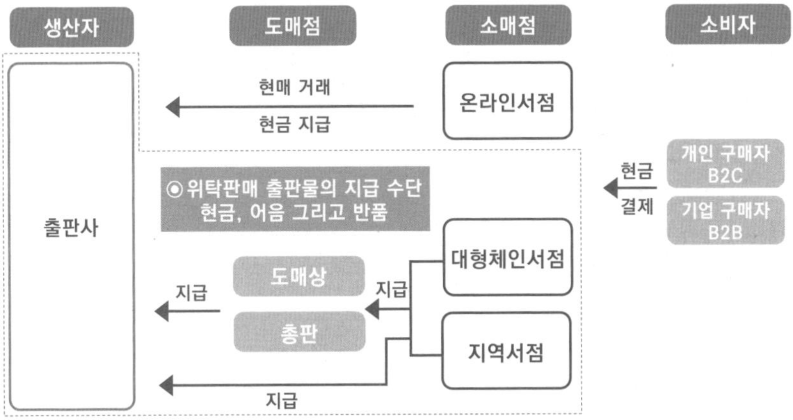


출처: 출판유통진흥원(2018), 「출판유통 어음거래 실태와 개선방안 연구」, 한국출판문화산업진흥원, 62쪽.

쳐 소비자에게 판매된 출판물의 판매 대금은 소비자에서 서점, 서점에서 도매상을 거쳐 출판사에 지급된다.

서점 → 도매상 → 출판사 지급 구조의 문제점은 서점이 도매상에 출판사별·도서종별 판매·재고 정보에 따른 지급을 하지 않는 지점에서 기인한다. 이로 인해 결국 도매상도 출판사에 판매 데이터에 근거한 지급이 아닌 거래 교섭력 우열에 따라 지급하는 문제가 발생할 개연성이 있다.

**〈그림 4-13〉 판매정보 제공 없는 서점 → 도매상 → 출판사의 지급 구조**

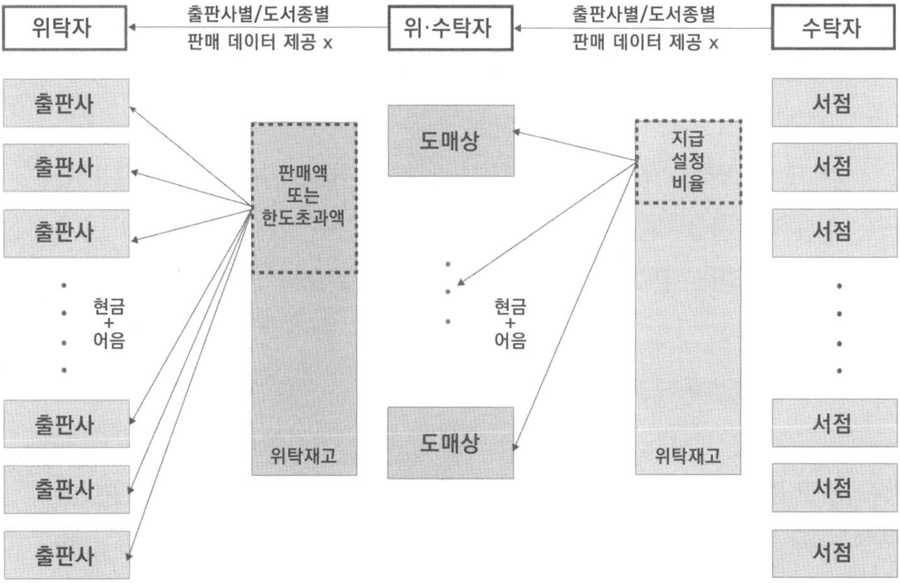


출처: 출판유통진흥원(2018), 「출판유통 어음 거래 실태와 개선방안 연구」, 한국출판문화산업진흥원, 69쪽.

### 3) 출판사의 반품률

출판사는 많은 양의 출판물을 도매상 또는 서점에 배본하려고 하고, 서점은 물리적으로 공간의 한계가 있어 모든 도서를 매장에 진열하지 못하는 것이 현실이다. 위탁판매 구조에서 팔리지 않는 도서를 주기적으로 반품하여 관리하지 않으면 악성 재고로 남고, 한도에도 영향을 미치게 된다. 서점이 위탁도서에 대해 반품하고 싶어도 하지 못하는 이유 중 하나는 도매상에서 반품을 받아주지 않고 잔고 대비 결제를 요구하는 경우가 있기 때문이다. 서점은 판매되지 않은 도서, 진열하지 못한 도서, 파손된 도서 등을 모아서 반품하게 된다. 이 과정에서 매출을 유지하려는 측과 매장의 잔고를 줄이려는 측의 이해관계에 따라 줄다리기를 하곤 한다.

출판사 마케팅활동의 중요한 목적 중 하나는 "이익을 얻는 것"이다. 출판사의 규모나 매출 규모가 아니라 제대로 수익을 올리고 다음 출판에 투자할 비용을 확보하는 것이다. 반품관리는 매출을 늘리는 것과 마찬가지로 큰 과제다. 매출 분석에서 반품률이 낮을수록 비용은 줄이고 수익은 올릴 수 있다. 적어도 반품률이 높은데 이익을 내는 출판사는 없다고 해도 과언은 아니다.

출판사나 출판물류회사는 도매상 또는 서점에서 반품을 받아 재생한 후에 다시 출고하는 비용이 든다. 입고 처리 비용, 재생 작업 비용(비표 삭제, 커버·띠지 교체, 스티커 제거, 홍보물 삽입 등), 파손 출판물의 폐기 비용이 소요된다. 대량으로 반품받는 경우 무게가 20kg이 넘는 무거운 박스가 많아서 파손율이 높다.

반품은 서점에서도 비용과 시간을 부담해야 한다. 진열된 도서를 꺼내 거래명세표를 작성하고, 댐지 포장은 만성적인 일손 부족으로 서점 현장에서 반품에 작업 시간 소요, 화물·택배비, 인건비가 큰 부담으로 작용하고 있으며, 도매상이 반품을 받지 않고 계속 밀어내면 금융비용이 발생한다.

반품정리가 원활하게 진행되지 않아 짧게는 3개월에서 6개월 정도 반품자료가 출판사에 전달되지 않는 경우도 있고, 출판물류회사나 도매상으로 반품되고 처리하는 과정에서 파손되거나 분류작업이 신속하게 진행되지 않아 출판사에서 재생해 활용하는 빈도수가 높지 않다. 그러다 보니 재생할 수 있는 도서가 반품되어 있음에도 다시 제작하는 경우가 있다.

위탁판매 방식의 출판유통 구조에서 높은 반품률 문제는 출판물류의 비용을 높이는 문제를 발생시킨다. 게다가 국내의 경우 기간 특정 없는 반품 관행이 있는 상태에서 지역서점은 악성 재고를 다량 보유하고 있는 상황으로 보인다. 일본은 거대한 양대 도매상을 중심으로 위탁판매 구조로 운영되고 있으며, 반품률이 40%에 육박한다. 「2018 출판산업실태조사」에 의하면 국내의 경우 위탁판매를 하는 오프라인 서점의 경우 반품률은 일반단행본 28.6%, 아동서 28.3%로 조사되었다.

한국출판문화산업진흥원의 『2018 출판산업실태조사』에 따르면 출판사들의 평균 반품률은 17.3%로 나타났다. 주력 출판 분야별로는 전집(9.6%)과 수험서(12.5%)의 반품률이 낮고 일반단행본(18.3%)과 학습지(18.3%)가 상대적으로 높았다. 매출액 규모가 작은 출판사일수록 평균 반품률이 상대적으로 높게 나타났다.

도매·총판의 반품률은 학습참고서 32.5%, 일반단행본 29.6%, 대학교재·수험서 29.3%, 아동도서 28.1%이며, 반품기간은 아동도서 6.7개월, 일반단행본 6.2개월, 학습참고서 6.0개월, 대학교재·수험서

5.3개월이다.

오프라인 서점의 반품률은 초·중·고 학습참고서 35.4%, 대학교재·수험서 32.6%, 일반단행본 28.6%, 아동서 28.3%이며, 반품기간은 아동서 9.2개월, 대학교재·수험서 7.8개월, 일반단행본 7.5개월, 초·중·고 학습참고서 6.4개월이다.

# 4 서점 현황

서점분류의 기준에 따라 서점의 명칭은 다양하게 나타날 수 있다. 서점의 형태를 매장 유무, 체인 유무, 취급 도서 분야별, 취급 상품 비중별, 제도 적용별로 구분하고자 한다.

〈그림 4-14〉 서점의 분류

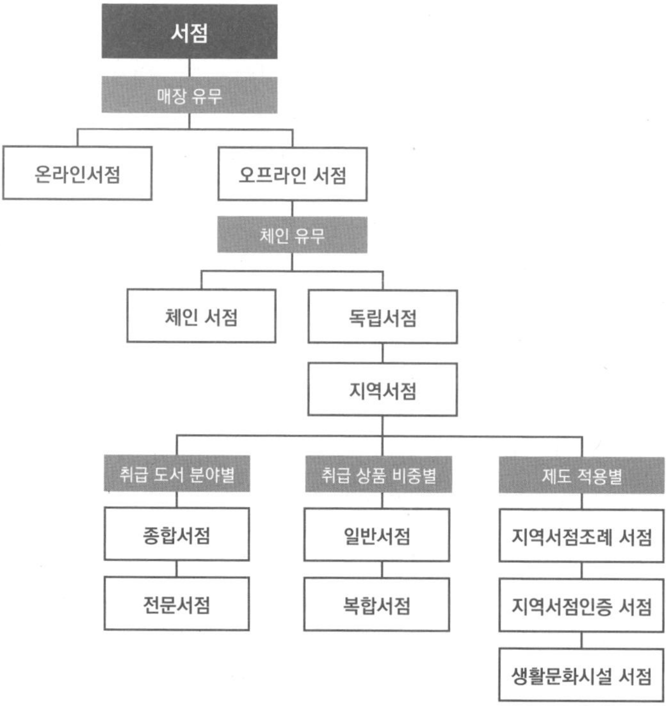

서점에 대한 정의를 재해석하면 "불특정 다수를 상대로 영업하며 책을 판매하여 생계를 유지하는 가게"를 칭한다. 지역서점은 "불특정 다수를 상대로 지역에 주소와 방문매장을 두고, 지역주민과 소통하는 공간으로 매장 내 도서 비치와 도서로 매출이 발생하는 가게"를 칭한다.

이를테면 다음과 같은 요소를 갖추고 있는 곳이라 할 수 있다. ① 매장 규모가 200평 미만이며, 지역을 기반으로 운영, ② 해당 지역에 '주소'와 '방문매장'을 두고 영업하고 있는 서점, ③ 지역사회를 기반으로 도서를 매개로 지역주민과 소통하는 장소, ④ 가급적 지역주민을 대상으로 월 1회 이상의 문화행사를 1년 이상 지속적으로 운영, ⑤ 매장 내 구성상품 중 50% 이상이 책으로 진열, ⑥ 매출액의 50% 이상이 책 판매를 통해 발생해야 한다.

한국서점조합연합회에서는 2003년부터 2년마다 전국 서점 현황을 조사하여 이듬해 초에 『한국서점편람』(이하 '서점편람')을 발행하고 그 분석 결과를 집계·발표해왔다.

『2004 한국서점편람』(2003년 기준)부터 『2016 한국서점편람』(2015년 기준)까지는 '순수서점'(문구 매출이 10%가 되지 않는 서점)과 '일반서점'(순수서점과 문구류, 북카페 등을 겸업하는 겸업서점을 포함한 서점)으로 나누어 집계·분석해오다가 『2018 한국서점편람』(2017년 기준)부터는 순수서점과 일반서점의 구분을 없애고 일반서점을 기준으로 단일화하여 서점 수를 집계·분석하기 시작했다.

또한 『2016 한국서점편람』(2015년 기준)부터는 개정 도서정가제 시행(2014. 11) 이후 이슈가 되고 있는 도서 외에도 커피, 주류, 복합 상품을 주로 파는 서점(복합서점, 독립서점, 큐레이션 서점, 트렌드 서점 등으로 부름)을 '독립 서점'으로 분리하여 조사하기 시작하고, 그 결과를 별도로 집계해오고 있다.

서점편람 분석 결과에 따르면, 전국의 지역서점 수는 2003년 3,589개에서 2005년 3,429개(-4.5%), 2007년 3,247개(-5.3%)로 줄어들다가 2009년부터는 감소 폭이 더욱 커져 2009년 2,846개(-12.3%), 2011년 2,577개(-9.5%), 2013년 2,331개(-9.5%), 2015년 2,116개(-9.2%)를 기록했다. 그러다가 개정 도서정가제(2014.11)가 정착된 2017년에는 2,050개(-3.1%)로 감소 폭이 크게 둔화되었고, 2019년 조사에서는 1,968개(-4.0%)로 상대적으로 완만한 감소세를 이어간 것으로 나타났다.

『2020 한국서점편람』(209년 기준)에 따르면, 독립서점은 2015년 49개, 2017년에는 301개, 2019년에는 344개로 43개가 증가(+14.3%)했다. 따라서 지역서점과 독립서점을 포함한 전체 서점 수는 2015년 2,165개, 2017년 2,351개에서 2019년 2,312개로 39개가 감소(-1.7%)한 것으로 집계되었다.

〈그림 4-15〉는 2019년 기준 전국의 시·도별 지역서점과 독립서점 현황으로 지역서점은 서울이 324개로 가장 많고, 그다음이 경기(300개), 대구(175개), 부산(165개) 순이다. 독립서점은 서울이 134개로 가장 많고, 그다음이 제주(59개), 경기(34개) 순이다.

2013~2019년 한국서점조합연합회 조사자료를 살펴보면, 〈그림 4-16〉에서 볼 수 있듯이 지역서점은 개정 도서정가제(2014.11)가 정착된 2017년부터는 감소 폭이 둔화되었고, 독립서점이 증가하여 전체 서점 수는 2017년 크게 증가했다가 2019년에는 지역서점이 줄어들면서 약간 감소했다(2017년 대비 2019년 서점 수 증감률: 지역서점 -4.0%,

독립서점 +14.3%, 전체 서점 -1.7%).

〈그림 4-15〉 전국 지역서점과 기타 서점 현황

(단위: 개)

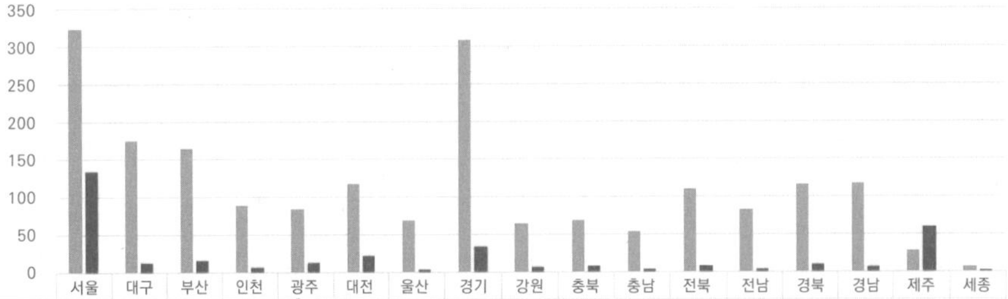


| | 서울 | 대구 | 부산 | 인천 | 광주 | 대전 | 울산 | 경기 | 강원 | 충북 | 충남 | 전북 | 전남 | 경북 | 경남 | 제주 | 세종 |
|---|---|---|---|---|---|---|---|---|---|---|---|---|---|---|---|---|---|
| ■지역서점 | 324 | 175 | 165 | 88 | 84 | 117 | 69 | 309 | 64 | 68 | 54 | 110 | 83 | 115 | 117 | 27 | 7 |
| ■기타 서점 | 134 | 13 | 16 | 6 | 12 | 22 | 3 | 34 | 6 | 8 | 3 | 8 | 3 | 9 | 6 | 59 | 2 |

■ 지역서점 ■ 기타 서점

출처: 한국서점조합연합회(2019), 「지역서점 현황조사 및 진흥 정책 연구」, 한국출판문화산업진흥원, 40쪽.

〈그림 4-16〉 2013~2019년 서점 수 추이 변화

(단위: 개)

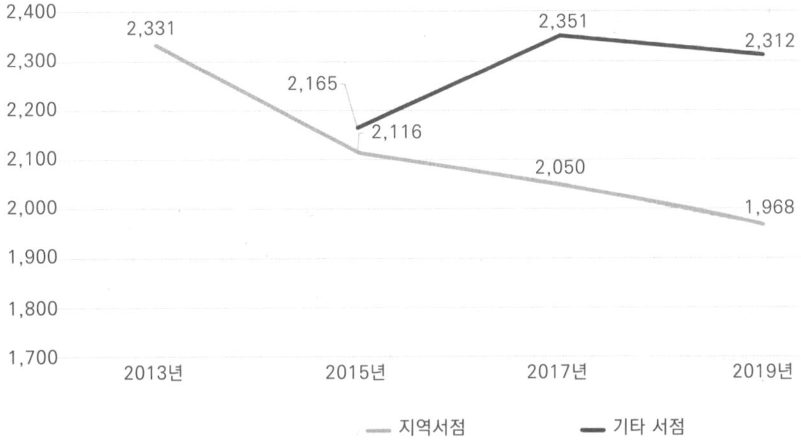

**[표 4-1] 전국 시·도별 지역서점 수 현황(2003~2019)**

(단위: 개, %)

| 연도 | 2003 | 2005 | 2007 | 2009 | 2011 | 2013 | 2015 | 2017 | 2019 | 증감 |
|---|---|---|---|---|---|---|---|---|---|---|
| 서울 | 547 | 533 | 505 | 428 | 423 | 412 | 403 | 343 | 324 | -19 |
| 부산 | 301 | 287 | 269 | 238 | 224 | 209 | 186 | 176 | 165 | -11 |
| 대구 | 386 | 324 | 336 | 248 | 222 | 175 | 184 | 182 | 175 | -7 |
| 인천 | 167 | 174 | 157 | 136 | 127 | 104 | 90 | 108 | 88 | -20 |
| 광주 | 204 | 204 | 169 | 162 | 134 | 123 | 93 | 91 | 84 | -7 |
| 대전 | 240 | 227 | 202 | 188 | 173 | 167 | 123 | 127 | 117 | -10 |
| 울산 | 132 | 139 | 145 | 143 | 140 | 110 | 99 | 80 | 69 | -11 |
| 경기 | 467 | 463 | 457 | 396 | 334 | 288 | 276 | 285 | 300 | +15 |
| 강원 | 135 | 117 | 107 | 91 | 73 | 73 | 72 | 68 | 64 | -4 |
| 충북 | 115 | 103 | 97 | 96 | 90 | 92 | 78 | 68 | 68 | 0 |
| 충남 | 117 | 109 | 105 | 95 | 81 | 75 | 60 | 60 | 55 | -5 |
| 전북 | 197 | 185 | 167 | 162 | 139 | 131 | 121 | 113 | 110 | -3 |
| 전남 | 110 | 102 | 96 | 87 | 78 | 69 | 64 | 80 | 83 | +3 |
| 경북 | 199 | 197 | 183 | 158 | 146 | 118 | 106 | 115 | 115 | 0 |
| 경남 | 228 | 221 | 212 | 182 | 160 | 147 | 125 | 117 | 117 | 0 |
| 제주 | 44 | 44 | 40 | 36 | 33 | 34 | 32 | 31 | 27 | -4 |
| 세종 | | | | | | 4 | 4 | 6 | 7 | +1 |
| 계 | 3,589 | 3,429 | 3,247 | 2,846 | 2,577 | 2,331 | 2,116 | 2,050 | 1,968 | -82 |
| 2년 전 대비 증감 | - | -160 | -182 | -401 | -269 | -246 | -215 | -66 | -82 | - |
| 2년 전 대비 증감률(%) | - | -4.5 | -5.3 | -12.3 | -9.5 | -9.5 | -9.2 | -3.1 | -4.0 | - |

출처: 『2020 한국서점편람』, 한국서점조합연합회, 2019.

[표 4-2] 대형체인서점과 온라인서점의 매장 수 추이(2014~2019년 10월 현재)

| 서점명 \ 연도 | 2014 | 2015 | 2016 | 2017 | 2018 | 2019.10 |
|---|---|---|---|---|---|---|
| 교보문고 | 22 | 26 | 35 | 40 | 43 | 42 |
| 영풍문고 | 20 | 21 | 26 | 35 | 42 | 43 |
| 서울문고 | 5 | 5 | 9 | 13 | 14 | 12 |
| 알라딘 | 18 | 21 | 23 | 33 | 43 | 45 |
| 예스24 | 0 | 0 | 2 | 6 | 6 | 8 |
| 합계 | 65 | 73 | 95 | 127 | 148 | 150 |

### 1) 지역서점의 주문 과정과 업무

참고서 비중이 큰 지역서점의 경우 일반적으로 참고서(약 70%), 단행본(약 25%), 아동서(약 5%) 그리고 잡지 순의 매출 구조로 되어 있다. 지역서점의 단행본 매출 점유율은 지속적으로 감소했으며, 잡지의 매출 점유율도 시장의 쇠퇴와 함께 줄어들었다.

지역서점은 대부분 지역총판이나 도매상에 서점 영업 종료 시간인 오후 10시경 마감과 함께 주문한다. 주문 방식은 크게 세 가지다. 첫째, 지역서점의 판매시점 정보관리시스템(POS: point of sales)을 통해 주문하는 방법 둘째, 전국도매상에서 제공하는 웹페이지를 이용하는 웹 주문 방법 셋째, 직접 팩스를 이용하는 방식이다. 「지역서점 POS 운영 실태조사와 개선방안 연구」(2014)에서 조사된 바에 의하면 국내 지역서점의 POS 사용률은 약 83%로 서점 POS 업체의 시장규모는 전체 20억 원 내외이고, 주요 4개 업체의 업체별 연 매출 규모는 약 1억 5천만 원에서 6억 원으로 영세하다.

〈그림 4-17〉 지역서점의 주문 프로세스

출처: 이종복(2019), "지역서점의 주문 공급 현황과 개선 과제", 출판물 주문 공급 체계의 현주소와 전망 세미나. 한국출판문화산업진흥원, 42쪽.

서점에서 야간에 전송된 주문은 다음 날 오전에 출판사, 도매상, 총판에 의해 주문확인과 출고처리가 시작된다. 따라서 지역서점에서 주문한 출판물에 대한 입고 시간 분포는 주로 오후에 몰려 있다.

[표 4-3] 지역서점의 출판물 입고 시간 분포와 배송 차량 수

| 구분 | | 성수기 | 비수기 |
|---|---|---|---|
| 입고 시간 분포 | 학습지 | 15~19시 | 13~17시 |
| | 배본대행사 | 17~22시 | 17~21시 |
| | 직배 | 10~18시 | 10~20시 |
| 배송 차량 수 | 소형서점 | 10대(전 거래처 차량) | 5대 |
| | 중/대형서점 | 15대 이상(전 거래처 차량) | 10대 이상 |

참고서 총판과 단행본 배본 대행사 그리고 직배 차량의 시간 분포는 [표 4-3]과 같다. 성수기와 비수기의 시간 분포는 약간의 차이가 있으며, 운행 차량의 수 또한 차이가 있다(이종복, 2019).

### 2) 출판사의 주문 수주와 출고 처리 과정

출판사의 주문처리 관련 업무는 오전에 출근과 동시에 이루어지는데, 주문을 접수하고 주로 11시까지 출판물류회사에 배본을 위한 출고 처리를 마감한다. 그 외 출판물류회사에서 대행하는 택배 배송 요청은 오후 4시경까지 의뢰한다.

〈그림 4-18〉 출판물류회사 코업로지스의 서점-출판사-물류센터 출고관리 기본 구조

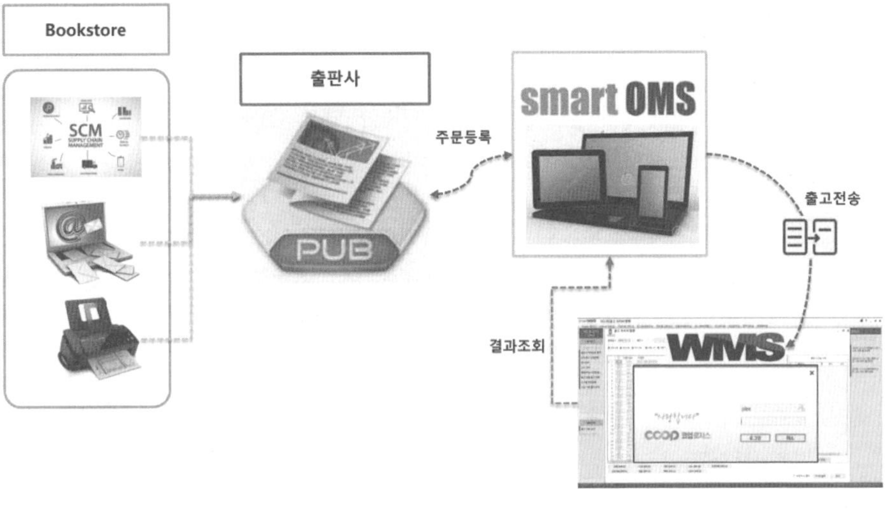


출처: 코업로지스의 스마트 OMS 사용 설명서

출판사의 주문 수주 방식은 대형체인서점이나 온라인서점은 SCM 메뉴를 이용한다. 지역서점의 경우 오더피아(Oderpia)의 팩스를 가장 많이 사용하고, 오더피아 홈페이지의 주문 시스템, 서점의 직접 팩스 순이다.

출판물류회사를 이용하는 출판사의 경우 출고 지시를 할 때 출판물류회사가 제공한 프로그램에 수작업으로 입력하거나 가능한 경우에는 파일로 업로드한다.

출판사가 출판물류회사 프로그램에 출고 등록할 때 출고일, 서점 거래처, 출고 구분, 도서명(도서 코드), 부수, 공급률(%) 등을 입력해야 한다.

# 5 출판물류회사의 업무

출판물의 보관, 공급, 반품관리 서비스를 대행하는 주요 출판물류회사(제3자 물류, 3PL Third Party Logistics)는 날개물류, 문화유통북스, 한국출판물류주식회사, 웅진북센, 코업로지스 등이 있다.

출판물류회사는 출근해서 출판사로부터 출고요청 데이터 처리를 하는데, 보통 11시경까지 프로그램을 통해 배본에 대한 출고요청을 받는다. 배본의 경우 대형체인서점, 시내서점, 지방서점 순으로 처리하

〈그림 4-19〉 출판물류회사 코업로지스의 배본사와 택배사 출고관리 과정

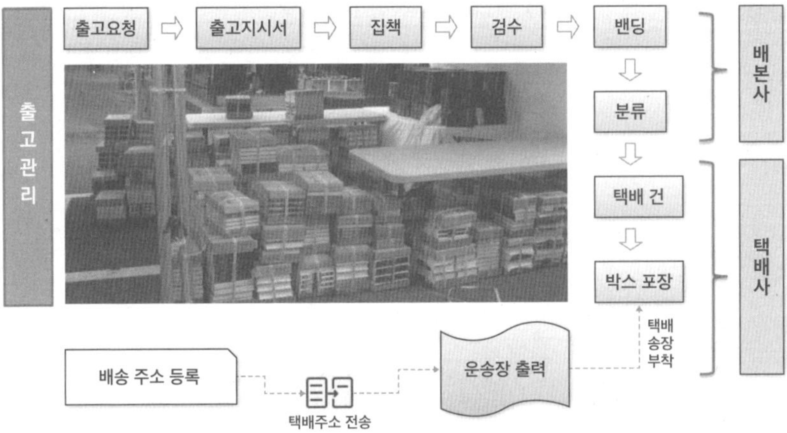

며, 오후 2시까지 시내 배본 물량 처리 후 오후 5시까지 지방 물량을 출하 처리한다. 출판사의 택배물량 요청의 경우 오후 4시경까지 받아서 택배 송장을 출력 부착하여 택배 차량에 위탁 처리한다.

# 6 도매상과 총판 현황

### 1) 도매상의 업무와 과정

지역서점에 책을 공급하는 주요 전국도매상은 네 곳으로 웅진북센, 북플러스, 한국출판협동조합, 인터파크송인서적이 단행본(일반단행본, 학술전문서, 아동서) 위주의 유통을 하고 있다. 참고서, 학습지, 아동전집류의 경우 주로 교육출판사의 지역총판 유통체제를 갖추고 있다.

도매상은 서점의 주문을 수주하여 자체 창고에 재고가 있는 경우 집책(picking)하여 출고하고, 재고가 없는 출판물에 대해서는 출판사에 주문을 넣어 보충한다. 이 과정에서 ① 입고·보충 업무, ② 수주 업무, ③ 집책 업무, ④ 검수·포장·출하 업무, ⑤ 재판매·보충 업무 처리를 한다.

주로 오전에 출근하자마자 서점에서 온 수주 데이터 처리를 하는데 직배서점, 시내서점, 지방서점 순으로 처리하며 수주 데이터 처리 순으로 출하시킨다. 11시까지 직배 물량을 출하하고 오후 2시까지 시내 배본 물량 처리 후 오후 5시까지 지방 물량을 출하 처리한다.

① 입고·보충 업무 과정: 입고 도서 하차 → 신간·특판부 분류 → 입고전표 입력 → 현품 스캔 대조 → 크로스 도킹 또는 보충 → 출하 검수장

〈그림 4-20〉 한국출판협동조합 도서유통사업의 입고·보충 업무 과정

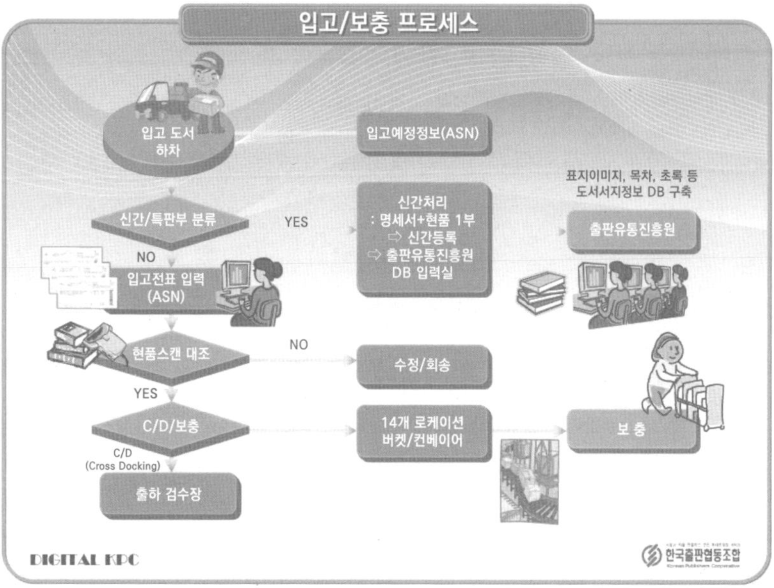


출처: 한국출판협동조합의 도서유통사업 관련 자료 참조

② 수주 업무 과정: 서점 POS 주문, 웹 주문, EDI 주문, 전화 및 팩스 주문 처리 → 창고관리시스템(WMS) 주문서 일괄 등록 → 중복주문, 재고 유무 → 피킹지시서 출력

③ 집책(picking) 업무 과정: 피킹지시서 출력 → 피킹지시서와 버켓 체결 → 로케이션별 피킹 → 검수 작업 → 포장·상차

④ 검수·포장·출하 업무 과정: 피킹지시서와 현품 대조 검수 → 검수 작업 → 명세서·라벨 출력 → 포장 → 상차 → 배본사

⑤ 반입·반출 업무 과정: 서점물표 등록 → 점별 스캔하여 입력 → 반입·회송 → 재판매 여부 → 재판매 서가 보충 또는 출판사 반출 → 출

판사별 반출 도서 분류 → 스캔·명세서 발행 → 포장·라벨 부착 → 배본사별 분류 배송

⑥ 재판매·보충 업무 과정: 반입 도서 중 재판매 도서 인수 → 스캐너 등록 → 로케이션별 분류 재판매 보충 지시서 출력 → 재판매 보충 지시서 스캔완료 후 정품재고로 이동 완료 후 정품으로 재출고한다.

### 2) 배본사

파주지역 출판물류회사와 전국도매상을 돌며 출판물 수거 후 시내배본을 대행하는 배본사는 황금날개, 한국출판물류주식회사, 한강물류, 희망라인, 수레사, 고려출판물류 등이 있다. 수도권 및 지방배본 대행사는 2개 회사가 있다. 첫째, 날개물류의 자회사인 드림날개가 시장규모의 약 70%를 차지하고, 둘째, 한국출판물류주식회사의 주요 주주인 북허브가 시장규모의 약 30%를 차지한다(박찬수, 2017).

**[표 4-4] 국내 출판물류회사와 배본사 업체 현황**

| 물류·배본 상호명 | 업무 범위 | 비고 |
|---|---|---|
| (주)날개물류 | 보관 | 자회사 황금날개, 드림날개 |
| 문화유통북스(주) | 보관 | 지방배송 위탁, 출판사 연합 |
| 한국출판물류주식회사 | 보관/수거/시내배송 | 지방배송 위탁, 한국출판협동조합 |
| (주)코업로지스 | 보관/수거/서울, 수도권 배송 | 출판사 연합 |
| 북앤북 | 보관/시내배송 | 지방배송 위탁, 참고서 전문대행 |
| 행복한수레(수레사) | 보관/수거/시내배송 | 지방배송 위탁 |
| 한강북(중앙라인) | 보관/수거/시내배송 | 지방배송 위탁 |

| | | |
|---|---|---|
| 한강도서라인 | 보관 | 지방배송 위탁 |
| 책과일터 | 보관 | 시내/지방배송 위탁 |
| 천리마 | 보관 | 시내/지방배송 위탁 |
| 파발마 | 보관/시내배송 | 지방배송 위탁 |
| 북허브 | 수거/지방배송 | 지방배송 |
| 손수레 | 보관 | 지방배송 위탁 |
| 소망유통 | 수거/시내배송 | 지방배송 위탁, 기독교물 전문 |
| 황금날개 | 수거/시내배송 | 날개물류 자회사 |
| 드림날개 | 수거/지방배송 | 날개물류 자회사 |
| 한국도서유통 | 보관/수거/시내배송 | 지방배송 위탁 |
| (주)컴파크(로브북) | 보관 | 지방배송 위탁 |
| 고려출판물류 | 보관/시내배송 | 지방배송 위탁 |

**[표 4-5] 국내 출판물류회사 배본 유형**

| 구분 | 내용 |
|---|---|
| 파주 배송 | - 교보문고 부곡리, 교보문고 북시티, 알라딘, 예스24, 인터파크, 영풍물류, 서울문고, 북센, 북플러스, 한국출판협동조합<br>- 배본사 자차 이용(3.5톤, 5톤) 배본<br>- 당일 배본, 17시 마감<br>- 교보문고 2회 배본 진행 |
| 서울 시내 배송 | - 1,400여 개 거래처 + 본사 150여 곳<br>- 출고 주문 마감 시간: 오전 11시 30분<br>- 1톤 차량 14대 서울 및 부근 배본<br>- 배본 시간<br>비수기: 15시 출발, 19~20시 완료<br>성수기: 16시 30분 출발, 21~22시 완료<br>- 당일 배본 원칙<br>- 하루 평균 배본량: 약 1,200부(적재량의 1/3) |

| | |
|---|---|
| 수도권 배송 | - 1,600여 개 거래처(대학서점, 출판사 본사 포함), 익일 배송<br>- 1톤 차량 13대 경기 및 수도권 익일 배송<br>- 16시 출근 → 21~22시 상차 → 04~11시 배본·수거 → 16시 출근 |
| 지방 배송 | - 용차 4~5대와 지사 25대 차량 운용<br>지방 지사: 전주(3대), 광주(4대), 대전(4대), 대구(6대), 마산(3대), 부산(5대)로 배송<br>운수회사(용차) → 새벽 하차 → 11시 분류 작업 → 배송·수거 완료<br>지방 거점별 지사장 체제: 기본료 + 도착비 운영<br>도착비 감소(참고서, 대학교재) → 경영난 가중 → 배송구역 축소 |
| 택배·화물 배송 | - 시내·지방 배송 불가 지역<br>- 소량 출고 증가와 수도권 지방 배본 축소 영향 → 물류비 상승 |

### 3) 지역도매상

지역도매상은 수도권에 책이랑, 책고르기, 관악도서유통, 대전 중부서적판매, 대구 세원출판유통과 한일서적, 부산 한성서적, 광주 글로리아북 등이 있다. 지역도매상은 지역의 중형서점이 지역총판 역할과 지역 도·소매점을 병행하여 운영하기도 한다.

### 4) 지역총판

지역총판의 경우 주로 교육출판사가 운영하는데, 출판사가 획정(劃定)하는 특정 지역의 관할 운영권을 갖는 곳으로 출판사 규모에 따라 전국에 총판을 운영하고 있다. 한국서점조합연합회의 『2018 한국서점편람』에 의하면 전국의 지역총판은 300여 개사로 파악된다.

# 7 출판유통통합전산망 구축

문화체육관광부는 출판문화산업진흥 5개년(2017~2021) 계획에서 주력으로 추진할 4대 전략, 16개 추진과제를 발표했다. 출판유통 선진화 전략을 위해 출판유통 선진화 체계구축, 지역서점 상생 발전 체계구축 과제를 추진했으며, 정보화 사업으로 지역서점 포털사이트 서점ON 전산망 구축 운영과 출판유통통합시스템 구축을 진행하고 있다(출판유통진흥원, 2019).

〈그림 4-21〉 출판문화산업진흥 5개년 계획 추진과 출판유통 선진화 전략과 과제

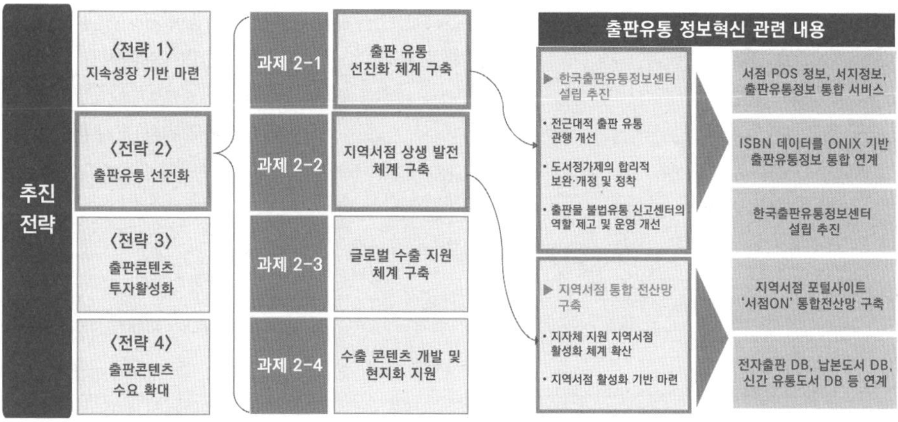

출판유통통합시스템 구축사업은 송인서적 부도 사태(2017.1.2)로 출판문화산업진흥 5개년(2017~2021) 계획에서 비효율적인 출판유통 구조와 제도를 개선하는 출판유통선진화사업의 일환으로 추진되고 있다. 국립중앙도서관의 국제표준도서번호(ISBN)시스템, (사)출판유통진흥원의 오닉스(ONIX) 기반 출판유통정보시스템, 지역서점 POS 연계 구축사업 등으로 분산 추진되고 있는 생산·유통 시스템의 연계·통합을 추진하고, 장기적으로는 출판유통 정보를 통합 관리하는 '한국출판유통정보센터'를 설립해 출판 생산·유통·판매 정보를 통합적으로 서비스하는 출판유통통합시스템을 운영해나가려는 계획이다.

**[표 4-6] 출판유통통합시스템 구축사업 배경**

○ 송인서적 부도를 계기로 출판유통 선진화 필요성 제기 → 제4차 출판문화산업발전 5개년 계획('17~'21)의 주요 정책과제로 출판사가 발간 도서정보를 정보시스템을 통해 유통사에 공유·홍보·관리하고 유통사의 시스템을 연계하여 출판물의 판매 현황을 확인할 수 있는 출판유통통합전산망 구축 요구

- 특히, 도매상을 통해 지역서점에 위탁된 도서의 판매정보는 확인이 어려운 상황을 해결해야 하며, 정보시스템을 통한 출판산업의 규모와 통계 파악을 통한 유통 선진화 필요성 요구

○ 출판물 공급체인관리(SCM)의 선진화를 위해 출판사-유통사-지역서점이 참여하여 출판정보와 유통정보를 생산·관리·공유하고 출판사의 마케팅을 지원할 수 있는 출판유통통합관리 기반 마련

- 출판유통 선진화를 위한 출판유통통합전산망의 체계적·안정적·지속적 운영을 위한 (가칭)한국출판유통정보센터 운영 전담기관 설립 및 수행체계 구축과 활성화를 위한 법제화 추진 필요

○ 국내에서는 아직도 많은 서점이 팩스를 통해 도서를 주문하여 출판사나 도매상은 중복입력, 부정확한 데이터 등으로 고비용 저효율 구조가 고착화되어 있어 개선 필요

- 도서의 주문 데이터를 중앙에서 EDI(Electronic Data Interchange) 방식으로 수집·분류하여 전달하고 재고정보와 주문처리 현황을 서점에 피드백할 수 있는 공적 개념의 허브시스템 구축 필요

2018년 초부터 출판유통통합시스템 구축을 위한 사업추진단과 실무추진단을 운영했다. 사업추진단과 실무추진단은 출판유통통합시스템 구축, 운영, 서비스 전반에 대한 민관협의체로 출판, 유통, 서점, 도서관, 정부, 공공기관의 담당자들로 구성 운영했다. 추진단 회의를 통해 '출판유통통합시스템 구축을 위한 연구조사'의 필요성이 제기되어 3월에 한국출판문화산업진흥원에서 연구용역을 발주했고, 대한출판문화협회에서 연구를 수행했다.

연구를 통해 ① 국내외 유사 시스템 현황 조사 분석과 시사점, ② 도서 메타데이터 표준적용 방안, ③ 출판유통통합시스템 구축을 위한 통합 및 연계 방안, ④ 출판유통통합시스템 구축 목표와 전략을 수립했고, 생산-유통-판매정보를 통합하는 출판유통통합시스템의 구축을 위한 단계별 시스템 구축 방안을 마련했다.

2019년 단계별 구축 방안에 따라 표준화된 메타데이터 공유 시스템을 구축하고 판매데이터로 연계하는 기반을 만드는 1단계 개발 사업을 진행했다. ① 정보화전략계획(ISP) 수립, ② 시스템 장비 도입 및 메인시스템 개발, ③ 도서 메타데이터 및 주제분류체계 표준 개발, ④ 표준 메타데이터 통합시스템 개발, ⑤ 판매통계시스템 개발, ⑥ 도서홍보 카탈로그 및 관리자 시스템을 개발했다.

2019년 말부터 시작된 2단계 출판유통통합시스템 구축사업은 출판사 대상 메타데이터 시스템 시범 운영(Close Beta Test), 메타데이터 관리시스템 기능 개선 및 고도화, 홍보 및 교육, 외부 유통사와 출판유통통합시스템과의 연계체계 구축(주요 대형체인서점, 온라인서점, 전자책서점 SCM 연계, 지역서점 POS 연계), 웹기반 수·발주 EDI 시스템 개발, 코드 표준화 및 EDI 정보화 실현을 위한 연구조사, 출판·유통·판매정보의 효율적 수집·관리방안 및 출판유통통합전산망 운영 법안 마련을 위한 연구조사, DB보안 및 서버관제 솔루션, 스토리지 도입을 추진한다.

# 5

# 전자출판과 확장

# 1 전자책의 정의와 역사

전자책(eBook)은 현재 대중화되었지만 불과 20여 년 전만 하더라도 생소한 개념이었다. 전자책은 종이책의 내용을 디지털 형태로 전환한 출판물로, 다양한 휴대기기나 컴퓨터를 통해 볼 수 있다. 기술이 발전하면서 전자책의 개념과 영역이 확장되어가고 있다. 전자책의 개념은 다음과 같이 매우 다양하게 정의된다.

**[표 5-1] 전자책의 정의**

| 구분 | 내용 |
|---|---|
| 두산백과 | "문자나 화상 같은 정보를 전자 매체에 기록하여 서적처럼 이용할 수 있는 디지털 도서" |
| 위키피디아 | "책의 내용을 디지털 정보로 가공하고 저장한 출판물" |
| 국제디지털 출판포럼(IDPF) | "CD-ROM, PDA, 각종 이북 뷰어를 통해 디지털화된 포맷으로 전달되는 콘텐츠" |
| 브리태니커 | "휴대폰 소형 컴퓨터 단말기에 문서, 화상, 음성 등을 기억시킨 출판물" |
| 한국출판협회(KEPA) | "도서로 간행되거나 간행될 수 있는 저작물을 디지털 데이터로 전자책 기록매체나 저장장치에 수록하여 컴퓨터 또는 휴대용 단말기를 통해 그 내용을 보고 들을 수 있는 것" |

전자책 개념은 1930년대에 처음 나왔다. 밥 브라운(Bob Brown)이 *The Readies*(1930)에서 독서 기계와 독서에 혁명을 가져다줄 개념으로 전자책을 최초로 개념화했다. 1949년에는 스페인 교사이자 발명가인 안젤라 루이스(Angela Ruiz)가 'Enciclopedia Mecanica'라는 디바이스를 발명했는데, 이것이 전자책 리더기의 시초다. 그 뒤 전자책이 본격적으로 현실화된 것은 1971년 미국에서 마이클 하트(Michael Hart)가 저작권이 만료된 모든 퍼블릭 도메인(Public Domain) 콘텐츠를 누구든지 무료로 이용할 수 있도록 만든 '구텐베르크 프로젝트(Project Gutenberg)'를 시작하면서부터다. 현재도 전 세계의 많은 참여자에 의해 진행되고 있다.

기본적으로 책이나 일반 문서는 처음부터 끝까지 위에서 아래로 읽어 내려가는 선형적인 구조를 가지고 있어 모르는 내용이 나오거나 관련한 다른 정보가 필요할 경우 별도로 찾아봐야 하는 불편함이 있다. 이러한 문제점을 해결하기 위해 시작된 개념이 하이퍼텍스트(Hypertext)다. 하이퍼텍스트란 'Hyper(초월한)'와 'Text(문서)'의 합성어로 1960년대 미국 철학자 테드 넬슨(Ted Nelson)이 구상한 용어다. 테드 넬슨은 세상의 모든 정보를 모아 서로 연결해서 정보의 흐름을 만들자는 '재너두 프로젝트(Project Xanadu)'를 진행했다. 훗날 팀 버너스리(Tim Berners-Lee)가 웹(WWW)을 개발하는 데 큰 영향을 줬다. 이는 어떤 문서의 내용을 읽다가 다른 문서로 이동하여 바로 읽을 수 있는 비선형 구조로 되어 있다. 1990년 이스트게이트 시스템(Eastgate System)에서는 이 하이퍼텍스트 개념을 전자책에 적용하여 최초의 하이퍼텍스트 소설 *Afternoon, a story*를 출시했다.

이후 1990년대에 접어들면서 PDA나 노트북 등 휴대용 디바이스들이 등장하기 시작했다. 그러면서 전자책을 보기 위한 전용 단말기들도 출시되기 시작하며 전자책에 대한 활용도가 높아지기 시작했다. 최초의 전자책 리더기는 1992년 바레세(Franco Crugnola Varses)와 그의 아내가 밀라노 폴리테크닉대학교의 논문 프로젝트를 위해 비상업용으로 제작한 '인시핏(Incipit)'이며, 상업용으로 제작된 것은 1998년 미국의 누보미디어(NuvoMedia)가 개발한 '로켓 이북(Rocket eBook)' 단말기다. 이후 소프트북출판사(SoftBook Press)의 '소프트북(SoftBook)', 프랭클린(Franklin)출판사의 '이북맨(eBookMan)', 소니(SONY)의 '리브리에(Librie)' 등 다양한 전자책 전용 단말기가 등장하기 시작했다.

**〈그림 5-1〉 전자책 단말기**

왼쪽 위에서부터 시계 방향으로 인시핏, 로켓 이북, 리브리에, 소프트북

**[표 5-2] 국내외 전자책 관련 주요 타임라인**

| 연도 | 주요 내용 |
|---|---|
| 1930 | 밥 브라운, 최초로 전자책을 개념화함 |
| 1949 | 안젤라 루이스, 최초의 자동 리더기 발명 |
| 1971 | 구텐베르크 프로젝트, 최초의 디지털 도서관 |
| 1896 | 프랭클린출판사, 최초의 전자책 'Spelling Ace' 출시 |
| 1990 | 이스트게이트 시스템, 최초의 하이퍼텍스트 픽션 출간 |
| 1992 | 최초의 전자책 리더기 '인시핏' 개발(비상업용) |
| 1998 | 누보미디어, 최초의 전자책 리더기 '로켓 이북' 출시(상업용) |
| 2004 | 소니, 전자잉크 기술을 채용한 '리브리에' 출시 |
| 2006 | 교보문고, 전자책 서비스 오픈(3월) |
| 2007 | - 아마존, '킨들(Kindle)' 출시하며 전자책 시장 주도<br>- 애플, 아이폰(iPhone) 출시 |
| 2009 | 리디북스, 국내 최초의 스마트폰 기반의 전자책 서비스 오픈 |
| 2012 | 국내에서 전자책에 도서정가제 시행(7.27) |
| 2013 | - 미국 시장에서 전자책이 전체 도서 판매의 20% 차지<br>- 교보문고, 국내 최초 회원제 서비스 'sam' 오픈 |
| 2015 | 리디북스, 첫 전자책 단말기 '리디북스 페이퍼' 출시 |
| 2017 | 코이북스, 국내 최초 애플 아이북스 커넥트 서점 오픈 |
| 2018 | 밀리의서재, 국내 최초 월정액 구독 서비스 오픈 |
| 2019 | - 아마존, 플래그십 버전 '킨들 오아시스' 출시(7월)<br>- 아마존, 아동용 전자책 단말기 '킨들 키즈 에디션' 출시(10월) |

2000년대에는 인터넷과 네트워크 기술이 발전하면서 전자책이 도약하기 위한 환경이 만들어지기 시작했다. 특히 2007년 아마존(Amazon)이 3년의 개발 기간을 거쳐 선보인 킨들(Kindle) 단말기가 크게 성공하며 전자책 시장에서 큰 반향을 일으켰다. 이후에도 애플의 아이폰

(iPhone)과 아이패드(iPad)의 대중화로 전자책 시장이 크게 성장하게 되었다.

국내에서의 전자책은 1990년대 초반부터 시작되었다. 주로 기업(B2B) 시장에 전자도서관 형태로 전자책을 CD에 담아 판매했다. 이때 바로북, 북토피아 같은 전자책 전문업체들과 전자책 전용 단말기들이 등장하면서 전자책 시장이 활기를 띠기 시작했다. 하지만 해외 시장과 달리 전자책 전용 단말기의 부진과 전자책에 대한 인식 부진으로 더딘 성장세를 보이고 있다.

최근에는 구독 서비스가 확산되고, 웹소설이나 오디오북 같은 다양한 형태의 디지털콘텐츠가 활발히 보급되면서 전자책이 다시금 새롭게 조명받기 시작하고 있다.

## 2 전자책 출판사 현황

출판문화산업진흥원의 「2019 출판산업 실태조사」 내용 중 전자책과 관련한 일부 자료(제작 현황, 매출 현황)를 참고하여 정리했다.

조사에 응답한 전자책 출판사는 302곳으로 이 중에서 종이책 기반 출판사가 약 93.6%, 종이책 전문 출판사가 6.4%로 구성되어 있다. 종이책 기반 출판사는 주력 분야별 중 일반분야(94%)와 장르문학(92%)에서 크게 높았으며 기타 웹툰 등 분야에서는 전자책 전문 출판사(33.3%)가 높게 나타났다. 또한 매출액과 종사자 수가 클수록 전자책 전문 출판사 유형의 비율이 높은 것으로 집계됐다.

### 1) 제작 현황

신간 제작 및 종이책 변환 비율을 살펴보면 다음과 같다. 2018년 전자책 발행 출판사들의 누적 발행종수는 평균 138.7종이며, 전자책 제작종수는 평균 28.3종으로 나타났다.

전자책 출판사 유형에서 누적 발행종수를 살펴보면 종이책 기반 출판사(113.6종)보다 전자책 전문 출판사(494.6종)의 전자책 발행종수가 높게 집계되었다. 마찬가지로 전자책 제작종수에서도 종이책 기반 출판사(25종)보다 전자책 전문 출판사(71.2종)의 발행 종수가 더

**[표 5-3] 전자책 발행종수**

(단위: 종, %)

| 구분 | | 사례 수 | 누적 발행종수 | 2018년 전자책 제작종수 |
|---|---|---|---|---|
| 전체 | | 302 | 138.7 | 28.3 |
| 전자책 출판사 유형 | 종이책 기반 출판사 | 280 | 113.6 | 25.0 |
| | 전자책 전문 출판사 | 19 | 494.6 | 71.2 |
| 주력 분야별 | 장르문학 | 25 | 50.3 | 26.5 |
| | 일반분야 | 265 | 145.5 | 27.4 |
| | 기타 웹툰 등 | 12 | 112.6 | 46.9 |
| 매출액 규모별 | 1천만 원 미만 | 137 | 36.4 | 11.3 |
| | 1~5천만 원 미만 | 28 | 208.5 | 27.5 |
| | 5천만 원~1억 원 미만 | 12 | 369.6 | 57.8 |
| | 1~5억 원 미만 | 16 | 452.2 | 83.2 |
| | 5억 원 이상 | 13 | 342.5 | 49.8 |
| 종사자 규모별 | 1~2인 | 184 | 151.1 | 29.9 |
| | 3~4인 | 31 | 235.9 | 47.0 |
| | 5인 이상 | 34 | 136.6 | 34.1 |

높게 나타났다.

2018년에 제작한 전자책의 분야별 비중은 일반분야(81.5%), 장르문학(9.9%), 잡지 등 기타(6.8%), 만화(웹툰 포함, 1.9%) 순으로 나타났다. 전자책 출판사 유형별로 살펴보면 일반분야(장르문학 외)는 종이책 기반 출판사(83%)에서 높게 나타났으며, 장르문학(로맨스, 판타지, 무협 등)은 전자책 전문 출판사(24.1%)에서 비율이 높게 나타났다. 장르문학의 비중은 매출액 규모 1억 원 이상(1~5억 원 20.1%, 5억 원 이상 18.2%)과 종사자 규모가 3인 이상(3~4인 16.5%, 5인 이상 13.2%)에서 상대적으로 비중이 높게 나타났다.

**[표 5-4] 전자책 분야별 제작 비중**

(단위: %)

| 구분 | | 사례 수 | 일반 분야 (장르문학 외) | 장르문학 (로맨스, 판타지, 무협 등) | 잡지 등 기타 | 만화 (웹툰 포함) |
|---|---|---|---|---|---|---|
| 전체 | | 290 | 81.5 | 9.9 | 6.8 | 1.9 |
| 전자책 출판사 유형 | 종이책 기반 출판사 | 268 | 83.0 | 8.9 | 6.7 | 1.5 |
| | 전자책 전문 출판사 | 19 | 60.8 | 24.1 | 8.2 | 6.9 |
| 주력 분야별 | 장르문학 | 24 | 28.5 | 71.5 | 0.0 | 0.0 |
| | 일반분야 | 255 | 89.0 | 2.9 | 6.9 | 1.2 |
| | 기타 웹툰 등 | 11 | 20.0 | 38.0 | 20.0 | 22.0 |
| 매출액 규모별 | 1천만 원 미만 | 136 | 85.7 | 7.5 | 5.2 | 1.6 |
| | 1~5천만 원 미만 | 28 | 79.0 | 8.3 | 11.6 | 1.1 |
| | 5천만 원~1억 원 미만 | 12 | 85.7 | 1.6 | 10.0 | 2.8 |
| | 1~5억 원 미만 | 16 | 63.9 | 20.1 | 13.8 | 2.2 |
| | 5억 원 이상 | 13 | 66.4 | 18.2 | 1.1 | 14.4 |
| 종사자 규모별 | 1~2인 | 183 | 82.9 | 9.0 | 6.7 | 1.4 |
| | 3~4인 | 31 | 74.3 | 16.5 | 8.3 | 0.9 |
| | 5인 이상 | 34 | 75.3 | 13.2 | 5.4 | 6.1 |

2018년에 제작한 전자책의 형태별 제작 비중은 텍스트 전자책(93%), 멀티미디어(4.6%), 오디오북(0.8%) 순으로 나타났다. 텍스트 전자책(EPUB, PDF 등) 형태는 전자책 출판사 유형 중 종이책 기반 출판사(93.9%)에서 비중이 높게 나타났으며, 기타 형태의 비중은 전자책 전문 출판사(12.2%)에서 상대적으로 높게 나타났다.

전자책의 제작 주체별 비중은 외부 제작(59.2%)과 출판사 자체 제작(47.6%)이 비슷하게 나타났다.

〈그림 5-2〉 전자책 형태별 제작 비중(Base: 247 / 단위: %)

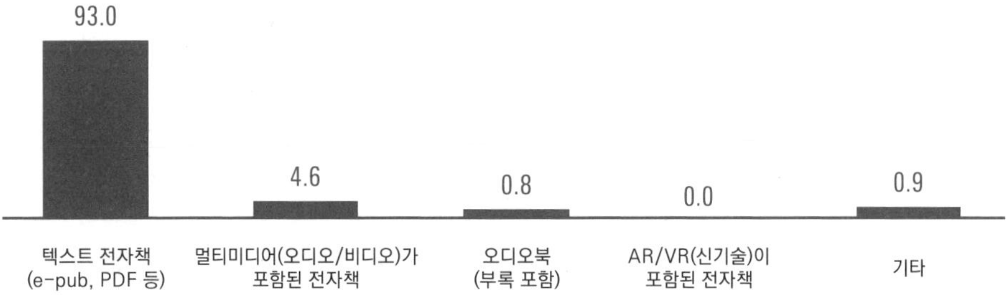


**[표 5-5] 전자책 제작 주체별 제작 비중**

(단위: %)

| 구분 | | 사례 수 | 출판사 자체 제작 | 외부 제작 |
|---|---|---|---|---|
| 전체 | | 302 | 47.6 | 52.4 |
| 전자책 출판사 유형 | 종이책 기반 출판사 | 280 | 45.0 | 55.0 |
| | 전자책 전문 출판사 | 19 | 85.6 | 14.4 |
| 주력 분야별 | 장르문학 | 25 | 43.5 | 56.5 |
| | 일반분야 | 265 | 46.9 | 53.1 |
| | 기타 웹툰 등 | 12 | 87.4 | 12.6 |
| 매출액 규모별 | 1천만 원 미만 | 137 | 46.5 | 53.5 |
| | 1~5천만 원 미만 | 28 | 35.2 | 64.8 |
| | 5천만 원~1억 원 미만 | 12 | 33.3 | 66.7 |
| | 1~5억 원 미만 | 16 | 57.6 | 42.4 |
| | 5억 원 이상 | 13 | 73.6 | 26.4 |
| 종사자 규모별 | 1~2인 | 184 | 50.4 | 49.6 |
| | 3~4인 | 31 | 37.9 | 62.1 |
| | 5인 이상 | 34 | 52.0 | 48.0 |

출판사 유형별로 보면 종이책 기반 출판사에서는 외부 제작(55%)이 전자책 전문 출판사에서는 출판사 자체 제작(85.6%) 비중이 더 높게 나타났다.

### 2) 매출액 분석

전자책 사업체의 매출 규모는 전자책 유통사를 기준으로 전자책 매출 규모를 추정한 것이며, 전자책 사업체 규모는 전자책 유통과 관련된 매출로 웹툰과 디지털 잡지 등을 포함한 전자출판물의 매출과는 범위가 다르다. 조사에 응답한 전자책 출판사의 전자책 매출액 평균은 약 1억 4천만 원으로 집계되었다.

평균 전자책 매출액 규모는 전자책 전문 출판사(3억 2,570만 원)가 종이책 기반 출판사(1억 2,670만 원)보다 높게 나타났고, 주력 분야별 평균 매출에서는 기타 웹툰 등(2억 2,320만 원)이 장르문학(1억 9,250만 원), 일반분야(1억 3천만 원)보다 높게 나타났다. 종사자 수가 많을수록 전자책 매출액도 크게 나타났다.

**〈그림 5-3〉 전자책 매출액(Base: 302 / 단위: 백만 원)**

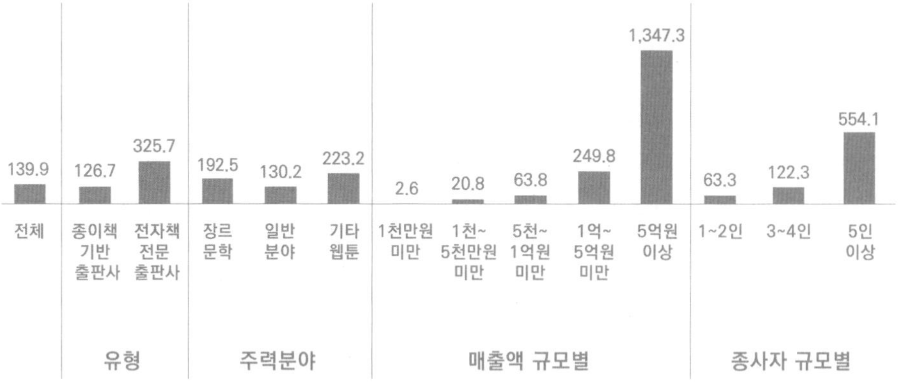

전자책 매출액의 전년 대비 증감 여부에 대해서는 '거의 비슷함'(79.3%)이 가장 높게 나타났고, '증가함'(12.4%)과 '감소함'(8.4%)이 그 뒤를 이었다. 주력 분야별로 보면 '증가함'이라고 응답한 분야는 기타 웹툰 등(33.3%)에서 가장 높았으며, 다음으로 장르문학(12%), 일반분야(11.3%) 순으로 나타났다.

매출액 규모별로 살펴보면 매출 규모가 커질수록 '거의 비슷함'의 응답 비중이 점차 낮아졌고, 5천만 원~1억 원 규모에서는 증가함(41.7%)과 감소함(8.3%)의 차이가 가장 크게 나타났다. 5억 원 이상 규모에서는 감소함(30.8%)의 응답 비중이 타 응답들과 비슷했다.

**[표 5-6] 전자책 매출액 증감**

(단위: %)

| 구분 | | 사례 수 | 증가함 | 거의 비슷함 | 감소함 |
|---|---|---|---|---|---|
| 전체 | | 302 | 12.4 | 79.3 | 8.4 |
| 전자책 출판사 유형 | 종이책 기반 출판사 | 280 | 11.8 | 80.7 | 7.5 |
| | 전자책 전문 출판사 | 19 | 21.1 | 57.9 | 21.1 |
| 주력 분야별 | 장르문학 | 25 | 12.0 | 88.0 | 0.0 |
| | 일반분야 | 265 | 11.3 | 79.6 | 9.1 |
| | 기타 웹툰 등 | 12 | 33.3 | 58.3 | 8.3 |
| 매출액 규모별 | 1천만 원 미만 | 137 | 10.2 | 83.9 | 5.8 |
| | 1~5천만 원 미만 | 28 | 25.0 | 57.1 | 17.9 |
| | 5천만 원~1억 원 미만 | 12 | 41.7 | 50.0 | 8.3 |
| | 1~5억 원 미만 | 16 | 31.3 | 50.0 | 18.8 |
| | 5억 원 이상 | 13 | 38.5 | 30.8 | 30.8 |
| 종사자 규모별 | 1~2인 | 184 | 10.9 | 81.5 | 7.6 |
| | 3~4인 | 31 | 19.4 | 71.0 | 9.7 |
| | 5인 이상 | 34 | 17.6 | 70.6 | 11.8 |

분야별 매출 비중에서는 일반분야(79.1%)가 가장 높은 비중을 차지했으며 그 뒤를 장르문학(10.7%), 만화(웹툰 포함, 2.6%) 순으로 나타났다.

분야별 매출 비중을 전자책 출판사의 유형별로 살펴보면 종이책 기반 출판사는 일반분야(81.4%)의 비중이 높게 나타났으며, 전자책 전문 출판사에서는 일반분야(47.7%)와 장르문학(23.3%)의 비중이 분산되어 집계되었다.

**[표 5-7] 전자책 분야별 매출 비중**

(단위: %)

| 구분 | | 사례 수 | 일반분야 | 장르문학 | 만화<br>(웹툰 포함) | 잡지 등 기타 |
|---|---|---|---|---|---|---|
| 전체 | | 289 | 79.1 | 10.7 | 2.6 | 7.6 |
| 전자책 출판사 유형 | 종이책 기반 출판사 | 267 | 81.4 | 9.8 | 2.1 | 6.7 |
| | 전자책 전문 출판사 | 19 | 47.7 | 23.3 | 8.6 | 20.4 |
| 주력 분야별 | 장르문학 | 24 | 4.8 | 95.2 | 0.0 | 0.0 |
| | 일반분야 | 254 | 87.7 | 2.1 | 2.1 | 8.0 |
| | 기타 웹툰 등 | 11 | 42.9 | 22.7 | 20.2 | 14.2 |
| 매출액 규모별 | 1천만 원 미만 | 136 | 85.0 | 6.7 | 1.8 | 6.5 |
| | 1~5천만 원 미만 | 28 | 81.0 | 6.5 | 0.6 | 11.9 |
| | 5천만 원~1억 원 미만 | 12 | 84.8 | 1.0 | 5.2 | 9.1 |
| | 1~5억 원 미만 | 16 | 47.9 | 19.8 | 10.5 | 21.8 |
| | 5억 원 이상 | 13 | 67.5 | 16.7 | 13.6 | 2.2 |
| 종사자 규모별 | 1~2인 | 183 | 80.8 | 9.7 | 1.9 | 7.7 |
| | 3~4인 | 31 | 66.4 | 20.6 | 0.6 | 12.3 |
| | 5인 이상 | 34 | 72.6 | 14.2 | 10.1 | 3.1 |

〈그림 5-4〉 전자책 형태별 매출 비중(Base: 275 / 단위: %)

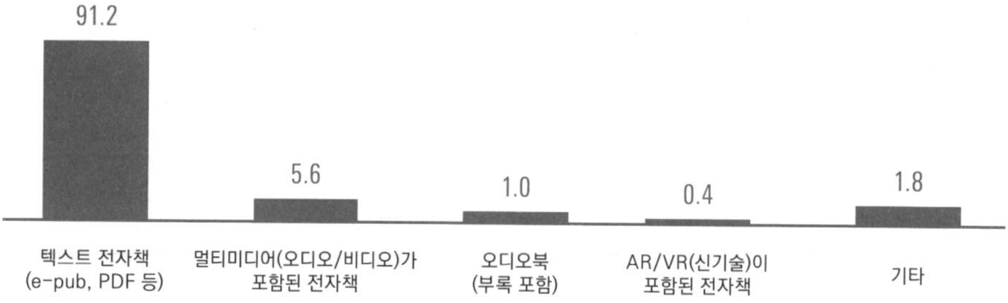


매출액이 1억 원 미만인 전자책 출판사는 일반분야 비중이 80% 이상으로 높게 나타났으며, 1~5억 원 미만인 곳에서는 장르문학(19.8%) 비중이 타 구간 대비 높게 나타났다.

전자책의 형태별 매출 비중은 텍스트 전자책이 91.2%로 가장 높게 나타났고 그 뒤를 멀티미디어가 포함된 전자책(5.9%), 오디오북(1%), AR/VR이 포함된 전자책(0.4%) 순으로 나타났다.

유통 경로별 매출 비중은 온라인 서점 사이트가 39%로 가장 높게 나타났으며, 그 뒤를 전자책 전문 사이트(32.7%), 기관(전자책 도서관 등) 단체(9%), MPC(한국출판콘텐츠 등, 8%), 자사 사이트(3.5%), 이동통신/포털사이트(1.7%), 글로벌 플랫폼(0.9%) 순으로 나타났다.

종이책 기반 출판사에서는 온라인서점 사이트(40.4%)의 비중이 가장 높게 나타난 반면, 전자책 전문 출판사에서는 전자책 전문 사이트(32.2%)가 가장 높고 그 뒤로 온라인서점 사이트(23.1%), 기관(전자책 도서관 등) 단체(16.4%) 순으로 나타났다.

주력 분야별로 장르문학에서는 전자책 전문 사이트(48.7%), 일반분야에서는 온라인서점 사이트(41.8%), 기타 웹툰 등 분야에서는 기관

(전자책 도서관 등)/단체(44.1%)의 응답이 가장 높게 나타났다.

**[표 5-8] 전자책 분야별 제작 비중**

(단위: %)

| 구분 | | 사례 수 | 온라인 서점 사이트 | 전자책 전문 사이트 | 기관 (전자책 도서관 등)/단체 | MCP (한국출판 콘텐츠 등) | 자사 사이트 (직접 판매) | 이동 통신사/포털 사이트 | 글로벌 플랫폼 (구글/애플 등) | 기타 |
|---|---|---|---|---|---|---|---|---|---|---|
| 전체 | | 228 | 39.0 | 32.7 | 9.0 | 8.0 | 3.5 | 1.7 | 0.9 | 5.0 |
| 전자책 출판사 유형 | 종이책 기반 출판사 | 207 | 40.4 | 32.2 | 8.4 | 8.3 | 3.1 | 1.3 | 1.0 | 5.1 |
| | 전자책 전문 출판사 | 19 | 23.1 | 37.9 | 16.4 | 4.7 | 7.9 | 6.6 | 0.2 | 3.2 |
| 주력 분야별 | 장르문학 | 19 | 21.8 | 48.7 | 5.3 | 1.1 | 7.9 | 6.3 | 6.8 | 2.1 |
| | 일반분야 | 201 | 41.8 | 30.9 | 8.4 | 8.9 | 3.2 | 0.8 | 0.4 | 5.4 |
| | 기타 웹툰 등 | 8 | 11.1 | 31.1 | 44.1 | 0.0 | 0.8 | 12.5 | 0.4 | 0.0 |
| 매출액 규모별 | 1천만 원 미만 | 112 | 39.8 | 31.1 | 8.3 | 12.4 | 2.3 | 0.0 | 0.4 | 5.7 |
| | 1~5천만 원 미만 | 24 | 37.6 | 37.5 | 12.4 | 4.2 | 4.2 | 4.2 | 0.0 | 0.0 |
| | 5천만 원~1억 원 미만 | 12 | 40.0 | 37.9 | 15.4 | 4.4 | 0.0 | 0.8 | 1.4 | 0.0 |
| | 1~5억 원 미만 | 13 | 29.5 | 30.2 | 19.9 | 5.7 | 3.5 | 8.0 | 0.4 | 2.8 |
| | 5억 원 이상 | 12 | 36.0 | 34.8 | 8.3 | 0.0 | 8.3 | 9.6 | 0.4 | 2.5 |
| 종사자 규모별 | 1~2인 | 142 | 40.9 | 29.3 | 11.2 | 8.4 | 2.2 | 0.8 | 1.4 | 5.7 |
| | 3~4인 | 25 | 39.6 | 38.6 | 7.9 | 7.2 | 1.6 | 1.0 | 0.1 | 4.0 |
| | 5인 이상 | 27 | 28.9 | 35.9 | 4.1 | 0.7 | 16.0 | 9.4 | 0.5 | 4.4 |

## 3 전자책 구독 서비스 현황

### 1) 구독 경제의 확산

산업 발전은 제품의 생산과 유통 방식을 크게 변화시키고 있다. 특히 기술이 발전할수록 모든 산업에서 주도권이 생산자에서 소비자로 빠르게 이동하고 있다. 제품 선택의 폭이 넓지 않았던 시대에는 기술력이 큰 경쟁력이던 생산자 중심으로 제품이 개발되었다. 그래서 소비자는 제품이 불만족스럽더라도 비싼 비용을 지불하고 제품을 소유했고, 자부심과 만족감을 느꼈다. 하지만 이제는 기술이 평준화되고 다양한 제품이 출시되면서 소비자 중심으로 서비스가 강화되고 있다.

제품 선택의 폭이 넓어지면서 소비자는 더 이상 제품을 소유하려 하지 않고 필요할 때마다 제품을 이용하는 구독 형태로 소비 패러다임이 바뀌고 있다. 그러면서 고객 정보를 기반으로 빅데이터와 인공지능 기술을 활용한 개인 맞춤형 서비스가 정교화되면서 '구독 경제(Subscription Economy)'가 더욱 활기를 띠고 있다.

구독 경제는 소비자가 기업에 회원 가입을 하고 매달 일정액을 지불하면 정기적으로 물건을 배송받거나 서비스를 이용할 수 있는 비즈니스 모델이다. 투자은행인 크레디트 스위스(Credit Suisse)와 구독 컨설팅업체 주오라(Zuora)의 보고서에 따르면, 글로벌 구독 경제 시장규

〈그림 5-5〉 글로벌 구독 경제 시장규모 추이(단위: 억 달러)

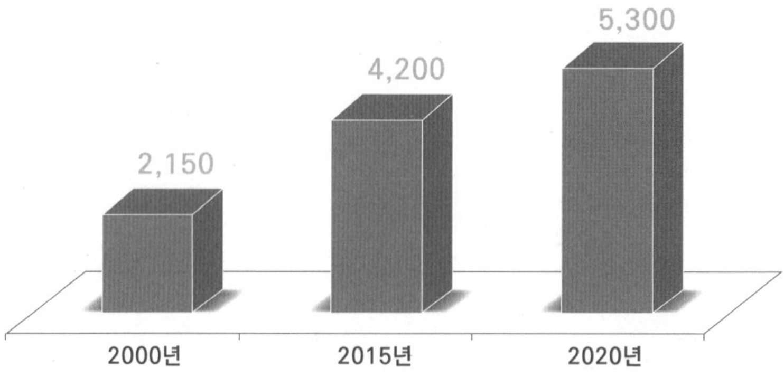


모가 2000년 2,150억 달러에서 2015년에는 4,200억 달러로 5년간 매년 100%씩 성장했다. 2019년에는 S&P 500 기업의 매출 성장률보다 5~9배 이상 빠른 상황이며, 2020년에는 약 5,300억 달러의 매출을 올릴 것으로 예상된다.

구독 서비스가 예전에도 있었지만 최근에 더욱 확산되는 이유는 인터넷 기술과 디지털 기술의 발전이 산업 전반에 자리 잡았고, 짧아지고 있는 트렌드 변화 속에서 고객의 소비 방식이 변화되고 있기 때문이다. 이로 인해 디지털콘텐츠 중심의 구독 서비스가 탄력을 받고 있다. 이러한 구독 경제를 이끄는 주요 소비자층은 2030세대다. 이들은 빠른 트렌드 변화 속에서 더 많은 경험과 소비를 원하므로 비용과 시간을 줄일 수 있는 구독 서비스를 선호한다.

구독 서비스는 크게 '무제한 모델', '정기배송 모델', '대여 모델'의 세 가지 형태로 구분된다. '무제한 모델'은 주로 디지털콘텐츠를 중심으로 이용기간 동안 무제한으로 콘텐츠를 이용하는 형태이며, '정기배송 모델'은 주로 회원 가입 후 특정한(랜덤한) 제품을 제공받는 형태이

**[표 5-9] 구독 서비스의 대표적인 유형**

| 구분 | 이용 방식 | 상품 | 서비스 |
|---|---|---|---|
| 무제한 모델 | 일정 이용 기간 동안 무제한으로 제품이나 콘텐츠 이용 | 음악, 동영상, 게임, 전자책, 뉴스, 영화, 커피, 술 등 | 넷플릭스, 스포티파이, 스태디아, 밀리의서재, 무비패스, 아케이드 등 |
| 정기 배송 모델 | 일정 이용 기간 동안 특정 제품을 집으로 배송받아 이용 | 화장품, 꽃, 양말, 면도기, 칫솔, 쿠키, 미술품, 영양제 등 | 꾸까, 달러쉐이브클럽, 블루미, 페미스코프, 핀즐 등 |
| 대여 모델 | 품목을 바꿔가며 일정 이용 기간 동안 제품이나 서비스 이용 | 자동차, 옷, 가구, 매장, 집 등 | 포르쉐, 현대자동차, 하프 등 |

고, '대여 모델'은 주로 회원 대상으로 유형(有形)의 제품을 일정 기간 동안 이용할 수 있는 형태다.

스태디아(Stadia)는 구글이 2019년 3월 게임 개발자 컨퍼런스 'GDC 2019'에서 공개한 게임 스트리밍 서비스로 11월 미국, 영국, 아일랜드, 프랑스, 독일, 이탈리아, 스페인, 네덜란드, 벨기에 등 10여 개 국가에서 먼저 출시된다. 6월 6일에는 게임쇼 'E3 2019'에 앞서 월 9.99달러의 요금으로 4K, 60fps의 스트리밍 서비스를 이용할 수 있는 스태디아 프로(Stadia Pro)를 발표했다. 페미스코프(Femiscope)는 페미니즘 스티커 정기구독 서비스다. 핀즐(Pinzle)은 '화풍'을 의미하는 독일어에 바탕을 둔 이름으로 그림 정기구독 서비스다.

침체되고 있는 출판산업은 변화해야 한다. 그 중심에 구독 서비스가 자리를 잡아가고 있다. 인공지능, 빅데이터 같은 기술이 발전할수록 구독 경제는 더욱 확산될 것이다. 이러한 관점에서 구독 서비스는 출판의 새로운 변화를 이끄는 중요한 역할을 할 것이다. 늘 독자가 원하는 것을 고민해야 한다. 많은 도서를 읽는 것이 중요한 것이 아니라 질적인 지식의 양을 증가시켜야 한다. 그것이 시대의 변화 속에서 출판과 독자가 살아갈 길이다.

### 2) 국내 전자책 구독 서비스 현황

국내에서 전자책 사업이 시작된 지 30여 년이 지났음에도 아직 전자책 매출 비중은 전체 출판시장의 약 5% 수준에 머물러 있다. 여기에는 여러 가지 요인이 있겠지만, 특히 독서 인구의 감소와 디지털 콘텐츠의 증가 영향이 크다. 반면 소비 주역으로 떠오르고 있는 MZ세대의 등장, 4차 산업혁명의 핵심 기술과 디지털 환경의 확장, 구독 경제에 따른 소비 형태의 변화 등은 산업의 새로운 성장 기회를 제공하고 있다. 그러면서 여러 전자책 사업자들이 새로운 도전과 변화를 추구해나가고 있다.

구독 서비스는 침체되어 있는 전자책 시장의 새로운 성장 동력으로 주목받고 있다. 이처럼 소비자가 구독 서비스에 열광하는 이유는 도서정가제의 대상이 되지 않아서 효율적인 가격을 제공할 수 있으며 이용 환경이 간편하기 때문이다.

국내 최초로 전자책 월정액 서비스를 오픈한 밀리의서재는 신선한 마케팅을 추진하며 구독 서비스 시장을 이끌고 있다. 자사 회원들의 독서 형태에 대해 발표한 자료를 살펴보면 누적 구독자 수가 150만 명으로 연령대는 20대(40%)와 30대(37%)가 큰 비중을 차지하고 있으며, 남성보다는 여성 비율이 52.5%로 높은 편이다. 1인당 월평균 독서량은 7~9권으로 많이 읽는 편이며, 1일 평균 앱 체류시간도 45분 정도로 높게 나타났다. 2019년 10월에는 기존 구독료에 6천 원만 더 내면

**[표 5-10] 국내 주요 전자책 구독 서비스 현황**

| 서비스명(업체명) | 오픈 일자 | 주요 사항 |
|---|---|---|
| 밀리의서재(밀리의서재) | 2017. 9 | - 국내 최초의 월정액 서비스 오픈<br>- 책 한 권을 요약해 읽어주는 '리딩북' 서비스<br>- 밀리 매거진 시작(2019.1)<br>- 밀리 오리지널 종이책 정기구독 오픈(2019.10) |
| 리디셀렉트(리디) | 2018. 7 | - 일부 콘텐츠에 대한 무제한 월정액 서비스<br>- 전자책 단말기 '페이퍼'와 호환<br>- 리디셀렉트에 기사 서비스 '아티클' 추가(2019.12) |
| 북클럽(예스24) | 2018. 11 | - 무제한 월정액 서비스 '예스24 북클럽' 오픈<br>- 전자책 단말기 '크레마'와 호환 |
| sam무제한(교보문고) | 2019. 3 | - 국내 최초로 연간 정액제 서비스 오픈(2013.2)<br>- 무제한 월정액 서비스 'sam무제한' 오픈(2019.3)<br>- 전자책과 종이책 'sam 그리고 책' 오픈(2019.12) |

기존 전자책과 함께 베스트셀러 작가의 신작 종이책을 격월에 1권씩 받을 수 있는 밀리 오리지널 종이책 정기구독 서비스를 오픈하며 파란을 일으키고 있다.

리디는 국내 최대 전자책 판매 기업으로 2018년 기준 전자책 단행본 시장점유율 50%를 넘어섰으며, 1천억 원의 매출달성을 눈앞에 둔 상황이다. 또한 뉴스 서비스인 '아웃스탠딩', 애니메이션 스트리밍 서비스인 '라프텔', 책 추천 소셜 서비스인 '책 끝을 접다' 등을 인수하며 사업을 확장하고 있다. 라프텔(Laftel)은 국내 스타트업회사에서 개발한 개인화 추천 기반의 애니메이션 스트리밍 서비스로, 2019년 5월 리디에 인수되었다. 2018년 7월에는 '리디셀렉트'라는 구독 서비스를 오픈했다. 타사와 다른 점은 리디북스가 보유한 모든 도서를 이용할 수 있는 것이 아니라 리디북스에서 매출액과 평균 기준이 상위 5% 이내의 도서, 그중에서도 구매자 평점이 4.0 이상 도서들로 구성된 것들만 이용할 수 있다는 것이다. 즉 엄격하게 검증된 도서만 제공하고, 타사에 비해 뷰어가 매우 안정적이며, 가독성이 뛰어나 읽기가 편하고, 자체 전자책 전용 단말기와 호환되어 편리한 독서환경을 제공한다.

예스24도 월정액 전자책 구독 서비스 '예스24 북클럽'을 약 두 달간 베타 서비스로 운영하다가 2018년 11월에 정식 오픈했다. 타사에 비해 비교적 저렴한 요금제로 운영하고 있다. 서비스 오픈 1주년을 기념하여 북클럽 이용자의 독서 형태를 발표했는데, 이용자가 마음에 드는 책을 골라 자신의 북클럽 페이지에 추가한 도서 수가 매월 평균 15권에 달했다고 한다. 그러나 선택한 도서가 다운로드 및 열람까지 이어질 확률은 평균 72%를 차지했지만, 평균 완독률은 7%에 그친 것으로 나타났다.

국내 정기 구독 서비스의 원조는 2013년 2월 교보문고가 선보인 'sam' 서비스다. 매월 이용할 수 있는 도서 권수에 따라 다양한 요금체계를 제공한 연간 정액제 서비스로 큰 반향을 일으켰다. 2019년 3월 sam 무제한 서비스를 선보이며 월간 구독 서비스에 합류했으며, 그해 12월에는 전자책 구독 서비스와 큐레이션된 종이책을 정기배송 받는 'sam 그리고 책' 서비스를 오픈하며 다양한 요금제를 선보이고 있다.

# 4 오디오북 서비스 현황

### 1) 오디오북의 성장 배경

다양한 스마트 미디어의 발전과 사물인터넷의 확산으로 영상과 음원 중심의 정보 형태가 증가하고 있다. 인공지능 기술과 음성 인식 기술이 다양한 디바이스와 빠르게 융합해나가고 있기 때문이다. 이는 사용자의 편의성을 증대시키며 문화와 소비 형태를 변화시키고 있다. 이처럼 스마트 기반 산업의 급성장, 멀티태스킹의 시대의 본격화, 디지털 피로(digital fatigue) 증가 등의 요인으로 오디오북에 대한 관심도가 점점 더 높아지고 있다. 특히 인공지능 스피커가 일상생활 속으로 빠르게 보급되면서 스마트홈(Smart-Home) 시대를 가속화시키고 있다. 이러한 배경 속에서 오디오 콘텐츠에 대한 관심도가 높아지고 있다. 이를 증명이라도 하듯이 콘텐츠시장에서 매년 오디오 콘텐츠는 가장 높은 성장률을 보이고 있다.

오디오북은 종이책이나 전자책과 다른 매력을 가지고 있다. 듣는 형태이므로 바쁜 일상에 쫓겨 책을 볼 수 없었던 고객에게 새로운 접근 채널이 되고 있다. 그 외에도 오디오북은 독서력을 강화시킬 뿐만 아니라 성우의 목소리를 통해 상상력과 몰입감을 증대시킬 수 있다. 이처럼 오디오북이 가지고 있는 특성은 독서 대상을 확장시키고 독서의 접근

〈그림 5-6〉 오디오북시장의 성장 배경

기회를 넓혀나가는 데 훌륭한 도구가 되고 있다. 따라서 흥미로운 미디어 콘텐츠와의 경쟁에서 밀려 독자를 빼앗기고 서서히 침체되어가고 있는 출판산업을 일으켜 세울 대안책 중 하나로 오디오북이 거론되고 있다.

최근 출판시장은 오디오북을 중심으로 급성장하고 있으며, 이러한 현상은 전 세계에서 공통적으로 나타나고 있다. 특히 오디오북은 음성 기반 디바이스와 활발한 연계를 추진하고 새로운 직업군을 창출해내며 시장에 활력을 불어넣고 있다.

### 2) 해외 오디오북시장 현황

오디오북은 디지털 출판 분야에서 가장 빠른 성장세를 보이고 있다. 미국 시장조사기관인 델로이트(Deloitte)에 의하면 2020년 글로벌 오디오북시장은 25%까지 성장하고, 35억 달러에 이를 것으로 예상되며, 미국과 중국이 전체 시장의 75%를 차지할 것으로 보인다.

오디오북은 주로 미국과 영국 및 북유럽 지역에서 강한 성장세를 보이고 있으며, 최근에는 남부 유럽과 아시아 지역으로 확대되는 추세다. 메이저 출판사들의 경우 전체 매출에서 오디오북 매출이 약 10%를 차지한다. 전자책 전문 사이트 굿이리더닷컴(GoodEReader.com)에 따르면 전 세계 오디오북 시장점유율은 아마존 킨들 언리미티드(Kindle Unlimited)와 스크리브드(Scribd)가 각각 1, 2위를 차지하며, 매장 규모로는 오더블(Audible)을 꼽았다. 그리고 B2B(도서관, 학교, 기관 등) 시장에서는 오버드라이브(OverDrive)와 파인드어웨이 월드(Findaway World)를 대표 업체로 지목했다.

〈그림 5-7〉 글로벌 오디오북 서비스 사업자의 BCG Matrix 분석

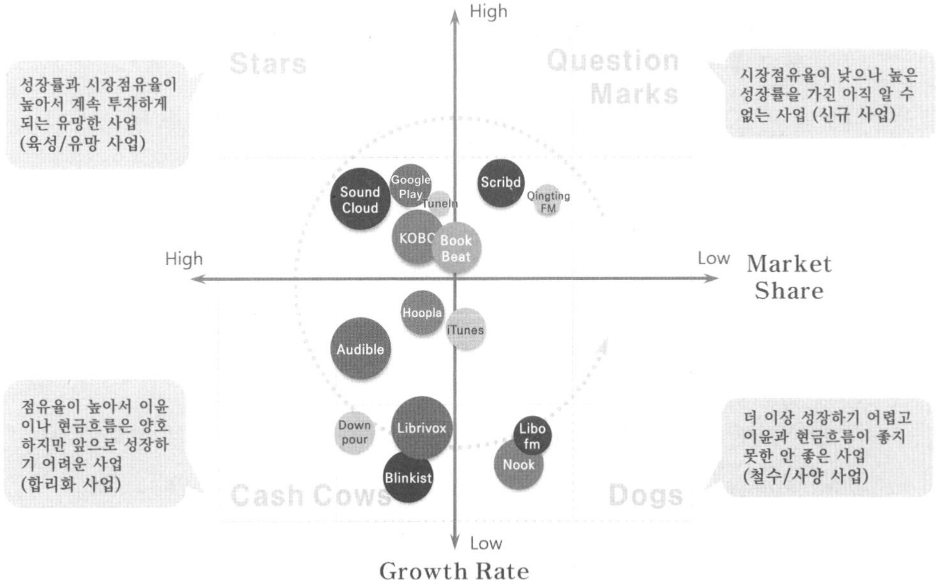

미국 전자책 시장에서 약 75~80%의 매출 점유율을 차지하고 있는 아마존은 오더블과 킨들 언리미티드를 앞세워 오디오북시장에서 40% 정도의 압도적 점유율을 확보하고 있다. 이에 따라 아마존의 독과점 지위를 이용한 횡포가 커지는 상황이다. 특히 오디오북 가격은 유통사가 정할 수 있는 홀세일 가격(Wholesale Price) 모델로 운영되고 있어 유통사마다 판매 가격이 다르기는 하지만, 평균 25~35달러 정도로 꽤 높은 가격대가 형성되어 있다. 이는 높은 제작비용 때문이기도 하지만, 정액제 서비스 유도를 위한 목적도 포함되어 있다.

2014년 7월 오픈한 아마존의 킨들 언리미티드는 한 달에 9.99달러로 모든 콘텐츠를 무제한으로 이용할 수 있다. 현재 약 100만 권의 전자책과 수천 개의 오디오북 그리고 잡지도 제공되고 있다. 베스트셀러나 인기 작가의 도서들은 거의 서비스되지 않고 있지만, 다양한 장르의 도서가 구비되어 있다. 오더블의 오디오북은 상당히 매력적이다. 오디오가 나오면서 텍스트에 연한 회색으로 블록이 쳐지는 위스퍼 보이스(Whisper Voice)는 독자의 집중력을 높여주는데, 이를 '이머전 리딩(Immersion Reading)'이라고 부른다. 또한 위스퍼 싱크(Whisper Sync)를 통해 전자책과 오디오북의 교차 읽기도 가능하다.

### 3) 국내 오디오북시장 현황

국내 오디오북시장은 아직 무르익지 않았지만, 그래도 서서히 오디오북에 대한 관심도가 높아지는 상황이다. 다만 시장규모가 작다 보니 비싼 비용을 들여서 콘텐츠를 제작하지 않으려 하고, 이는 다시 시장의 축소로 이어지는 악순환이 반복되고 있다. 그럼에도 오디오북 서비스가 하나둘씩 늘어나기 시작하고 있으며, 최근에는 대형 사업자들이 오디오북시장에 가담하면서 더욱 활기를 띠고 있다.

팟캐스트 중심의 '오디오클립' 서비스를 운영 중인 네이버가 2018년 8월 유료 오디오북 서비스를 오픈했다. 유료 콘텐츠는 오디오클립 서비스 내 오디오북 카테고리에서 제공된다. 「82년생 김지영」, 「무례한 사람에게 웃으며 대처하는 법」, 「회복탄력성」, 「신경 끄기의 기술」 등 베스트셀러를 다양한 창작자(성우, 배우, 소설가, 아이돌 등)의 목소리로 녹음한 오디오북 콘텐츠 30권을 구매나 대여 형태로 이용할 수 있다. 해당 콘텐츠는 민음사, 황금가지 등 10개 출판사로부터 제공받은 것들이다. 네이버는 자사의 AI스피커를 통해서도 구매하고 이용할 수 있도록 이용환경을 확대해나가고 있다.

국내 최대 팟캐스트 플랫폼인 팟빵(Podbbang)도 오디오북시장에 뛰어들었다. 2018년 4월 대한출판문화협회에 가입한 뒤, 7월에 누구든지 오디오북 콘텐츠를 제작하여 등록하고 판매할 수 있는 오디오북 오픈 플랫폼 서비스를 시작했다. 현재는 원어민 유아용 콘텐츠가 주류를 이루고 있지만, 다양한 주제의 분야로 확대해나가고 있다. 인공지능 스피커나 커넥티드카 관련 기업들과 콘텐츠 공급 제휴를 맺어나가며 오디오북 유통에도 자신감을 보이고 있다.

교보문고는 2006년부터 오디오북을 판매해왔지만, 콘텐츠 품질 문제나 대중적 관심의 부족으로 B2B 채널인 전자도서관 위주로 유통되어왔다. 이에 2013년 B2C 채널에서 오디오북 서비스를 종료했다가 최근 오디오북이 재조명을 받게 되면서 2017년 e오디오북 서비스를 새롭게 시작했다. e오디오북 형태는 오디오북 음원 파일을 eBook 형태(EPUB 파일)로 제작한 것으로, 책의 본문을 요약 또는 드라마화해서 새롭게 제작된 극본을 성우가 녹음하여 디지털콘텐츠로 만든 전자책 형태다. 시중의 오디오북과는 약간 다른 형태이지만, 나름대로 매력적인 요소를 가지고 있다.

세계적인 오디오 스트리밍 기업인 스토리텔(Storytel)이 2019년 11월에는 한국 시장에 오디오북 서비스를 공식 오픈했다. 매달 1만 1,900원에 약 4만 권의 영어 오디오북과 1만 권의 한국어 오디오북을 무제한으로 이용할 수 있다.

# 6

# 출판의 해외 진출과 저작권 현황

# 1 출판콘텐츠 산업 시장규모

## 1) 출판산업 시장규모

「2019 콘텐츠 산업통계」에 따르면, 2018년 콘텐츠산업의 매출액은 119조 6,066억 원으로 나타났다. 2018년 수출액은 96억 1,504만 달러였으며, 수입액은 12억 1,977만 달러로 나타나 83억 9,527만 달러의 흑자를 보였다. 서적, 신문, 잡지 출판업과 인쇄업, 출판유통업을 포함한 2018년 출판산업 전체의 매출 규모는 약 20조 9,554억 원으로 전년에 비해 1.0% 증가했다.

**[표 6-1] 콘텐츠산업 시장규모(2016~2018)**

(단위: 백만 원, %)

| 구분 | 2016 | 2017 | 2018 | 비중 | 전년 대비 증감률 |
|---|---|---|---|---|---|
| 출판 | 20,765,878 | 20,755,334 | 20,953,772 | 17.5 | 1.0 |
| 방송 | 17,331,138 | 18,043,595 | 19,762,210 | 16.5 | 9.5 |
| 광고 | 15,795,229 | 16,413,340 | 17,211,863 | 14.4 | 4.9 |
| 지식정보 | 13,462,258 | 15,041,370 | 16,290,992 | 13.6 | 8.3 |
| 게임 | 10,894,508 | 13,142,272 | 14,290,224 | 11.9 | 8.7 |
| 캐릭터 | 11,066,197 | 11,922,329 | 12,207,043 | 10.2 | 2.4 |
| 음악 | 5,308,240 | 5,804,307 | 6,097,913 | 5.1 | 5.1 |
| 영화 | 5,256,081 | 5,494,670 | 5,889,832 | 4.9 | 7.2 |

| 구분 | 2016 | 2017 | 2018 | 비중 | 전년 대비 증감률 |
|---|---|---|---|---|---|
| 콘텐츠 솔루션 | 4,583,549 | 4,851,561 | 5,094,916 | 4.3 | 5.0 |
| 만화 | 976,257 | 1,082,228 | 1,178,613 | 1.0 | 8.9 |
| 애니메이션 | 676,960 | 665,462 | 629,257 | 0.5 | Δ5.4 |
| 합계 | 106,116,295 | 113,216,467 | 119,606,635 | 100 | 5.6 |

출처: 문화체육관광부(2020), 『2019 콘텐츠 산업통계』

### 2) 콘텐츠산업 수출 현황

[표 6-2]에 의하면 2018년 콘텐츠산업 수출액은 전년 대비 9.1% 증가한 96억 1,504만 달러로 나타났다. 콘텐츠산업 수출액에 가장 큰 비중을 차지하는 게임산업의 수출액은 64억 1,149만 달러로 전체의 66.7%를 차지했으며, 이는 전년 대비 8.2% 증가, 2014년부터 2018년까지 연평균 21.2% 증가한 수치다. 출판은 2014년 이후 하락했다가 2018년에는 전년 대비 12.7% 올랐다.

[표 6-3]은 2018년 콘텐츠산업 분야별 수출입액과 부가가치액이다. 2018년 수입액은 전년 대비 1.3% 증가한 12억 1,977만 달러로 나타났다. 수입액은 게임산업 수입액이 3억 578만 달러로 전체 콘텐츠산업 수익액의 25.1%를 차지하며 가장 큰 비중을 나타냈고, 광고산업 수입액(2억 8,523만 달러)이 전체 콘텐츠산업 수입액의 23.4%를 차지하며 두 번째로 높았다. 다음은 출판산업 22.0%, 캐릭터산업 13.7%, 방송산업 8.7% 등의 순으로 나타났다. 콘텐츠산업의 전체 수출입 차액은 83억 9,527만 달러로 수출액이 수입액보다 많아 전반적으로 수출이 호조를 보였다. 산업별로 보면 게임산업의 수출입 차액이 가장 컸으며, 지식정보산업, 캐릭터산업, 음악산업 또한 비교적 큰 수출입 차액을 보

**[표 6-2] 콘텐츠산업 분야별 수출액**

(단위: 천 달러, %)

| 구분 | 2014 | 2015 | 2016 | 2017 | 2018 | 전년 대비 증감률 |
|---|---|---|---|---|---|---|
| 출판 | 247,268 | 222,736 | 187,388 | 220,951 | 248,991 | 12.7 |
| 방송 | 336,019 | 320,434 | 411,212 | 362,403 | 478,447 | 32.0 |
| 광고 | 76,407 | 94,508 | 109,804 | 93,230 | 61,293 | Δ34.3 |
| 지식정보 | 479,653 | 515,703 | 566,412 | 616,061 | 633,878 | 2.9 |
| 게임 | 2,973,834 | 3,214,627 | 3,277,346 | 5,922,998 | 6,411,491 | 8.2 |
| 캐릭터 | 489,234 | 551,456 | 612,842 | 663,853 | 745,142 | 12.2 |
| 음악 | 335,650 | 381,023 | 442,566 | 512,580 | 564,236 | 10.1 |
| 영화 | 26,308 | 29,374 | 43,894 | 40,726 | 41,607 | 2.2 |
| 콘텐츠 솔루션 | 167,860 | 175,583 | 188,495 | 201,508 | 214,933 | 6.7 |
| 만화 | 25,562 | 29,354 | 32,482 | 35,262 | 40,501 | 14.9 |
| 애니메이션 | 115,652 | 126,570 | 135,622 | 144,870 | 174,517 | 20.5 |
| 합계 | 5,273,519 | 5,661,368 | 6,008,063 | 8,814,442 | 9,615,036 | 9.1 |

출처: 문화체육관광부(2020), 『2019 콘텐츠 산업통계』

였다. 이 중 수출액이 수입액보다 적은 산업은 출판산업, 광고산업으로 나타났다.

한편 2018년 콘텐츠산업의 부가가치액은 2017년 44조 2,298억 원에서 3조 2,209억 원 증가한 47조 4,507억 원으로 나타났으며, 부가가치율은 39.7%로 나타났다. 콘텐츠산업의 산업별 부가가치액은 출판산업이 8조 8,793억 원(18.7%)으로 가장 큰 비중을 차지했으며, 지식정보는 7조 8,595억 원(16.6%), 방송은 6조 5,052억 원(13.7%), 게임은 6조 1,791억 원(13.0%), 광고는 5조 3,477억 원(11.3%), 캐릭터는 4조 9,677억 원(10.5%), 영화는 2조 6,766억 원(5.6%), 콘텐츠 솔루션이

2조 2,831억 원(4.8%), 음악은 2조 1,022억 원(4.4%), 만화가 4,272억 원(0.9%), 애니메이션이 2,230억 원(0.5%)으로 나타났다. 부가가치율이 가장 높은 산업은 지식정보산업으로 48.2%를 나타냈으며, 영화산업의 부가가치율은 45.4%로 지식정보산업 다음으로 높았다. 다음은 콘텐츠 솔루션산업 44.8%, 게임산업 43.2%, 출판산업 42.4%, 캐릭터산업 40.7%, 만화산업 36.2%, 애니메이션산업 35.4%, 음악산업 34.5%, 방송산업 33.2%, 광고산업 31.1% 순으로 나타났다.

**[표 6-3] 2018년 콘텐츠산업 분야별 수출입액**

| 구분 | 2018 수출액 | 2018 수입액 | 2018 부가가치액 (백만 원) | 2018 부가가치율(%) |
|---|---|---|---|---|
| 출판 | 248,991 | 268,114 | 8,879,278 | 42.4 |
| 방송 | 478,447 | 106,004 | 6,505,207 | 33.2 |
| 광고 | 61,293 | 285,229 | 5,347,726 | 31.1 |
| 지식정보 | 633,878 | 8,852 | 7,859,527 | 48.2 |
| 게임 | 6,411,491 | 305,781 | 6,179,090 | 43.2 |
| 캐릭터 | 745,142 | 167,631 | 4,967,732 | 40.7 |
| 음악 | 564,236 | 13,878 | 2,102,219 | 34.5 |
| 영화 | 41,607 | 36,274 | 2,676,595 | 45.4 |
| 콘텐츠 솔루션 | 214,933 | 13,540 | 2,283,056 | 44.8 |
| 만화 | 40,501 | 6,588 | 427,238 | 36.2 |
| 애니메이션 | 174,517 | 7,878 | 223,004 | 35.4 |
| 합계 | 9,615,036 | 1,219,769 | 47,450,675 | 39.7 |

출처: 문화체육관광부(2020), 『2019 콘텐츠 산업통계』

### 3) 국내 출판산업의 수출 흐름

출판산업의 수출액 규모는 2016년까지 전반적으로 하락하는 모습을 보였으나, 2017년 이후 2018년에도 전년 대비 소폭 성장했다. 그 이유로 종이책시장은 과잉생산과 정체, 전자책 시장은 성장세가 한몫을 차지한다.

문화유통북스의 2018년 거래 현황과 한국출판문화산업진흥원의 몇 년간 발행종수 추이를 참고하면 콘텐츠 발굴을 위한 신간 발행이 이어지면서 연간 8만 종 정도의 발행종수는 비슷한 수준을 유지했다. 다만 최근 몇 년간 신간 발행의 급속한 양적 증가 속도 대비 매출시장의 규모는 정체 또는 감소하고 있어 결국 시장 내부적 분열로 다양성이 증가하고 도서의 라이프사이클이 단축된 것으로 보인다. 이는 독자의 선택지를 넓히고 구매욕을 자극하여 불황을 타개하려는 적극적 시도이지만, 한편으로는 시장 내 경쟁을 심화하며 질적인 독자 지평 및 소비자 수요 기반을 넓히는 데 이르지는 못하고 있음을 시사한다.

한편 전자책 콘텐츠 생산량이 꾸준히 증가하고 있고 그중 웹소설이 급증하고 있다. 대표적인 전자책 제작·유통 대행사인 한국출판콘텐츠(e-Kpc)는 2013년 이후 제작종수의 급격한 상승곡선을 보였고, 2015~2016년에는 구간 도서의 전자책 변환이 증가하면서 전년 대비 1.5배 증가했으며, 2017년 이후에는 전자책이 신간 중심으로 진행되면서 전년 대비 50% 증가, 2018년은 30% 정도 증가한 완만한 증가세를 보인다.

한국콘텐츠진흥원에 따르면 웹소설시장의 규모는 2013년 100억 원에서 2018년 4천억 원으로 커진 것으로 추산되며, 불과 5년 만에 40배 규모로 급성장했다. 웹소설의 경우 웹 환경에서 자유롭게 다양한 스토리를 제공하고, 주로 짧은 문장과 대사를 통해 몰입을 이끌어내며, 독자의 상상력을 자극하는 매력이 있다. 주로 스마트폰에 익숙한 젊은 세대들이 저렴한 가격의 콘텐츠를 간편한 결제 시스템을 통해 소비하면서 큰 인기를 끌고 있다. 특히 웹소설의 콘텐츠는 지식재산권(IP) 확장을 위한 원천 소스라는 점에서 활용 가치가 크다. 웹소설은 현지 온라인상에서 연재 방식으로 작품을 유통하면서 독자의 반응이 높으면 종이책으로 출간하는 전략을 구사하고 있다. 따라서 한국에서 종이책으로 나온 작품도 온라인상에서 연재 방식으로 유통될 수 있는 또 다른 방식의 시장을 확보해가고 있다는 측면에서 다양한 시장 여건이라 할 수 있다.

또한 웹소설의 웹툰화 현상도 주목할 만하다. 『김비서가 왜 그럴까?』와 같이 웹소설이 웹툰화되었다가 웹툰을 원작으로 드라마로 제작되는 사례도 흔해졌다. 노승아의 웹소설 『허니허니 웨딩』은 웹툰화되어 해외로 진출했다. 그 외에도 로즈빈의 『날 가져요』, 알파타르트의 『재혼 황후』, 김은정의 『그래서 나는 안티 팬과 결혼했다』, 제이로빈의 『취사병 전설이 되다』 등 다수의 작품이 해외에 수출되었다. 이러한 요인은 플랫폼을 활용한 마케팅 활동과 이미 확보된 이용자와 작가층을 기반으로 해외에서도 새로운 문화로 자리매김하는 데 긍정적인 효과를 내고 있다. 웹소설의 성장률이 상승하면서 전자책 출간이 활성화되었고, 인기가 많은 것은 종이책으로도 나오고 있다. 이슈몰이를 한 웹소설은 필연적으로 영화와 드라마화로 이어졌다. 일반단행본 전자책과 달리 장르소설 및 웹소설의 성장세가 전자출판의 성장을 주도하고 있으며, 콘텐츠의 다양성만큼 시장 성장 가능성이 크다고 볼 수 있다.

만화·웹툰 분야는 세계 콘텐츠시장이 인터넷과 스마트폰 확대에 따른 지식정보, 광고시장 성장이 두드러지고 있다. 이러한 요인은 플랫폼을 활용한 마케팅 활동과 이미 확보된 이용자와 작가층을 기반으로 해외에서도 새로운 문화로 자리매김하는 데 긍정적인 효과를 내고 있다. 형식적으로 흑백 출판만화 위주인 일본 망가나 미국의 그래픽노블과는 확연히 다르지만, 모바일 최적화를 거친 웹툰이 현재 소비 환경에 더욱 잘 맞는 셈이다.

또한 최근 출판콘텐츠의 해외 진출 성공 요인으로 '한류' 열풍이 한몫을 차지한다. 케이팝의 경우 BTS의 인기에 힘입어 한 방송 프로그램에서 BTS의 멤버인 정국의 방에 놓인 김수현의 『나는 나로 살기로 했다』가 노출되면서 아마존재팬에서 에세이 분야 베스트셀러 1위에 오르는 일이 발생했고, 이후 한국문학이 서구 시장에 큰 관심을 받기 시작했다.

여기에 2020년 코로나19 상황에서 글로벌 플랫폼으로 전파되면서 한국 드라마가 일본에서 인기가 있었다. 「이태원 클라쓰」, 「사랑의 불시착」, 「김비서가 왜 그럴까?」도 일본 넷플릭스에서 '오늘의 종합 10위'를 차지한 바 있다. 코로나로 인해 OTT 서비스 이용자가 급증하면서 한국 드라마 시청자가 증가하는 이러한 현상을 '4차 한류'라고 부르고 있다. '4차 한류'의 특징은 한일 간의 정치적인 외교 마찰에도 대중적으로 건재하게 소비되고 있는 점이 기존 한류와 다르다고 할 수 있다.

「이태원 클라쓰」는 광진 작가가 다음 웹툰에 연재한 것이 원작이다. 「김비서가 왜 그럴까?」도 원작이 웹소설/웹툰이다. 이와 같은 사례에서 보여주듯이 향후 종이책-전자책-오디오북-웹툰/웹소설-영화-드라마화의 해외 진출은 더욱 확대될 전망이다.

# 2 국내 출판산업 수출입 현황

## 1) 출판인쇄물의 수출입 통계

**[표 6-4] 연도별 출판물(인쇄도서) 수출입 규모(2015~2019)**

(단위: 천 달러, %)

| 인쇄물 종류 (HS코드) | 수출입 | 2015 | 2016 | 2017 | 2018 | 2019 | 증감률 |
|---|---|---|---|---|---|---|---|
| A. 인쇄서적·소책자·리플릿 (4901) | 수출 | 94,350 | 89,042 | 105,663 | 110,647 | 104,206 | -5.8 |
| | 수입 | 145,707 | 126,886 | 125,408 | 128,605 | 131,663 | 2.4 |
| | 무역수지 | -51,357 | -37,844 | -19,745 | -17,958 | -27,457 | 52.9 (적자 확대) |
| B. 아동용 그림책과 습화책 (4903) | 수출 | 2,002 | 2,430 | 2,240 | 2,297 | 2,488 | 8.2 |
| | 수입 | 23,053 | 24,921 | 24,638 | 26,158 | 37,813 | 44.6 |
| | 무역수지 | -21,051 | -22,491 | -22,398 | -23,861 | -35,327 | 48.1 (적자 확대) |
| C. 출판물 인쇄도서 수출입 규모(=A+B) | 수출 | 96,352 | 91,472 | 107,903 | 112,944 | 106,692 | -5.5 |
| | 수입 | 168,760 | 151,807 | 150,046 | 154,763 | 169,476 | 9.5 |
| | 무역수지 | -72,408 | -60,335 | -42,143 | -41,819 | -62,784 | 50.1 (적자 확대) |

출처: 관세청 수출입무역통계

관세청 수출입무역통계에 따르면 출판물(인쇄도서)의 수출 규모는 2015년 이후 감소하다가 2017년 반등하여 2018년까지 증가세를 보였지만, 2019년도에 수출은 1억 669만 달러로 5.5% 감소했다. 수입 규모는 2014년 이후 감소세를 보이다가 2019년까지 증가하여 약 1억 6,948만 달러로 9.5% 증가하여 무역적자가 6,278만 달러로 확대되었다. 2015년부터 2018년까지 4년 연속 무역적자가 줄어들다가 2019년 무역수지가 다시 악화되었다. 아동용 그림책과 습화책(drawing or colouring books) 수입에서 44.6% 증가한 것이 무역적자 확대의 주요 원인이다.

연도별 출판물의 수출과 수입 품목이 무엇인지 살펴보자.

**[표 6-5] 연도별 출판인쇄물 수출 현황(2014~2018)**

(단위: 천 달러)

| 연도 / 인쇄물 종류 | 2014 | 2015 | 2016 | 2017 | 2018 |
|---|---|---|---|---|---|
| 인쇄서적 및 소책자 리플렛 | 104,058 | 94,350 | 89,042 | 105,663 | 110,647 |
| 신문잡지 및 정기간행물 | 5,876 | 5,132 | 3,698 | 2,796 | 3,022 |
| 아동용 그림책과 습화책 | 2,136 | 2,002 | 2,430 | 2,240 | 2,297 |
| 악보 | 1 | 3 | 5 | 65 | 52 |
| 지도, 해도 등 | 654 | 510 | 703 | 463 | 443 |
| 설계도와 도안 | 5,246 | 500 | 400 | 2,543 | 6,751 |
| 우표, 수입인지 등 | 31,040 | 4,119 | 249 | 8,366 | 294 |
| 전사물 | 17,740 | 17,811 | 17,626 | 14,749 | 23,187 |
| 인쇄된 엽서, 카드 | 7,503 | 5,680 | 5,057 | 4,818 | 4,120 |
| 캘린더 | 31,200 | 31,684 | 28,303 | 27,995 | 29,686 |
| 기타 인쇄물 | 41,814 | 60,944 | 39,875 | 51,254 | 68,492 |
| 합계 | 247,268 | 222,735 | 187,388 | 220,952 | 248,991 |

출처: 관세청 수출입무역통계

**[표 6-6] 연도별 출판인쇄물 수입 현황(2014~2018)**

(단위: 천 달러)

| 연도 / 인쇄물 종류 | 2014 | 2015 | 2016 | 2017 | 2018 |
|---|---|---|---|---|---|
| 인쇄서적 및 소책자 리플렛 | 168,132 | 145,707 | 126,886 | 125,408 | 128,605 |
| 신문잡지 및 정기간행물 | 13,042 | 11,474 | 11,755 | 10,771 | 9,948 |
| 아동용 그림책과 습화책 | 29,326 | 23,053 | 24,921 | 24,638 | 26,158 |
| 악보 | 1,281 | 1,247 | 1,177 | 1,444 | 1,137 |
| 지도, 해도 등 | 5,443 | 5,159 | 4,096 | 3,684 | 3,372 |
| 설계도와 도안 | 4,049 | 1,551 | 2,045 | 1,467 | 562 |
| 우표, 수입인지 등 | 4,030 | 5,020 | 2,611 | 2,046 | 2,431 |
| 전사물 | 15,767 | 19,245 | 17,462 | 24,466 | 15,569 |
| 인쇄된 엽서, 카드 | 5,169 | 3,870 | 1,541 | 1,559 | 1,412 |
| 캘린더 | 2,212 | 2,692 | 2.080 | 2,355 | 2,778 |
| 기타 인쇄물 | 70,767 | 58,311 | 61,432 | 66,271 | 78,140 |
| 합계 | 319,219 | 277,329 | 256,006 | 264,109 | 268,112 |

출처: 관세청 수출입무역통계

출판인쇄물의 수출은 신문잡지 및 정기간행물은 수치가 많이 떨어졌다. 우표, 수입인지 등의 쓰임도 현저하게 줄었다. 기타 인쇄물은 수출, 수입 모두 높다. 기타 인쇄물이란 인쇄된 서화, 사진 등을 말한다.

[표 6-6]은 연도별 출판인쇄물의 수입 현황이다.

인쇄물의 종류는 크게 ① 인쇄물, ② 신문잡지, ③ 도서와 간행물, ④ 출판인쇄물로 나누고 인쇄물에는 일반서와 아동서로 구분할 수 있는데, 아동도서의 수출이 점차 늘어나고 도서와 간행물도 수입보다는 수출이 커지고 있음을 알 수 있다.

## 2) 도서 저작권 수출 통계

### ① 분야별 수출 추이

최근 5년간 도서 저작권 수출 8,770건의 출판 분야별 내역을 분석해보면, 2014년부터 2018년까지 아동 분야에서 두드러진 강세를 나타내고 있음을 알 수 있다.

2014년부터 2018년까지 도서 저작권 수출에서는 '아동' 4,080건, '만화' 1,517건의 수출실적이 나타나며, 타 분야에 비해 차지하는 비중이 '아동'(46.5%), '만화'(17.3%)로 2개 분야가 전체의 50% 이상을 차지한다.

**[표 6-7] 도서 저작권 수출 분야별 분포(2014~2018)**

(단위: %)

| 분야 \ 연도 | 2014 | 2015 | 2016 | 2017 | 2018 | 건수 | 비중 |
|---|---|---|---|---|---|---|---|
| 총류 | 133 | 84 | 2 | 68 | 43 | 330 | 3.8 |
| 사회과학 | 83 | 41 | 56 | 64 | 69 | 313 | 3.6 |
| 철학 | 13 | 1 | 22 | 3 | 11 | 50 | 0.6 |
| 순수과학 | 22 | 86 | 9 | 11 | 16 | 144 | 1.6 |
| 기술과학 | 29 | 91 | 183 | 8 | 46 | 357 | 4.1 |
| 예술 | 37 | 41 | 65 | 21 | 52 | 216 | 2.5 |
| 언어 | 149 | 48 | 79 | 155 | 125 | 556 | 6.3 |
| 문학 | 119 | 99 | 189 | 171 | 306 | 884 | 10.1 |
| 역사 | 58 | 4 | 22 | 9 | 50 | 143 | 1.6 |
| 종교 | 0 | 1 | 2 | 0 | 0 | 3 | 0.0 |
| 학습참고 | 45 | 88 | 6 | 0 | 38 | 177 | 2.0 |
| 아동 | 872 | 1,062 | 887 | 525 | 734 | 4,080 | 46.5 |
| 만화 | 591 | 330 | 162 | 210 | 224 | 1,517 | 17.3 |
| 합계 | 2,151 | 1,976 | 1,684 | 1,245 | 1,714 | 8,770 | 100.0 |

출처: 한국출판문화산업진흥원, 2019 출판산업실태조사

② 권역별 수출 추이

2009년부터 2013년까지 도서 저작권 수출의 권역별 분포를 살펴보면 다음과 같다. 2009~2013년 국내 출판물은 중국에 가장 많이 수출했다. 2013년 중국으로 수출된 도서는 전체 수출 물량의 46.1%를 차지했다. 또 5개국(중국, 태국, 말레이시아, 대만, 인도네시아)이 전체 물량의 87.6%를 차지해서 출판물의 해외수출이 중국 및 동남아시아 지역을 중심으로 이루어졌음을 알 수 있다.

**[표 6-8] 국내 출판물의 수출국가 현황(2009~2013)**

(단위: 종, %)

| 국가 \ 연도 | 2009 | 2010 | 2011 | 2012 | 2013 | 과거 5년간 누계 (평균 점유율) |
|---|---|---|---|---|---|---|
| 중국 | 544(38.1) | 660(44.7) | 233(28.1) | 173(25.9) | 376(46.1) | 1,986(평균 36.6) |
| 대만 | 465(32.6) | 422(28.6) | 193(23.3) | 134(20.1) | 146(17.9) | 1,360(평균 24.5) |
| 말레이시아 | 42(2.9) | 53(3.6) | 36(4.4) | 66(9.9) | 78(9.6) | 275(평균 6.1) |
| 태국 | 77(5.4) | 131(8.9) | 119(14.4) | 66(9.7) | 69(8.5) | 461(평균 9.4) |
| 인도네시아 | 127(8.9) | 86(5.8) | 85(10.3) | 158(23.7) | 55(6.8) | 511(평균 11.1) |
| (5대 수출국 점유율) | (87.9) | (91.5) | (80.45) | (89.2) | (88.8) | (평균 87.6) |
| 기타 국가 | 172(12.1) | 125(8.5) | 162(19.6) | 72(10.8) | 91(11.2) | 622(평균 12.4) |
| 합계 | 1,427 (100.0) | 1,477 (100.0) | 828 (100.0) | 668 (100.0) | 815 (100.0) | 5,215 |

출처: 한국출판연구소(2014), 2013년 출판저작권 수출실적 합계

한편 2009~2013년까지 국내 출판물의 해외 수출 현황을 살펴보면 다음과 같다.

**[표 6-9] 출판물의 해외수출 현황(2009~2013)**

(단위: 종, %)

| 분야 \ 연도 | 2009 | 2010 | 2011 | 2012 | 2013 | 건수 | 비중 |
|---|---|---|---|---|---|---|---|
| 총류 | 126 | 168 | 142 | 92 | 83 | 611 | 6.4 |
| 사회과학 | 40 | 63 | 57 | 100 | 134 | 394 | 4.1 |
| 철학 | 0 | 1 | 0 | 0 | 0 | 1 | 0.0 |
| 순수과학 | 6 | 38 | 14 | 35 | 4 | 97 | 1.0 |
| 기술과학 | 44 | 39 | 22 | 131 | 139 | 375 | 3.9 |
| 예술 | 22 | 23 | 24 | 1 | 1 | 71 | 0.7 |
| 언어 | 228 | 238 | 40 | 58 | 34 | 598 | 6.3 |
| 문학 | 86 | 139 | 115 | 145 | 158 | 643 | 6.7 |
| 역사 | 2 | 9 | 0 | 2 | 2 | 15 | 0.2 |
| 종교 | 1 | 7 | 0 | 0 | 0 | 8 | 0.1 |
| 학습참고 | 78 | 16 | 203 | 74 | 25 | 396 | 4.1 |
| 아동 | 711 | 1,048 | 759 | 492 | 719 | 3,729 | 39.1 |
| 만화 | 283 | 131 | 211 | 1,074 | 872 | 2,571 | 26.9 |
| 합계 | 1,627 | 1,959 | 1,587 | 2,204 | 2,171 | 9,548 | 100.0 |

출처: 2015 출판산업실태조사, 267쪽.

이상으로 국내 출판물의 해외진출 현황과 특성을 요약하면 다음과 같다. 첫째, 연도별 출판인쇄물의 수출입 현황을 살펴보면 번역출판물 규모는 해외로 진출하는 출판물 비중보다는 해외에서 수입해오는 출판물 비중이 크다. 둘째, 국내 출판물 수출은 특정 국가에 집중되었다. 즉 국내 출판물의 해외수출은 아시아 지역 5개국(중국, 태국, 말레이시아, 대만, 인도네시아)에서 이루어졌다(87.6%). 미국을 비롯한 서구지역에 수출된 출판물은 3%에 불과했다. 셋째, 해외로 수출된 출판

[표 6-10] 국가별 도서 저작물 출판 현황(2014~2018)

(단위: 종, %)

| 연도 / 지역 | 2014 | 2015 | 2016 | 2017 | 2018 | 건수 | 비중 |
|---|---|---|---|---|---|---|---|
| 아시아 | 1,806 | 1,632 | 1,515 | 1,169 | 1,504 | 7,626 | 86.6 |
| 유럽 | 252 | 107 | 108 | 81 | 139 | 687 | 7.8 |
| 북미 | 71 | 116 | 18 | 22 | 21 | 248 | 2.8 |
| 중동 | 4 | 88 | 30 | 12 | 37 | 171 | 1.9 |
| 남미 | 18 | 33 | 11 | 1 | 11 | 74 | 0.8 |
| 아프리카 | 0 | 0 | 1 | 0 | 1 | 2 | 0.0 |
| 오세아니아 | 0 | 0 | 1 | 0 | 1 | 2 | 0.0 |
| 합계 | 2,151 | 1,976 | 1,684 | 1,285 | 1,714 | 8,810 | 100.0 |

물은 아동서, 만화, 문학서 등으로 특정 분야에 치중되었다.

다음으로, 2014~2018년 국내 출판물의 수출 현황을 살펴보자. 2014년부터 2018년까지 도서 저작권 수출의 국가별 분포를 살펴보면, 아시아 권역에 대한 저작권 수출 의존도가 매우 높다는 것을 알 수 있다. 2014년부터 2018년까지 아시아 권역에 이루어진 도서 저작권 수출은 7,626건으로 전체 8,820건 중 86.6%를 차지한다. 2015년 이후 점차 감소하다가 2018년 다시 늘고 있어 한국 도서의 저작권 수출에 아시아 지역이 매우 중요한 시장임을 알 수 있다. 이어서 유럽이 687건(7.8%), 북미 248건(2.8%), 중동 171건(1.9%) 등의 순으로 나타났다.

우리나라의 도서 저작권 수출실적에서 가장 큰 시장을 차지하는 아시아 지역의 국가별 도서 저작권 수출 건수의 순으로 살펴보면, 중국이 2014년부터 2018년까지 총 1,986건으로 아시아 지역 도서 저작권 수출 중 36.6%를 차지한다. 이어서 대만 967건(22.4%), 인도네시

**[표 6-11] 국내 출판물의 수출국가 현황(2014~2018)**

(단위: 종, %)

| 국가 \ 연도 | 2014 | 2015 | 2016 | 2017 | 2018 | 과거 5년간 누계 (평균 점유율) |
|---|---|---|---|---|---|---|
| 중국 | 544 | 660 | 233 | 173 | 376 | 1,986 |
| | (38.1) | (44.7) | (28.1) | (25.9) | (46.1) | (평균 36.6) |
| 대만 | 465 | 422 | 193 | 134 | 146 | 1,360 |
| | (32.6) | (28.6) | (23.3) | (20.1) | (17.9) | (평균 24.5) |
| 말레이시아 | 42 | 53 | 36 | 66 | 78 | 275 |
| | (2.9) | (3.6) | (4.4) | (9.9) | (9.6) | (평균 6.1) |
| 태국 | 77 | 131 | 119 | 66 | 69 | 461 |
| | (5.4) | (8.9) | (14.4) | (9.7) | (8.5) | (평균 9.4) |
| 인도네시아 | 127 | 86 | 85 | 158 | 55 | 511 |
| | (8.9) | (5.8) | (10.3) | (23.7) | (6.8) | (평균 11.1) |
| 5대 수출국 점유율 | 87.9 | 91.5 | 80.5 | 89.2 | 88.8 | (평균 87.6) |
| 기타 국가 | 172 | 125 | 162 | 72 | 91 | 622 |
| | (12.1) | (8.5) | (19.6) | (10.8) | (11.2) | (평균 12.4) |
| 합계 | 1,427 | 1,477 | 828 | 668 | 815 | 5,215 |
| | 100.0 | 100.0 | 100.0 | 100.0 | 100.0 | |

아 511건(11.1%), 태국 461건(9.4%) 등의 순으로 나타났다. 대만은 수출 건수가 2014년 465건, 2015년 422건이었던 데 비해, 중국은 2014년 544건, 2015년 660건으로 두 지역에 수출이 상당히 몰려 있음을 알 수 있다.

참고로 기타 국가에서 유럽 지역의 도서 저작권 수출 현황을 보면, 프랑스, 이탈리아, 러시아, 독일 등이 우리나라 저작권 수출의 중요한 시장인 것으로 조사되었다. 2016년 대비 2017년 이후 실적이 생긴 새로운 국가는 불가리아, 크로아티아, 아제르바이잔, 알바니아 등이 있다.

### 3) 출판 수출시장의 내용

2000년대 초반까지 국내 출판의 해외 진출은 정부에서 문학작품의 번역을 지원하여 한국을 해외에 소개하는 정도인 홍보 위주의 소극적인 전략였다. 해외수출 국내 출판물 건수에 관한 정확한 집계는 어렵지만, 「출판수출지원센터설립방안연구(2009)」 자료에 의하면 2000년부터 2006년에 걸쳐 해외에 수출한 국내 출판물은 1,605종(2,992권)인 것으로 파악되고 있다. 여기에 비공식적인 수출 건수(예: 공식집계에 포함되지 않은 에이전시의 수출 건수나 출판사 및 저자에 의한 직접 수출 건수)를 감안한다면, 이 기간에 약 2천 종(4천여 권)이 수출된 것으로 추정할 수 있다.

그러다가 2003년 이후부터 출판저작권 수출 금액이 급격히 늘어난다. 2003년 배용준, 최지우 주연의 「겨울연가」 드라마가 일본에서 히트하고 나서 「겨울연가」의 원작소설이 베스트셀러가 되었고, 그때 중국에서는 귀여니의 소설 『그놈은 멋있었다』가 베스트셀러가 되면서 중국 출판시장으로 확대되었다. 2005년 김영하의 소설 『나는 나를 파괴할 권리가 있다』의 미국 진출은 한국문학이 영미권으로 진출할 수 있다는 가능성을 입증한 첫 사례다.

다시 [표 6-11]을 살펴보면 국내 출판물의 해외수출량이 증가하여 2009년 1,427건, 2010년 1,477건을 기록했다. 이 기간에 아동서 수출이 압도적이었으며, 만화 및 문학서가 각각 뒤를 이었다. 2011~2013년 해외로 수출된 출판물 건수는 2011년 828종, 2012년 668종, 2013년 815종이었다. 이 기간 역시 아동서(503종, 61.7%) 수출 비중이 높았으며 만화(114종, 14.0%), 문학서(108종, 13.3%) 등이 뒤를 이었다.

지금까지 한국 출판물의 해외진출 현황을 살펴보았다. 해외 시장 진출에서 몇 가지 사항이 눈에 띈다.

우선, 국가 간 수교 등에 좌우된다. 국내 도서의 수출국가로 단연 1위는 중국이었다. 1992년 한중 수교 이래 한국과 중국은 경제적·문화적 교류를 활발하게 진행했다. 국내 출판물의 최대 수출국임은 자명한 사실이다. 정부에서 발표한 자료에 의하면 중국이 전체  수출 물량의 46.1%(2013)를 차지한다. 중국에서 베스트셀러에 오른 한국 출판물은 김하인의 『국화꽃향기』, 최인호의 『상도』, 귀여니의 『그놈은 멋있었다』, 남인숙의 『여자의 모든 인생은 20대에 결정된다』, 아이세움의 『서바이벌 만화 과학상식』 시리즈, 파랑새어린이의 『파브르 곤충기 시리즈』, 김난도의 『아프니까 청춘이다』 등이 있다. 특히 귀여니의 소설 『그놈은 멋있었다』는 청소년들에게 크게 인기를 얻어서 200만 부가량 팔렸다. 더 나아가 이 책은 후속작 『늑대의 유혹』, 『내 남자친구에게』의 판매에도 큰 영향을 미쳤다. 하지만 2016년 사드 배치와 한한령 이후 중국과의 무역이 주춤하면서 도서 수출도 하락하기 시작했다. 이때부터는 대안으로 대만에 대한 수출이 호조를 띠었다. 중국은 수출 1위를 차지하지만, 공산국가인 점을 고려해보면 국가 간의 무역 방침에 따른 영향이 컸다. 그 후 점차 동남아시아 국가 등의 비율의 높아가고 있다.

한편, K-한류 콘텐츠와 함께 K-Book 콘텐츠에 대한 관심이 높아졌다. 해외에서 BTS의 인기와 더불어 한국어를 배우려는 사람들도 늘어나고 있다. 또 한 예로는 2019년 봉준호 감독의 「기생충」이 오스카상을 거머쥐면서 그의 시나리오 네 편을 2020년부터 미국 조지아 공대에서 한국어 교재로 사용하기로 했다. 한국문학으로는 유일하게 뉴욕타임스 베스트셀러에 오른 신경숙의 『엄마를 부탁해』(창비)는 2009년 수출되어 2011년 4월 초 미국에서 출간된 소설로 한국문학의 가능성과 잠재력을 검증한 대표적인 작품으로 손꼽힌다. 전 세계 39개국에 번역·출간된 『엄마를 부탁해』는 2018년 10월 미국 블루자 픽처스와 드라마 판권 수출 계약을 성사시킴으로써 한국 문학작품을 원작으로 한 미국 드라마 판권 수출 계약의 첫 사례로 기록되었다.

또한 2014년 영국 런던 북페어에서 '오늘의 작가상'을 수상한 바 있는 황선미의 『마당을 나온 암탉』(사계절출판사)은 2018년까지 29개국에 번역 수출되어 한국문학의 힘을 보여주었다. 2016년 한강의 『채식주의자』(창비)가 세계 3대 문학상 중 하나인 '맨부커상(Man Booker Prize)'을 수상하며 새로운 한류 콘텐츠로 주목받았다. 조남주의 『82년생 김지영』은 국내 베스트셀러에 이어 일본, 대만, 중국 등에서 번역 출간되어 해외문학부문 베스트셀러 1위를 기록했다. 아시아뿐 아니라 2020년 유럽에서도 유럽 주요 문학상 후보에 오르며 K-출판 한류에 앞장서고 있다.

또한, 동남아시아 진출 및 다양한 유럽권 진출이 늘었다. 2005년 전후만 해도 한국 출판물 판권 도입에 적극성을 보이던 중국은 한국 시장에 대해 점점 흥미를 잃어갔다. 2016년 하반기부터 2018년에 이르는 동안 중국 시장 진출이 묶인 가운데 대만을 대안 시장으로 삼았다. 그러나 중국 시장의 공백을 메우기에는 규모 면에서 역부족이었다. 이러한 환경 속에서 한국출판이 염두에 두어야 할 시장은 동남아시아다. 그 중 대표적인 나라가 태국이다. 태국 출판시장은 동남아시아 국가 중 한국출판콘텐츠가 가장 많이 진출하는 시장으로 아시아에서는 중화권 다음으로 수출 규모가 크다.

황선미의 『마당을 나온 암탉』 외에도 편혜영의 『재와 빨강』은 폴란드에서 '2016년 올해의 도서'로 선정되었고, 2018년 11월 미국에서 출간되었다.

베트남의 경우 『약 대신 주스』(길벗), 『음식 중독』(김영사), 『건강 수지침』(넥서스) 등의 책을 비롯한 여러 건강 서적은 물론, 자기계발서와 한국어 학습 관련서도 활발히 진출하고 있다. 아동서에서는 최근 베트남의 나남남(Nha Nam)출판사에서 출간한 '살아남기 시리즈' 중 다섯 권이 많은 인기를 끌고 있다. 베트남 인구는 약 9,600만 명으로 장년층과 노년층에 비해 젊은 세대가 더 많은 비중을 차지한다. 특히 젊은 세대 분포도가 높고 교육에 관심이 많아 영유아를 포함한 어린이 대상 도서가 꾸준히 소비될 것으로 예측된다. 베트남에서는 다수의 출판사가 국영으로 유지되고 이들에 의해 교육 분야 콘텐츠가 출판된다는 점에서 향후 현지 정부의 의중이 출판계에 반영될 가능성이 크다.

실용서 중심의 '길벗출판사'의 경우, 2019년도 해외 총수출 건수는 33종으로 전년 대비 200% 이상 성장했다. 수출국으로 보면 대만이 13종으로 가장 많으며, 베트남이 8종으로 전년 4종에서 2배 늘었다. 향후 아시아 권역에서 수출 의존도가 높았던 중국, 대만에 이어 베트남, 인도네시아 등 지속적으로 동남아시아 등에 대한 활로를 모색하는 것이 중요하다.

# 3 저작권 에이전시의 활동과 현황

## 1) 저작권 에이전시의 활동

출판 에이전시(literary agency)라고도 불리는 저작권 에이전시는 책의 수입과 수출을 조율한다. 특히 영미권 국가에서는 작가의 모든 저작권을 대변하고 관리하는 직종으로 정착되어 있지만, 한국에서 출판 에이전트는 주로 해외 저작권사와 국내 출판사 사이를 중개하는 업무로 많이 알려져 있다. 출판시장에서 저작권 계약을 한다는 개념은 보통 국내 기획에서 한국 작가와 출판사가 출판권 설정을 하거나 외서 기획 작품을 해외 저작권사와 계약하는 것이 일반적이다. 출판사에서 해외 도서 검토 후 에이전시를 통해 해외 저작권사와 계약을 맺고 책을 내기까지의 과정을 프로세스화하면 다음과 같다.

〈그림 6-1〉 해외 도서 개발 프로세스

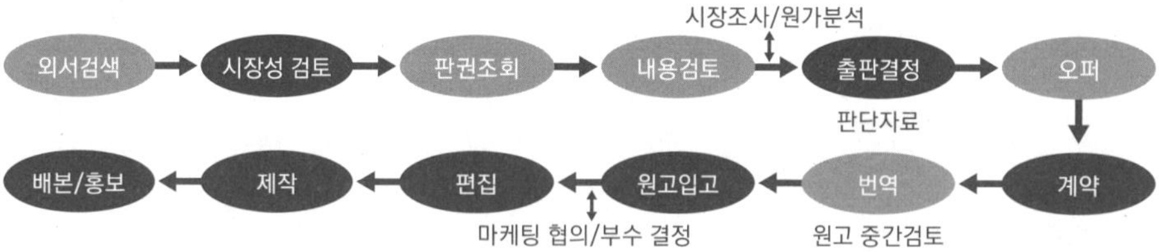

① 도서 검토 신청

주로 출판사가 해외도서를 직접 검색하거나 에이전시에서 소개받은 도서 자료에서 검토하고 싶을 때 해당 에이전시에 문의함으로써 도서 검토를 신청한다. 도서 검토 신청 후 소개받은 도서는 출판사에서 일정 기간을 두고 도서 검토 및 시장성을 확인한다. 이와 반대로 국내물을 해외에 수출할 때도 에이전시를 통해 거래한다.

② 판권 확인

수출입 하고자 하는 도서가 있다면 우선 해당 도서의 판권 상태를 확인하는 과정이 필요하다. 판권을 누가 가졌는지 혹은 누가 관리하는지 확인하고, 다른 한편으로 해당 도서에 대한 판권이 이 도서를 수출입 하려는 국가의 다른 출판사에 판매되었는지 혹은 특정 출판사가 우선 선택권을 가졌는지 확인해야 한다. 판권 확인은 주로 에이전시에서 담당한다.

③ 계약조건 논의(오퍼 신청)

판권 확인 후 유효한 것으로 확인되면 샘플 검토가 끝나는 대로 계약조건에 대해 논의하고 오퍼를 신청한다. 통상 계약조건은 선인세 및 인세율, 초판 발행 부수, 출간 예정일 등을 묻는다.

④ 계약 체결(오퍼 승인)

수입처가 제시한 오퍼를 수출지에서 승인하거나 수출처가 제시한 오퍼에 대해 양사가 협약되면 오퍼가 승인된다.

⑤ 계약서 작성

계약서는 기본적으로 수출처에서 작성하며, 계약서의 기본 언어는 영어로 한다. 양측이 계약서에 서명한 다음 번역 작업 후 책으로 출간한다.

### 2) 저작권 수출입 현황

2017년부터 2019년까지 지식재산권 중 저작권 무역수지(금액) 통계를 살펴보면 [표 6-12]와 같다.

지식재산권은 크게 산업재산권, 저작권, 기타 지식재산권으로 나눌 수 있다. 산업재산권은 특허 및 실용권, 디자인권, 상표 및 프랜차이즈권을 말하며, 저작권은 문화예술 저작권, 연구개발 및 SW 저작권, 데이터 등을 가리킨다.

한국은행의 지식재산권 무역수지에 따르면 2017년도 저작권 수출은 58억 4,280만 달러에서 2019년 86억 2,410만 달러가 되었다. 반면 저작권 수입은 2017년 52억 5,030만 달러에서 2019년 70억 500만 달러로 수출이 수입을 앞섰다.

2019년 기준 저작권 수출은 86억 2,410만 달러, 저작권 수입은 70억 500만 달러로 16억 1,910만 달러의 무역흑자를 기록했다. 연구개발 및 SW 저작권은 무역흑자를 내고, 문화예술 저작권은 무역적자를 냈다.

출판산업 분야가 주로 관련되어 있는 문화예술 저작권 중 어문·연극·미술·건축·사진·도형 저작권 부문의 2019년 기준 저작권 수출은 1억 7,020만 달러로 2018년보다 5.8% 증가했고, 저작권 수입은 2억 1,840만 달러로 2018년보다 10.2% 감소했다. 따라서 4,820만 달러의

**[표 6-12] 지식재산권 중 저작권 무역수지(2017~2019)**

(단위: 백만 달러, %)

| 구분 | 항목명 | | 2017 | 2018 | 2019 | 증감률 |
|---|---|---|---|---|---|---|
| 수지 | 저작권 합계 | | 592.5 | 1,465.4 | 1,619.1 | 10.5 |
| | 문화예술 저작권 | | -408.2 | -289.9 | -176.7 | -39.0 |
| | | 음악·영상 저작권 | -436.5 | -207.6 | -128.5 | -38.1 |
| | | 어문·연극·미술·건축·사진·도형 저작권 | 28.4 | -82.3 | -48.2 | -41.4 |
| | 연구개발 및 SW 저작권 | | 1,000.6 | 1,755.3 | 1,795.8 | 2.3 |
| 수출 | 저작권 합계 | | 5,842.8 | 8,040.2 | 8,624.1 | 7.3 |
| | 문화예술 저작권 | | 1,176.3 | 1,337.7 | 1,481.9 | 10.8 |
| | | 음악·영상 저작권 | 933.4 | 1,176.7 | 1,311.7 | 11.5 |
| | | 어문·연극·미술·건축·사진·도형 저작권 | 242.9 | 160.9 | 170.2 | 5.8 |
| | 연구개발 및 SW 저작권 | | 4,666.5 | 6,702.5 | 7,142.2 | 6.6 |
| 수입 | 저작권 합계 | | 5,250.3 | 6,574.8 | 7,005.0 | 6.5 |
| | 문화예술 저작권 | | 1,584.4 | 1,627.6 | 1,658.6 | 1.9 |
| | | 음악·영상 저작권 | 1,369.9 | 1,384.4 | 1,440.2 | 4.0 |
| | | 어문·연극·미술·건축·사진·도형 저작권 | 214.5 | 243.2 | 218.4 | -10.2 |
| | 연구개발 및 SW 저작권 | | 3,665.9 | 4,947.2 | 5,346.4 | 8.1 |

출처: 한국은행 경제통계시스템

무역적자를 기록했으니 2018년보다 41.4% 적자가 감소하여 무역수지가 개선되었다.

# 4 국제도서전

### 1) 세계 4대 국제도서전

세계 4대 국제도서전은 세계 최대 규모를 자랑하는 독일의 프랑크푸르트도서전(Frankfurter Buchmesse Book Fair)과 영국의 런던도서전(London Book Fair)이 있다. 또한 아동도서전으로 명성이 높은 이탈리아의 볼로냐아동도서전(Bologna Children's Book Exhibition)과 대만의 타이베이국제도서전(Taipei International Book Exhibition)을 합하여 4대 국제도서전으로 불렸다. 하지만 2010년 이후 중국 베이징국제도서박람회가 급성장하면서 현재는 그 자리를 쟁탈한 상태다.

근대적인 국제도서전의 기원은 19세기 초엽 독일 라이프치히국제도서전이다. 당시 도서전은 서점계, 출판계, 인쇄계가 기업을 홍보하고 계약을 체결하는 기능적인 역할만 했다. 제1~2차 세계대전을 거친 유럽 사회는 황폐화되었고 출판산업 역시 몰락했다. 하지만 산업을 부흥시키고 교육열이 되살아나면서 도서박람회는 국제도서전으로 변모하기 시작했으며, 책을 판매하는 동시에 국제관계를 증진시키는 장소로 발전했다. 1949년 독일이 동서로 분열되면서 도서전은 라이프치히국제도서전에서 프랑크푸르트로 옮겨 개최되었다.

① 독일의 프랑크푸르트도서전

프랑크푸르트도서전은 방문객 수뿐만 아니라 참여하는 출판사 수에 비추어봤을 때 세계에서 가장 큰 규모다. 10월 중순 수요일부터 일요일까지 약 5일간 독일 헤센주 프랑크푸르트 암마인에서 열린다. 개막 후 3일 정도는 출판업 전문인들만 입장할 수 있다. 이 기간에 입장객은 서적 관련 업체에 근무하거나 멀티미디어 업종에 종사하고 있음을 증명할 수 있어야 한다. 출판에 관한 계약의 상당 부분 또한 여기에서 이루어진다. 첫날 개막식에는 관련 기관의 고위인사, 주빈국의 대표, 독일 출판업계 대표들과 함께 총리가 참석한다. 출판사마다 부스를 설치하여 신간을 소개하고 판매하는데, 입장객에게는 입장료를 받는다. 입장료 수입은 서적박람회 재단의 운영에 사용된다. 마지막 이틀간은 일반 방문객도 출입할 수 있다.

② 영국의 런던도서전

1971년부터 시작된 런던도서전은 매년 봄에 개최되며 독일의 프랑크푸르트도서전과 함께 저작권 계약을 중심으로 개최되는 국제적인 도서전으로 세계 각국의 출판사와 서적상, 저작권 대행사, 도서관 관련자 등이 참여한다. 가을에 열리는 프랑크푸르트도서전에 앞서 진행 중인 책을 검토하고 새로 나올 책을 점검하는 도서전으로 자리 잡았는데, 관계자들이 직접 만나 저작권을 계약할 수 있을 뿐 아니라 최근의 이슈나 동향 또는 세계 출판계의 흐름 등에 관한 세미나를 비롯한 여러 가지 행사가 열린다.

③ 이탈리아의 볼로냐도서전

볼로냐국제어린이도서전(La fiera del libro per ragazzi)은 1963년부터 이탈리아 볼로냐에서 매년 3~4월경 열리는 세계적인 아동도서전이다. 이 도서전에서는 우수한 작품들에 라가치상(La fiera del libro per ragazzi)을 수여하고 있다. 총 4개 분야 — 픽션, 논픽션, 뉴호라이즌(비서구권 작품 대상), 오페라 프리마(작가의 첫 작품 대상) — 에서 복수의 수상 작품을 선정한다.

④ 중국의 베이징국제도서전

1986년 처음으로 시작된 베이징국제도서전은 단일 도서 판매에서 점차 도서 저작권 교역, 문화 교류로 확대되었으며, 중국 문화의 영향력을 증대시킬 수 있는 세계도서전으로 발전했다. 이처럼 베이징국제도서전은 33년 동안 중국에서 가장 큰 저작권 교역의 허브로서 발전해왔다. 2011년 처음으로 저작권 교역을 통한 무역흑자가 시작되었고, 7년 동안 연속으로 증가했다. 베이징국제도서전은 발전 과정에서 프랑크푸르트도서전의 기틀을 가져와 2005년 제12회 베이징국제도서전에서 처음으로 주빈국을 초청하기도 했다. 주빈국 초청은 업계 교류뿐만 아니라 국가 간의 문화 교류도 할 수 있다. 국제도서전은 국제적으로 중요한 문화 교류의 핵심이자, 중국 문화를 촉진하고 중국 도서 저작권을 교역하는 데 중요한 허브의 장이라 할 수 있다.

⑤ 서울국제도서전

1954년 서울도서전으로 시작해서 1995년 국제도서관으로 개명했으며, 1991년 10월 제34회 도서전부터 '서울도서전'이라는 별칭을 사용했다. 1995년 광복 50주년을 기념하여 대한출판문화협회에서 출판산업의 국제 경쟁력 강화, 한국 출판물의 저작권 수출 및 글로벌 마케팅 등을 내걸고 그해 5월부터 '서울국제도서전'으로 이름을 바꾸고 한국종합전시장(COEX)에서 매년 도서전시회를 열고 있다. 매년 국내 여러 출판사, 여러 해외 국가에서 참여하고 있다.

'책과 함께 보는 한국 근현대 100년', '대한출판문화협회 선정도서 특별전', '세계우수그림책 전시회', '세상에서 가장 아름다운 책', '아시아 북아티스트 특별전', '국제 소형 북아트전', '호랑이와 환경' 등 다양한 특별전이 준비되었으며, 이 외에도 각종 강연회와 저자와의 대화, 작가 사인회 등 부대행사가 운영되었다. 2009년부터는 입장료를 유료화했다.

**[표 6-13] 주요 해외 국제도서전 개최 일정(2020년 10월 기준)**

| 개최 시기 | 개최국가/도시 | 도서전명 | 홈페이지 |
|---|---|---|---|
| 1.4~10 | 인도 뉴델리 | 뉴델리월드북페어 | www.newdelhiworldbookfair.gov.in |
| 1.30~2.2 | 프랑스 앙굴렘 | 앙굴렘국제만화축제 | www.bdangouleme.com |
| 5.7~12<br>(2.4~9) | 대만 타이베이 | 타이베이국제도서전 | www.tibe.org.tw |
| 3.12~15 | 독일 라이프치히 | 라이프치히도서전 | www.leipzigeer-bunchmesse.de |
| 3.20~23 | 프랑스 파리 | 파리도서전 | www.salondulivreparis.com |
| 3.30~4.2 | 이탈리아 볼로냐 | 볼로냐아동도서전 | www.bookfair.bolognafiere.it |
| 3.10~3.12 | 영국 런던 | 런던도서전 | www.londonbookfair.co.uk |
| 4.15~19 | 캐나다 퀘벡 | 퀘벡국제도서전 | www.silq.ca |
| 10.28~11.1 | 스위스 제네바 | 제네바국제도서전<br>멀티미디어전 | www.salondulivre.ch |
| 4.30~5.18 | 아르헨티나<br>부에노스아이레스 | 부에노스아이레스<br>국제도서전 | www.el-libro.org.ar |

| | | | |
|---|---|---|---|
| 4.15~21 | 아랍에미리트 아부다비 | 아부다비국제도서전 | www.adbookfair.com |
| 5.7~10 | 그리스 테살로니키 | 테살로니키도서전 | Thessalonikibookfair.gr/en |
| 5.14~18 | 체코 프라하 | 프라하국제도서전 | www.svetknihy.cz |
| 5.21~24 | 폴란드 바르샤바 | 바르샤바국제도서전 | www.book-expo.pl |
| 5.27~29 | 미국 뉴욕 | 북엑스포아메리카 | www.bookexpoamerica.com |
| 6.24~28 | 한국 서울 | 서울국제도서전 | www.sibf.or.kr |
| 7.15~21 | 중국 홍콩 | 홍콩도서전 | Hkbookfair.hktdc.com/en |
| 8.26~30 | 중국 베이징 | 베이징국제도서전 | www.bibf.net |
| 9.9~13 | 인도네시아 자카르타 | 인도네시아국제도서전 | www.indonesia-bookfair.com |
| 9.2~6 | 러시아 모스크바 | 모스크바국제도서전 | www.fair.mibf.info/english |
| 9.24~27 | 스웨덴 요테보리 | 요테보리도서전 | www.goteborg-bookfair.com |
| 10.14~18 | 독일 프랑크푸르트 | 프랑크푸르트<br>국제도서전 | www.book-fair.com |
| 10.20~23 | 핀란드 헬싱키 | 헬싱키도서전 | www.messukeskus.com |
| 11.14~20 | 터키 이스탄불 | 이스탄불국제도서전 | www.istanbulkitapfuari.com |
| 11.13~15 | 중국 상하이 | 상하이국제아동도서전 | www.ccbookfair.com/en |
| 11.28~12.6 | 멕시코 과달라하라 | 과달라하라국제도서전 | www.fil.com.mxs |

* 위 해외 국제도서전은 코로나19 이전의 일반적인 개최 일정이다.

2020년 국제도서전은 예기치 못한 코로나19(코로나바이러스)로 인해 당초 개최 시기에서 연기하거나 대부분 취소되었다. 서울국제도서전은 10월 16~25일까지 온·오프라인으로 동시에 개최했으며, 베이징국제도서전과 스웨덴 요테보리도서전은 온라인으로 개최되었다.

# 7

# 출판 관련 법과 제도

# 1 출판문화산업진흥법과 도서정가제

## 1) 출판문화산업진흥법

출판문화산업에 관한 기본법으로, 출판에 관한 사항 및 출판문화산업의 지원·육성과 간행물의 심의 및 건전한 유통질서 확립에 관해 필요한 사항을 규정한 법률이다. 출판사신고제, 도서정가제, 책 사재기 금지, 한국출판문화산업진흥원, 간행물윤리위원회 등을 규정하고 있다.

문화체육관광부장관은 출판문화산업의 진흥에 필요한 기본계획을 5년마다 수립·시행해야 하고, 출판문화산업의 진흥을 위해 필요한 관련분야 전문인력의 양성을 지원해야 한다.

출판사를 경영하고자 하는 경우, 출판사의 소재지를 관할하는 시장·군수·구청장에게 출판사의 명칭·소재지 및 경영자의 주소·성명을 신고해야 하고, 시장·군수·구청장은 신고필증을 내주고, 그 신고사항을 시·도지사를 거쳐 문화체육관광부장관에게 보고해야 한다.

간행물의 유통질서를 유지하기 위해 이른바 '책 사재기 행위'(간행물의 저자, 출판 및 유통에 관련된 자가 간행물의 판매량을 올릴 목적으로 그 간행물을 부당하게 구입하거나 그 간행물의 저자 또는 그 출판사와 관련된 자에게 그 간행물을 부당하게 구입하게 하는 행위)는 엄격히 금지되며, 이를 위반할 경우에는 2년 이하의 징역 또는 2천만 원 이하의 벌금에 처한다. 책 사재기 행위를 신고·고발하는 자에게는 일정한 포상금을 지급한다.

### 2) 도서정가제

책값의 과열 인하 경쟁에 따른 학술·문예 분야의 고급서적 출간이 위축되는 것을 막기 위해 출판사가 도서 가격을 정하고, 유통사(서점)는 원칙적으로 출판사가 정한 가격대로 최종 소비자에게 판매하도록 강제하는 제도로, 「출판문화산업진흥법」 제22조에 규정되어 있다.

도서정가제는 2003년 2월부터 시행된 「출판 및 인쇄 진흥법」에 따라 같은 해 2월 27일부터 시행되었으며, 온라인서점에 한해 출간 1년 이내의 서적을 신간으로 분류해 10% 가격할인을 할 수 있도록 했다. 또 출간 1년이 넘는 책들은 서점 마음대로 할인 폭을 정하도록 했다.

그러나 2007년 10월 20일부터 시행된 「출판문화산업진흥법」(기존 「출판 및 인쇄 진흥법」 대체)은 발간된 지 18개월 이내의 서적을 신간으로 정했으며, 오프라인 서점에서도 신간 10% 할인을 할 수 있도록 했다.

2014년 11월 모든 도서는 종류에 관계 없이 정가의 15%까지만 할인이 가능하도록 개정되었다. 11월 21일부터 시행된 개정 도서정가제는 10% 가격할인에 간접 할인 5%까지, 최대 15%의 할인으로 제한을 두고 있다. 3년마다 타당성을 검토한다는 조항으로 인해 2017년에 이어 2020년에도 도서정가제의 강화 또는 폐지를 주장하는 논란이 반복되고 있다.

[표 7-1] 현행 도서정가제의 구조

| 정가표시 의무와 정가 변경(출판사) | 정가 판매(판매업자) | | |
|---|---|---|---|
| | ① 원칙 | ② 허용 | ③ 예외 |
| ① 판매 목적 간행물의 표지에 정가(소비자에게 판매하는 가격)를 표시할 의무<br>② 발행일부터 18개월이 지난 간행물은 정가 변경 가능<br>[매월 15일 전에 재정가변경시스템에 고지 + 표지에 변경된 정가 표시 ⇒ 다음 달 1일부터 인하/인상된 재정가로 판매]<br>① 판매 목적 간행물의 표지에 정가(소비자에게 판매하는 가격)를 표시할 의무 | 정가대로 판매해야 함 | 독서 진흥과 소비자 보호를 위하여 정가의 15% 이내에서 가격할인과 경제상의 이익을 자유롭게 조합하여 판매할 수 있음(단, 가격할인은 10% 이내)<br>★ 경제상의 이익<br>1. 물품<br>2. 마일리지<br>3. 할인권<br>4. 상품권<br>5. 소비자가 통상 대가를 지급하지 아니하고는 취득할 수 없는 것이라고 인정되는 것: 경품(추첨식 경품 포함) | 1. 사회복지시설에 판매하는 간행물<br>2. 저작권자에게 판매하는 간행물<br>3. 외국에서 발행된 간행물<br>4. 재판매의 목적이 아닌 독서, 학습 등의 목적으로 최종소비자에게 판매되었던 간행물로서 다시 판매하는 중고 간행물 |

| 정기적 재검토(문체부장관) | 위반 시 벌칙(시, 군, 구청장) |
|---|---|
| 3년마다 그 타당성을 검토하여 폐지, 완화 또는 유지 등의 조치<br>※ 2014.11.21(시행일) 기준 | 관할 시·군·구청장은 정가를 표시하지 않거나 정가 판매를 위반한 자에게 300만 원 이하의 과태료를 부과·징수함<br>(건당 300만 원-50% 이하) |

## 2 저작권법과 출판권 및 배타적발행권

### 1) 저작권법

출판과 저작권은 역사적·문화사적으로 매우 밀접한 관계 속에 발전해 온 개념이며, 출판자는 저작권의 이용자이면서 권리자의 두 가지 역할을 지니고 있으므로 「저작권법」은 출판산업과 매우 관련이 깊다. 「저작권법」은 저작물을 창작한 저작자의 권리(저작권)와 이에 인접하는 권리(저작인접권)를 보호하고 저작물의 공정한 이용을 도모함으로써 문화 및 관련 산업의 발전에 이바지하는 것을 목적으로 한다. 우리나라의 「저작권법」은 1957년 처음 제정되었고, 국내외의 저작권 환경 변화에 따라 1986년(1987년 시행)과 2006년(2007년 시행) 두 차례의 전면 개정과 여러 차례의 부분 개정을 거쳐 오늘에 이르고 있다. 「저작권법」의 주요 내용을 정리하면 다음과 같다.

① 저작물과 저작자

저작물은 인간의 사상 또는 감정을 표현한 창작물을 말한다. 저작권법상 저작자는 자연인이 되는 것을 원칙으로 하고 있으며, 예외적으로 법인 등(법인·단체 그 밖의 사용자)을 저작자로 의제(擬制)하고 있다. 이처럼 법인 등이 저작자인 저작물을 특별히 '업무상저작물'이라고 한다.

② 저작권과 저작인접권

저작자의 권리인 저작권은 저작인격권과 저작재산권으로 나누어진다. 저작인격권은 저작물과 관련하여 저작자의 명예와 인격적 이익을 보호하기 위한 권리이고, 저작재산권은 저작자의 경제적 이익을 보전해주기 위한 권리다.

저작인접권은 저작물을 공중에 전달하는 데 있어서 자본 투자 및 창의적인 기여를 한 자에게 부여하는 권리다. 저작인접권자에는 실연자, 음반제작자, 방송사업자가 있다. 이 밖에 데이터베이스의 제작 또는 그 소재의 갱신·검증·보충에 인적·물적으로 상당한 투자를 한 자(데이터베이스 제작자)도 일종의 저작인접권자로서 일정한 보호를 받는다.

좁은 의미의 저작권(저작인격권 및 저작재산권)과 저작인접권, 데이터베이스제작자의 권리를 합하여 '광의의 저작권'이라고 부르기도 한다. 저작인격권에는 공표권, 성명표시권, 동일성유지권 등 세 가지

**〈그림 7-1〉 광의의 저작권**

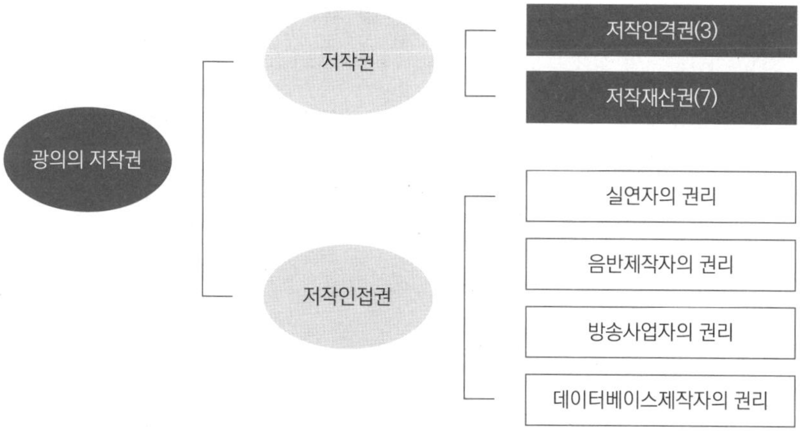

가 있고, 저작재산권에는 복제권, 공연권, 공중송신권, 전시권, 배포권, 대여권, 2차적저작물작성권 등 일곱 가지가 있다.

③ 저작권의 발생과 보호기간

저작권은 저작물의 창작과 동시에 발생하며, 어떠한 절차나 방식(예를 들어, 납본이나 기탁 또는 등록 등)을 요구하지 아니한다(무방식주의). 현재 저작재산권의 보호기간은 원칙적으로 저작자의 생존 기간 및 사망 후 70년이다. 저작재산권 보호기간은 처음에는 사망 후 30년이었으나, 1987년 7월 1일부터 사망 후 50년으로 연장되었고, 2013년 7월 1일부터 사망 후 70년으로 연장되었다.

④ 저작재산권의 제한

저작재산권은 저작물을 배타적·독점적으로 이용할 수 있는 권리다. 다만, 일정한 경우 저작재산권을 제한한다. 출판산업과 관련이 많은 저작재산권 제한 조항은 ▶ 학교 교육 목적 등에의 이용(제25조) ▶ 공표된 저작물의 인용(제28조) ▶ 사적 이용을 위한 복제(제30조) ▶ 도서관 등에 보관된 자료의 복제등(제31조) ▶ 저작물의 공정한 이용(제35조의5) 등이다. 저작재산권이 제한되어 저작권자의 허락 없이 저작물을 이용하더라도 특정한 경우에는 보상금(교과용도서 보상금, 수업목적 보상금, 수업지원목적 보상금, 도서관 보상금)을 지급해야 하고, 합리적인 방법으로 출처를 명시(제37조)해야 한다.

⑤ 저작권 침해의 구제

저작권 침해를 당한 권리자는 민사 구제 및 형사 제재 신청이 가능하다. 저작권자는 저작권을 침해한 자를 상대로 법원에 민사소송을 제기하여 침해예방, 침해정지, 부당이득반환, 손해배상 등을 청구할 수 있다. 또한 고의에 의하여 저작권을 침해한 자에 대한 처벌을 수사당국에 요구할 수 있다.

손해배상청구권은 불법 행위가 있었던 날로부터 10년 내에 행사하지 않거나 손해 및 가해자를 안 날로부터 3년 내에 행사하지 않으면 시효에 의하여 소멸된다. 저작권 침해죄는 침해자를 안 이후 6개월 이내에 피해자의 고소가 있어야 기소할 수 있는 친고죄가 대부분이다. 그러나 영리 또는 상습적으로 타인의 저작권 등을 침해하는 경우에 대해서는 비친고죄로 규정하고 있다.

#### 2) 배타적발행권과 출판권

저작권자는 저작물을 발행하거나 복제·전송에 배타적으로 이용할 배타적발행권을 설정할 수 있고, 복제권자는 저작물을 인쇄 그 밖에 유사한 방법으로 문서 또는 도화로 발행할 수 있는 출판권을 설정할 수 있다. 종이책을 출판할 경우에는 출판권 설정 계약을, 전자책을 발행할 경우에는 배타적발행권 설정 계약을 체결하면 된다. 저작재산권과 배타적발행권 및 출판권의 차이는 [표 7-2]와 같다.

**[표 7-2] 저작재산권과 배타적발행권 및 출판권의 비교**

| 구분 | 저작재산권 | 배타적발행권 | (설정)출판권 |
|---|---|---|---|
| 권리의 성격 | 저작재산권자의 기본적인 배타적 권리 | 저작물을 발행하거나 복제·전송할 권리를 가진 자로부터 한시적·제한적으로 설정받은 배타적 권리 | 저작물을 복제·배포할 권리를 가진 자로부터 한시적·제한적으로 설정받은 배타적 권리 |
| 배타적 권리의 내용 | 복제권, 공연권, 공중송신권, 전시권, 배포권, 대여권, 2차적저작물작성권 등 일곱 가지 | 설정행위에서 정하는 바에 따라 저작물을 발행하거나 복제·전송에 이용할 권리 | 설정행위에서 정하는 바에 저작물을 인쇄 그 밖에 이와 유사한 방법으로 문서 또는 도화로, 원작 그대로 발행(=출판)할 권리 |
| 권리의 발생 시점 | 저작물을 창작하는 때(또는 저작재산권을 상속, 양수한 때) | 배타적발행권/출판권 설정계약에서 정한 때 | |
| 권리의 존속 기간 | 저작자 사망 후 70년 | 배타적발행권 설정 계약기간(특약이 없으면 3년, 영상화는 5년) | 출판권 설정 계약기간 (특약이 없으면 3년) |
| 권리자의 의무 | - | 설정행위에 특약이 없는 때에는 ① 9월 이내에 발행/출판할 의무, ② 관행에 따라 계속하여 발행/출판할 의무, ③ 저작재산권자의 표지를 할 의무, ④ 저작물의 수정증감을 위하여 저작자에게 미리 통지할 의무 | |
| 권리의 제한 | 질권자의 허락이 있어야 배타적발행권/출판권을 설정할 수 있음 | 저작재산권자의 동의 없이 배타적발행권/출판권을 양도하거나 또는 질권의 목적으로 할 수 없음 | |
| 보상금 청구권 | 교육목적 보상금(3종), 도서관 보상금 | 도서관 보상금 | |

### 3) 국내 출판 저작권과 관련된 주요 이슈

현재 국내 출판 저작권과 관련하여 다음과 같이 12가지 이슈가 제기되고 있다.

**[표 7-3] 출판 저작권 관련 주요 이슈 개요**

| 출판 저작권 이슈 | 주요 문제점 및 현황과 법제 개선 방안 |
|---|---|
| 출판물 불법복제 | 불법복제물에 대한 실효성 있는 단속과 예방교육 강화 |
| 배타적발행권자·출판권자의 보상금청구권 인정 | 수업목적/수업지원목적/교과용도서 보상금을 출판권자에게도 분배할 수 있도록 「저작권법」 제62조제2항 개정 |
| 출판의 정의 신설과 재개념화 | 아날로그 시대에 간접적으로 정의한 출판의 개념을 디지털 환경까지 포괄하는 개념으로 확장하여 신설 |
| 출판권과 배타적발행권의 통합 | 권리의 성격이 유사하고 별개로 운영할 실익이 없으므로 출판권을 배타적발행권에 흡수 통합 |
| 출판권·배타적발행권의 존속 기간 연장 | 발행을 위한 투자에 인센티브를 제공하기 위하여 기본 존속기간을 현행 3년에서 최소 10년 이상으로 연장 |
| 사적복제보상금 제도의 도입 | 디지털 환경의 복제 양상 변화(고품질의 복제물을 값싸게 양산하여 신속하고 광범위하게 전파)에 대응하여 사적복제보상금 제도 도입 |
| 공공대출권 제도 도입 및 대여권 확대 | 도서관에서 공중을 대상으로 한 도서 대출로 인해 저작자 등에게 발생하는 손실을 보전할 필요에서 공공대출권 제도를 도입하고 도서의 대여권 신설 |
| 판면권(출판사업자의 권리) 제도 도입 | 출판을 위한 출판자의 창의적 노력과 경제적 투자를 보호하기 위하여 판면권 또는 출판사업자의 권리 인정 |
| 출판권자·배타적발행권자 신탁단체의 설립 | 출판권·배타적발행권을 가지는 출판사들의 권익 보호를 위한 신탁단체의 설립 허가 |
| 출판 분야 표준계약서 | 기존의 출판 분야 표준계약서를 통합한 통합 표준계약서를 마련하고, 전자책 B2B 계약서, 오디오북 개발계약서 등을 추가 개발 |
| 전자책 제작과 유통 확대에 따른 저작권 이슈 | 전자책 구독 서비스와 관련된 저작권료 배분 문제, 공공도서관의 B2B 계약 문제 등을 해결하기 위한 방안 모색 |
| 창작 노동자의 권리 보호를 위한 「저작권법」 개정 | 추가보상청구권, 장래 저작물에 대한 포괄적 계약 무효, 서면계약 의무화, 저작권 양도계약의 종류별 특정 등 저작자의 요구에 대한 출판자와 저작자의 상생 방안 모색 |

출처: 한주리·박익순·김동혁(2019), 「디지털 시대의 출판 저작권 보호를 위한 법제 개선방안 연구」, 18-20쪽을 요약하여 재구성하고 수정 보완

## 3 표준 출판 계약서

### 1) 출판계약의 유형과 표준계약서의 등장

개별적인 출판물의 출판 과정을 보면, 기본적으로 저작권자와 출판자가 구체적인 출판계약을 체결함으로써 본격적인 출판 행위가 시작된다. 출판계약을 출판자가 취득하는 권리의 성질 또는 범위를 기준으로 살펴보면 크게 출판허락계약, 출판권 설정계약, 배타적발행권 설정계약, 저작재산권 양도계약의 네 가지로 나뉜다. 저작권자와 출판자는 저작물의 특징, 출판의 목적을 고려하면서 위 네 가지 계약 형태 중에서 서로 합의할 수 있는 것을 선택하면 된다.

표준계약서는 매번 낯선 계약문서를 일일이 작성해야 하는 번거로움과 불편을 줄이는 데 상당한 실익을 준다. 표준계약서에서 구체적인 사정에 맞지 않는 부분만 손질하거나 추가·변경·삭제하면 되므로 매우 간편하다. 그리고 표준계약서는 대체로 일반적·평균적인 계약지침 중에서 필요한 것만 선별하여 저작물 이용에 관한 법률행위를 함에 있어서 당사자가 명심해야 할 계약조건의 기본적인 틀(기본 사항)을 망라한 데 의의가 있다. 출판자 단체인 대한출판문화협회에서는 출판사와 저자와의 법적 관계를 명확히 하는 관행이 확립되도록 하기 위해 1976년 표준 출판 계약서를 작성하여 회원사에 배포했고(대한출판문화협회, 1988: 316), 그 이후 필요에 따라 다양한 양식을 추가로 개발하거나 수정했다. 한국출판인회의에서도 2010년 3종의 표준계약서 권고안을 발표했다. 민간에서 개발한 표준 출판계약서가 정착되어가는 가운데 2013년 불거진 소위 '구름빵 사태'를 계기로 문화체육관광부가 주도하여 출판 분야 표준계약서 7종을 제정했다.

### 2) 출판 관련 표준계약서

현재 출판과 관련된 주요 표준계약서를 제정 주체별로 분류하면 다음과 같다.

**[표 7-4] 출판 관련 주요 표준계약서의 종류**

| 제정 주체 | 표준계약서의 종류 | 제·개정일과 고시일 |
|---|---|---|
| 대한출판문화협회 | 출판권 및 전자출판용 배타적발행권 설정과 기타 저작권 사용 계약서 | 2012.10.17. 제정<br>2017.09.18. 개정 |
| 한국출판인 회의 | ① 출판권 및 배타적발행권 설정계약서, ② 배타적발행권 설정계약서(전자책만 계약), ③ 배타적발행권 설정계약서(기존 종이책 계약이 있는 경우) | 2012.03.27. 제정<br>2017.10.27. 개정 |
| 문체부 1「출판 분야 표준계약서(7종)」 | ① 단순출판허락 계약서, ② 독점출판허락계약서, ③ 출판권 설정계약서, ④ 배타적발행권 설정계약서, ⑤ 출판권 및 배타적발행권 설정계약서, ⑥ 저작재산권 양도계약서, ⑦ 저작물 이용허락계약서(해외용) | 2014.06.12. 제정<br>2018.07.30. 개정 |
| 문체부 2「저작권 양도·이용허락 계약서(4종)」 | ① 저작재산권 비독점적 이용허락 계약서, ② 저작재산권 독점적 이용허락 계약서, ③ 저작권 일부에 대한 양도계약서, ④ 저작권 전부에 대한 양도계약서 | 2014.10.30. 제정<br>2018.08.07. 개정<br>2018.09.18. 고시<br>(제2018-33호) |

| | | |
|---|---|---|
| 문체부 3「만화 분야 표준 계약서(6종)」 | ① 출판계약서, ② 전자책 발행계약서, ③ 웹툰 연재계약서, ④ 매니지먼트 위임 계약서, ⑤ 공동 저작 계약서, ⑥ 기획만화 계약서 | 2015.04.02. 제정<br>2018.09.18. 고시<br>(제2018-33호)<br>2018.09.30. 개정<br>고시(제2019-41호) |

한편, 대한출판문화협회를 비롯한 출판계 주요 단체가 참여한 출판저작권법선진화추진위원회는 2021년 1월 15일 출판계 통합 표준계약서를 제정, 발표했다. 또한 문화체육관광부는 2021년 1월 29일 '출판 분야 표준계약서(10종)' 고시 제정(안)을 행정예고하고 고시를 추진 중이다.

### 3) 문화체육관광부 제정 표준계약서의 법적 근거

「문화산업진흥기본법」 제12조의2(공정한 거래질서 구축)에 따르면 문화상품의 제작·판매·유통 등에 종사하는 자는 합리적인 이유 없이 지식재산권의 일방적인 양도 요구 등 그 지위를 이용하여 불공정한 계약을 강요하거나 부당한 이익을 취득하여서는 아니 되며(제1항), 문화체육관광부장관은 문화산업의 공정한 거래질서를 구축하기 위하여 공정거래위원회위원장 및 과학기술정보통신부장관과 방송통신위원회위원장과의 협의를 거쳐 문화산업 관련 표준약관 또는 표준계약서를 제정 또는 개정하여 그 시행을 권고할 수 있다(제4항).

또한 「콘텐츠산업진흥법」 제25조(표준계약서) 제1항에 따라 문화체육관광부장관은 콘텐츠의 합리적 유통 및 공정한 거래를 위하여 공정거래위원회와 방송통신위원회 및 미래창조과학부와의 협의를 거쳐 표준계약서를 마련하고, 콘텐츠사업자에게 이를 사용하도록 권고할 수 있다.

그리고 「만화진흥에 관한 법률」 제9조(유통질서의 확립)에 따르면, 만화사업자는 합리적 이유 없이 만화가 또는 다른 만화사업자에게 지적재산권의 일방적인 양도 요구 등 그 지위를 이용하여 불공정한 계약을 강요하거나 부당한 이득을 취득하여서는 아니 되고(제1항), 만화사업자가 위반 행위를 한다고 인정할 때에는 문화체육관광부장관은 관계 기관의 장에게 필요한 조치를 할 것을 요청할 수 있으며(제2항), 문화체육관광부장관은 공정거래위원회와 협의하여 만화산업 관련 표준계약서를 마련하여 사업자 및 사업자단체에 사용을 권장할 수 있다(제3항).

이와 관련하여 문화체육관광부는 2014년 출판 분야 표준계약서(7종)와 저작권 양도·이용허락계약서(4종)를 제정했고, 2015년 만화 분야 표준계약서 6종을 제정했다. 2018년 9월 18일 '문화체육관광부 분야별 표준계약서'를 고시(문화체육관광부 고시 제2018-33호)할 때 만화 분야 6종과 저작권 분야 4종은 포함되었으나 출판 분야 표준계약서 7종은 출판계의 반대로 고시가 보류되었다.

문화체육관광부가 제정하거나 고시한 출판 관련 표준계약서는 「문화산업진흥기본법」, 「콘텐츠산업진흥법」, 「만화진흥에 관한 법률」에 법적 근거를 두고 있으나, 이는 권고 사항일 뿐 법적 강제력이 있는 것은 아니다.

#### 4) 출판 분야 표준계약서의 문제점과 개선 방향

문화체육관광부는 2014년 출판문화산업의 지속 가능한 발전과 공정한 산업 생태계 조성을 위해 '출판 분야 표준계약서' 7종을 마련해 발표하고, 2018년 한 차례 개정했다. 개정된 현행 출판 분야 표준계약서는 계약 형태에 상관없이 모두 '출판권자'로 표기한 점, 계약기간의 자동 연장을 1회로 한정한 점, 출판물의 다양한 이용을 활성화하기 위해 필요한 부차적인 이용에 관한 조항이 없거나 미비한 점 등이 문제점으로 지적되고 있다. 따라서 출판계약에서 가장 많이 이용하고 있고 출판계약에 고유한 3대 계약서(출판권 설정, 배타적발행권 설정, 출판권 및 배타적발행권 설정)의 통합 표준계약서를 새로 개발하고, 디지털 시대에 새로 요구되고 있는 오디오북 개발 계약서, 디지털 콘텐츠 공급계약서, 전자도서관 서비스 계약서 등을 새로 개발할 필요가 있다(한주리·박익순·김동혁, 2019: 40-50).

# 4 도서 발행과 관련된 법과 제도

### 1) 납본

출판사는 「도서관법」 제20조에 따라 도서를 발행한 후 발행일로부터 30일 이내에 국립중앙도서관에 2부를 납본하여야 한다. 수정증보판도 2부를 납본하여야 한다. 온라인 자료 중 국제표준자료번호를 부여받은 온라인 자료도 납본하여야 한다. 또한 국립장애인도서관이 장애인을 위한 도서관자료의 제작을 위하여 필요한 경우에 도서관자료를 디지털 파일형태로 제출하도록 요청하는 경우에는 특별한 사유가 없으면 30일 이내에 국립장애인도서관에 디지털파일 형태의 도서관자료를 제출하여야 한다(법 제45조제3항).

국립중앙도서관은 도서관자료를 납본한 자에게 지체없이 납본 증명서를 발급하여야 하며 납본한 도서관자료의 전부 또는 일부가 판매용인 경우에는 그 도서관자료에 대하여 정당한 보상을 하여야 하고(법 제20조제4항), 국립장애인도서관은 디지털파일 형태의 도서관자료를 제출한 자에게 지체 없이 증명서를 발급하고 정당한 보상을 하여야 한다(법 제45조제4항).

한편, 입법 지원에 필요한 자료는 「국회도서관법」 제7조제3항에 따라 발행일부터 30일 이내에 자료 2부를 국회도서관에 납본하여야 한다. 대한출판문화협회에서는 일반도서에 대한 국립중앙도서관 납본 업무를 1965년부터 현재까지 대행해오고 있으며, 국회도서관 납본 업무도 함께 대행하고 있다. 따라서 출판사는 대한출판문화협회로 납본을 하면 양 기관(국립중앙도서관/국회도서관)에 동시에 납본하여 일괄 처리할 수 있다.

납본하면 국립중앙도서관의 국가서지목록에 오르고, 다른 공공도서관에서도 이를 참고하여 자료 구입 결정에 참고하고 있다. 또한 세종도서 선정·구입 지원사업 같은 각종 지원사업에서는 일정 기간에 납본된 도서를 대상으로 하므로 출판사들은 납본 업무에 적극적으로 협조하고 있다.

**2) 국제표준도서번호(International Standard Book Number)**

도서를 발행하는 출판사는 국립중앙도서관으로부터 국제표준자료번호를 부여받아야 한다(도서관법 제21조제1항). 출판사는 도서에는 국제표준도서번호(ISBN)와 부가기호를, 잡지 같은 연속간행물에는 국제표준연속간행물번호(ISSN)를 표시한다(도서관법 시행령 제14조제1항).

국제표준도서번호의 부여 대상, 절차, 발행자번호 배정, 표기방법 등은 '한국서지표준센터 설치 및 운영규정'과 『한국문헌번호 편람(제7판)』(국립중앙도서관, 2018)에 자세히 규정되어 있다. 국립중앙도서관 한국서지표준센터에서는 ISBN, ISSN, 납본 업무를 위하여 서지정보유통지원시스템을 운영하고 있다(http://seoji.nl.go.kr/index.do). 한편, 2002년부터 시행된 출판예정도서목록(CIP, Cataloging In Publicationcn) 제도는 2020년 12월 31일 폐지되었다.

**〈그림 7-2〉 한국도서번호의 기본 구조**

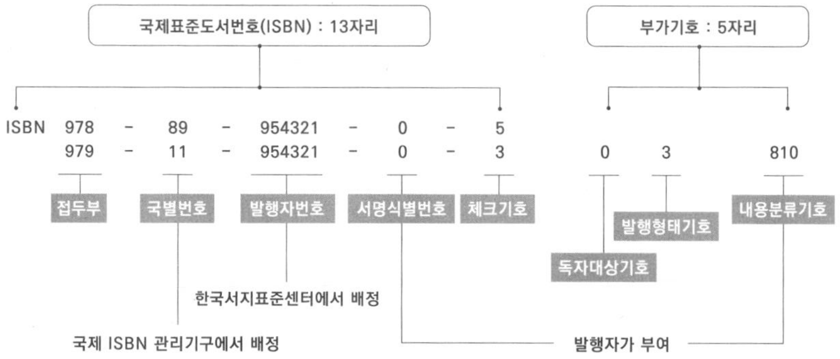


출처: 국립중앙도서관(2018), 『한국문헌번호 편람(제7판)』, 13쪽.

「도서관법」과 별도로 「출판문화산업진흥법」에서는 ISBN을 중시하고, 법 제2조와 법 제7조에서 ISBN 표시를 의무화하고 있다. 「출판문화산업진흥법」에서 정의하는 간행물(즉, 종이책과 전자출판물)이 성립되려면 ㉠ 저자, ㉡ 발행인, ㉢ 발행일, ㉣ 출판사, ㉤ 국제표준자료번호(전자출판물은 콘텐츠 식별체계도 가능)를 모두 표시하여야 한다. 출판사가 판매를 목적으로 간행물을 발행할 때에는 ㉥ 정가(소비자에게 판매하는 가격. 발행일부터 18개월이 지나 정가를 변경하는 경우에는 변경된 정가)를 정하여 간행물의 표지에 표시하여야 한다. 전자출판물의 경우에는 출판사가 정가를 서지정보에 명기하고 전자출판물을 판매하는 자는 출판사가 서지정보에 명기한 정가를 구매자가 식별할 수 있도록 판매사이트에 표시하여야 한다. 법에 직접적으로 명시되어 있지 않지만, ㉦ 간행물의 제목을 표시하는 것은 당연한 일이다.

### 3) 어린이 제품 안전 특별법과 KC 인증마크

2015년 6월 4일부터 모든 어린이 제품(만 13세 이하의 어린이가 사용하는 물품 또는 그 부분품이나 부속품)은 「어린이제품 안전 특별법」(2014.6.3. 제정)에 따라 최소한의 안전성을 확인한 뒤 유통 · 판매하고 있다. 다만, 놀이 기능이 없는 아동도서는 1년의 유예기간을 두어 2016년 6월 4일부터 출고되거나 통관되는 것부터 적용되었다(시행규칙 부칙 제2조).

〈그림 7-3〉「어린이제품 안전특별법」에 따른 제품안전 단계별 관리제도

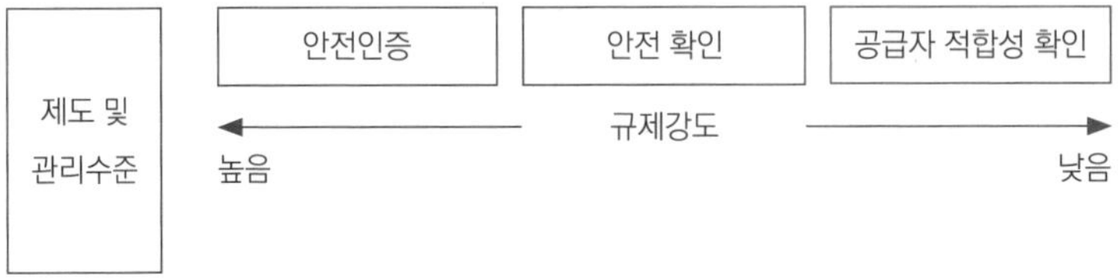


이 법에서는 어린이제품이 소비자에게 끼치는 위해성을 분석하여 위해 정도에 따라 ① 안전인증 대상, ② 안전확인 대상 ③ 공급자 적합성 확인대상 단계로 분류하여 차등 관리하고 있다. 종이, 잉크, 풀, 코팅제 등 네 가지로 이루어진 가장 일반적인 어린이도서는 규제 강도가 제일 낮은 '공급자 적합성 확인 대상 어린이제품'으로 분류되어 도서의 원부자재를 취급하는 제지사, 인쇄소 등의 '유해물질 안전요건'에 충족된 제품검사 결과서를 취득하여 비치하면 '유해물질 안전요건'에 대한 검사를 받을 필요가 없다. 하지만 종이, 잉크, 풀, 코팅제 등 네 가지 성분과 다른 재질이 한 가지 이상 들어가거나, 도서에 딸린 부속물이 플라스틱, 금속 재질 등으로 이루어진 경우(토이북, 스펀지북, 향기책, 헝겊책 등) 안전 확인 대상 어린이제품으로 분류되어 지정된 시험검사기

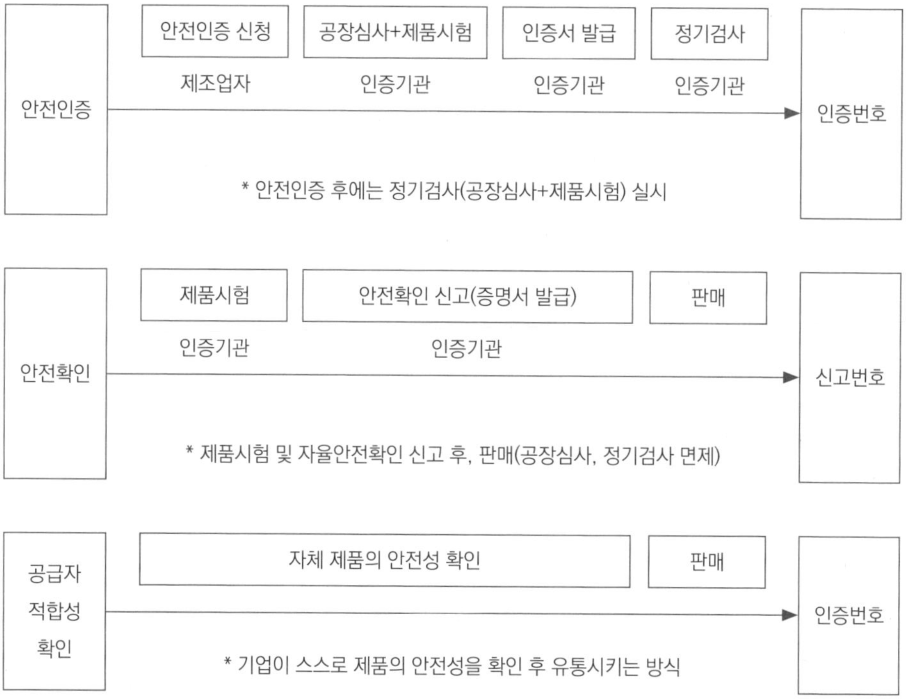


관을 통해 안전기준에 적합함을 확인하고 안전인증기관에 신고한 후 판매해야 한다.

### 4) 초·중등교육법과 교육과정 및 교과서 제도

수시로 바뀌는 교육과정과 교과서 제도는 특히 초·중·고등학교 교과서 출판사, 학습참고서 출판사의 사업에 큰 영향을 미친다. 교육과정이 바뀌면 교과서가 바뀌고, 교과서가 바뀌면 학습참고서도 바뀌어야 하기 때문이다.

초·중등교육을 실시하는 학교(초등학교, 중학교, 고등학교, 특수학교, 각종학교)는 「초·중등교육법」에 따라 교육부장관과 교육감이 정하는 교육과정을 운영하여야 하고(법 제23조), 국가가 저작권을 가지고 있거나 교육부장관이 검정하거나 인정한 교과용 도서를 사용하여야 한다(법 제29조제1항).

각급 학교의 교과용도서의 범위·저작·검정·인정·발행·공급·선정 및 가격결정에 관하여는 「교과용 도서에 관한 규정」에서 상세하게 규정하고 있다. 교과용도서는 교과서 및 지도서로 이루어지고, 다시 국정도서, 검정도서, 인정도서로 구분된다.

### 5) 국어기본법과 어문규범

1988년 정부가 「한글 맞춤법(문교부고시 제88-1호, 1988.1.19. 제정)」과 「표준어 규정(문교부고시 제88-2호, 1988.1.19. 제정)」을 제정 고시하고, 1989년 3월 1일 교과서부터 적용하기로 발표하면서 출판업계에 비상이 걸렸다. 초·중·고 교과서는 물론이고, 학습참고서와 어린이도서는 '-읍니다'를 모두 '-습니다'로 바꾸어야 했다. 어문규범이 바뀌면 교과서뿐만 아니라 학습참고서와 일반 서적(특히 아동용 서적)도 새로 바뀐 어문규범에 맞게 수정해야 하므로 추가 비용이 발생한다.

현행 「국어기본법」에서는 국어심의회의 심의를 거쳐 제정한 한글 맞춤법, 표준어 규정, 표준 발음법, 외래어 표기법, 국어의 로마자 표기법 등 국어 사용에 필요한 다섯 가지 규범을 "어문규범"으로 정의하고(법 제3조제3호), 교육부장관은 교과용 도서를 편찬하거나 검정 또는 인정하는 경우 어문규범을 준수하여야 하며, 이를 위하여 필요한 경우 문화체육관광부장관과 협의할 수 있다고 규정하고 있다(법 제18조).

한편, 문화체육관광부 소속기관인 국립국어원에서 어문규범의 보완 및 정비를 하고, 표기의 기준이 되는 표준국어대사전을 수정·보완

〈그림 7-4〉 어문 제도의 체계

| | | | | | |
|---|---|---|---|---|---|
| 기본 법률 | 국어기본법 | | | | |
| 기본 어문 규범 | 한글 맞춤법 | 표준어 규정 | 표준 발음법 | 외래어 표기법 | 국어의 로마자 표기법 |
| 용례 | 표준국어대사전(=준거 사전) ◀ | | | 외래어 표기 용례집 | 로마자 표기 용례 사전 |

하여 분기별로 수정 내용을 공개하고 있다.

### 6) 청소년보호법과 청소년 유해 매체물 및 등급 표시

「청소년보호법」에서는 청소년(만 19세 미만인 사람. 다만, 만 19세가 되는 해의 1월 1일을 맞이한 사람은 제외)에게 유해한 매체물과 약물 등이 유통되는 것을 규제한다. 매체물에는 간행물, 전자출판물 및 외국간행물이 포함된다. 청소년보호위원회와 각 심의기관이 청소년에게 유해하다고 인정되는 매체물을 청소년 유해 매체물로 결정하면 여성가족부장관이 고시한다(제7조). 청소년 유해 매체물을 제공하는 사업자는 청소년 유해 표시 의무(제3조), 포장 의무(제14조)를 이행하여야 하고, 그 상대방의 나이 및 본인 여부를 확인한 후에 청소년에게 판매·대여·배포하여서는 아니 되며, 청소년에게 유통이 허용된 매체물과 구분·격리하여 전시하거나 진열해야 한다(제17조).

청소년 유해 매체물로 심의·결정하지 아니한 매체물에 대하여는 그 매체물의 특성, 청소년 유해의 정도, 이용시간과 장소 등을 고려하여 이용 대상 청소년의 나이에 따라 '9세 이상 가', '12세 이상 가', '15세 이

**[표 7-5] 청소년 유해 매체물(간행물, 전자출판물)에 대한 의무사항과 벌칙**

<table>
<tr><th>의무 사항</th><th>의무자</th><th>표시문구</th><th>표시방법</th></tr>
<tr><td rowspan="2">청소년유해<br>표시 의무<br>(제13조)</td><td>간행물을 제작·<br>수입·발행·제공<br>하는 사업자</td><td>19세 미만<br>구독 불가</td><td>한쪽이 60㎜ 이상, 다른 한쪽이 15㎜ 이상인 붉은색 바탕의 직사각형 안에 흰색 글씨로 기재하여 해당 매체물의 앞표지와 뒤표지의 오른쪽 상단에 표시</td></tr>
<tr><td>전자간행물 및<br>전자출판물<br>사업자</td><td>19세 미만<br>이용 불가</td><td>프로그램을 시작하기 전에 "이 프로그램은 19세 미만 청소년이 이용해서는 안 됩니다"라는 자막 표시</td></tr>
<tr><td>포장 의무<br>(제14조)</td><td>발행·제작·<br>수입자 (전자<br>출판물은 제외)</td><td colspan="2">- 포장에 이용된 용지 등을 뜯거나 훼손하지 아니하고는 그 내용물을 열람할 수 없는 방법으로 포장<br>- 겉표지가 유해한 간행물은 명칭을 제외한 겉표지의 내용이 보이지 아니하도록 불투명한 용지를 사용하여 포장</td></tr>
<tr><td>판매 금지<br>(제16조)</td><td>판매·대여·<br>배포 사업자</td><td colspan="2">나이 및 본인 여부를 확인하고, 청소년에게 판매·대여·배포 금지</td></tr>
<tr><td rowspan="2">구분·격리<br>(제17조)</td><td>간행물, 전자출<br>판물 판매업소</td><td>19세 미만<br>구입 불가</td><td>한쪽이 400㎜ 이상, 다른 한쪽이 100㎜ 이상인 붉은색 바탕의 직사각형 안에 흰색 글씨로 기재</td></tr>
<tr><td>간행물, 전자출<br>판물 대여업소</td><td>19세 미만<br>대여 불가</td><td>한쪽이 400㎜ 이상, 다른 한쪽이 100㎜ 이상인 붉은색 바탕의 직사각형 안에 흰색 글씨로 기재</td></tr>
</table>

상 가'와 같이 매체물의 등급을 구분할 수 있다(법 제8조, 시행령 제8조).

### 7) 장애인차별금지 및 권리구제 등에 관한 법률

출판물을 정기적으로 발행하는 사업자는 「장애인차별금지 및 권리구제 등에 관한 법률」 제21조제5항에 따라 장애인이 장애인 아닌 사람과 동등하게 접근·이용할 수 있도록 출판물(전자출판물 포함)을 제공하기 위하여 노력하여야 한다.

법 조항에는 없지만, 자사의 간행물을 인지시키고 관리하기 위하

**[표 7-6] 출판사가 도서에 표시해야 하는 사항은?**

| 항목 | 근거 법령 및 조항 |
|---|---|
| 1. 저자 | 출판법 제2조(정의) 제3호<br>저작권법 제12조(성명표시권) 제2항 |
| 2. 발행인 | 출판법 제2조(정의) 제3호 |
| 3. 발행일 | 출판법 제2조(정의) 제3호 |
| 4. 출판사 | 출판법시행령 제3조 제1호 |
| 5. 국제표준도서번호(ISBN) | 출판법 제7조제2항, 同시행령 제3조제2호, 제5조 |
| 6. 정가 | 출판법 제22조 제1, 2, 3항 |
| 7. 출처 | 저작권법 제37조(출처의 명시) |
| 8. 특약이 없는 한<br>① 저작재산권자의 성명<br>② 맨 처음 발행연도<br>③ 저작재산권자의 검인<br>(④ 복제권 양도의 취지) | 저작권법 제58조제3항, 제63조의2, 同시행령 제38조<br>※ 배타적발행권자(출판권자)가 복제권(출판권)의 양도를 받은 경우에는 그 취지의 표시 |
| 9. 법정허락의 뜻과 승인연월일<br>(※법정허락의 경우) | 저작권법 제50조(저작재산권자 불명인 저작물의 이용) 제2항 |
| 10. KC 인증마크, 주의/<br>경고 표시(※어린이도서) | 어린이제품 안전 특별법 제25조 제1, 4, 5항,<br>同 시행규칙 제42조 |
| 11. 청소년 유해 표시<br>(※청소년 유해 간행물/<br>등급 구분 | 청소년보호법 제13조, 同 시행령 제13조 /<br>청소년보호법 제8조, 同 시행령 제13조 |

여 간행물의 제목(제호)을 표시하는 것은 필수다. 이 외에 출판사 신고 확인증에 기재된 신고번호, 소재지, 신고연월일을 표시하는 것은 관행으로 자리 잡았다. 그리고 독자들과 간행물 유통 사업자들의 편의를 위하고 회사의 영업 및 홍보 차원에서 출판사의 연락처 등(대표전화, FAX, 이메일, 홈페이지 주소 등)을 표시한다.

# 5 출판의 자유와 도서의 내용을 규제하는 법과 제도

우리나라의 현행 헌법에 따르면, 모든 국민은 언론·출판의 자유를 가지며, 언론·출판에 대한 허가나 검열은 인정되지 아니한다. 언론·출판은 타인의 명예나 권리 또는 공중도덕이나 사회윤리를 침해하여서는 아니 되고, 언론·출판이 타인의 명예나 권리를 침해한 때에는 피해자는 이에 대한 피해의 배상을 청구할 수 있다(헌법 제21조 제1, 2, 4항).

그러나 국민의 모든 자유와 권리는 국가안전보장·질서유지 또는 공공복리를 위하여 필요한 경우에 한하여 법률로써 제한할 수 있으며, 제한하는 경우에도 자유와 권리의 본질적인 내용을 침해할 수 없다(제37조제2항) 그리고 전시·사변 또는 이에 준하는 국가비상사태에 있어서 비상계엄이 선포된 때에는 법률이 정하는 바에 의하여 언론·출판의 자유에 관하여 특별한 조치를 할 수 있다(헌법 제77조).

### 1) 타인의 명예나 권리 침해 방지를 위한 규제

형법은 어떠한 행위가 범죄로 처벌되고, 그 처분의 정도·종류를 규정한 기본 법규다. 형법 중 출판과 관련된 대표적인 조항은 명예에 관한 죄다. 형법에서는 출판물에 의한 명예훼손을 일반적인 명예훼손보다 무겁게 처벌하고 있다.

**[표 7-7] 형법 중 명예에 관한 죄**

| 법률 | 조항 | 대상 | 벌칙 | 비고 |
| --- | --- | --- | --- | --- |
| 형법 | 제307조 (명예훼손) | ① 공연히 사실을 적시하여 사람의 명예를 훼손한 자 | 2년 이하의 징역이나 금고 또는 500만 원 이하의 벌금 | 위법성의 조각. 반의사불벌죄 |
| | | ② 공연히 허위의 사실을 적시하여 사람의 명예를 훼손한 자 | 5년 이하의 징역, 10년 이하의 자격정지 또는 1천만 원 이하의 벌금 | 반의사불벌죄 |
| | 제308조 (사자의 명예훼손) | 공연히 허위의 사실을 적시하여 사자(死者)의 명예를 훼손한 자 | 2년 이하의 징역이나 금고 또는 500만 원 이하의 벌금 | 친고죄 |
| | 제309조 (출판물 등에 의한 명예훼손) | ① 사람을 비방할 목적으로 신문, 잡지 또는 라디오 기타 출판물에 의하여 제307조제1항의 죄를 범한 자 | 3년 이하의 징역이나 금고 또는 700만 원 이하의 벌금 | 반의사불벌죄 |
| | | ② 제1항의 방법으로 제307조제2항의 죄를 범한 자 | 7년 이하의 징역, 10년 이하의 자격정지 또는 1,500만 원 이하의 벌금 | 반의사불벌죄 |
| 민법 | 제764조 (명예훼손의 경우의 특칙) | 타인의 명예를 훼손한 자에 대하여는 법원은 피해자의 청구에 의하여 손해배상에 갈음하거나 손해배상과 함께 명예회복에 적당한 처분을 명할 수 있다. | | |

「소년법」 제68조에 따르면 반사회성이 있는 소년(19세 미만인 자)을 조사 또는 심리 중에 있는 보호사건이나 형사사건에 대하여는 성명·연령·직업·용모 등으로 비추어볼 때 그 자가 당해 사건의 당사자라고 미루어 짐작할 수 있는 정도의 사실이나 사진을 출판물에 실을 수 없다(제68조). 「가사소송법」 제10조에 따르면 가정법원에서 처리 중이거나 처리한 사건에 관하여 본인이 누구인지 미루어 짐작할 수 있는 정

도의 사실이나 사진을 출판물에 게재할 수 없다. 「성폭력범죄의 처벌 등에 관한 특례법」에서는 피해자의 신원을 누설하는 것을 금지하며(제24조), 「아동·청소년의 성보호에 관한 법률」에서는 피해자의 신원을 누설하는 것과 신고자 등의 인적 사항이나 사진 등을 출판물에 게재하는 것을 금지한다(제31조, 제34조). 이 밖에 「가정폭력범죄의 처벌 등에 관한 특례법」 제18조, 「아동학대범죄의 처벌 등에 관한 특례법」 제35조 제2항, 「특정강력범죄의 처벌에 관한 특례법」 제8조 등에서도 행위자, 피해자, 고소인, 고발인 또는 신고인의 인적 사항이나 사진 등을 출판물에 싣는 것을 금지한다.

### 2) 사회윤리를 위한 규제

성 풍속에 관한 죄는 형법 제243조, 제244조에 따라 처벌한다. 음란한 물건(문서, 도화, 필름 등)을 반포, 판매, 전시한 자와 음란한 물건을 제조, 소지, 수입 또는 수출한 자는 1년 이하의 징역 또는 500만 원 이하의 벌금에 처한다.

### 3) 국가 안보와 질서유지를 위한 규제

반국가단체나 그 구성원 또는 그 지령을 받은 자의 활동을 찬양·고무·선전·동조할 목적으로 문서·도화 기타의 표현물을 제작·수입·복사·소지·운반·반포·판매 또는 취득한 자는 「국가보안법」 제7조제5항에 따라 7년 이하의 징역에 처한다. 또한 비상계엄지역에서 계엄사령관이 군사상 필요할 때에 행하는 출판에 대한 특별한 조치를 따르지 않거나 위반한 자는 「계엄법」 제9조제1항, 제14조제2항에 따라 3년 이하의 징역에 처한다.

## 6 공정하고 정당한 거래와 관련된 법과 제도

### 1) 책 사재기 금지

「출판문화산업진흥법」 제23조에서는 간행물의 유통질서를 확립하기 위하여 가짜 베스트셀러 조작을 위한 책 사재기 행위를 엄격히 금지한다. '책 사재기'란 간행물의 저자, 출판 및 유통에 관련된 자가 간행물의 판매량을 올릴 목적으로 그 간행물을 부당하게 구입하거나 그 간행물의 저자 또는 그 출판사와 관련된 자에게 그 간행물을 부당하게 구입하게 하는 행위를 말한다. 이를 위반할 경우에는 2년 이하의 징역 또는 2천만 원 이하의 벌금에 처하며, 책 사재기 행위를 신고·고발하는 자에게는 일정한 포상금을 지급한다.

### 2) 독점규제 및 공정거래에 관한 법률

「독점규제 및 공정거래에 관한 법률」은 사업자의 시장지배적 지위의 남용과 과도한 경제력의 집중을 방지하고, 부당한 공동행위 및 불공정거래행위를 규제하여 공정하고 자유로운 경쟁을 촉진함으로써 창의적인 기업활동을 조장하고 소비자를 보호함과 아울러 국민경제의 균형있는 발전을 도모함을 목적으로 한다.

사업자는 원칙적으로 계약·협정·결의 기타 어떠한 방법으로도 다른 사업자와 공동으로 부당하게 경쟁을 제한하는 행위를 할 것을 합의하거나 다른 사업자로 하여금 이를 행하도록 하여서는 아니 되며, 부당한 공동행위를 할 것을 약정하는 계약등은 사업자간에 있어서는 이를 무효로 한다(제19조 부당한 공동행위의 금지). 또한 사업자는 공정한 거래를 저해할 우려가 있는 행위를 하거나, 계열회사 또는 다른 사업자로 하여금 이를 행하도록 하여서는 아니 된다(제23조 불공정거래행위의 금지).

### 3) 부정경쟁방지 및 영업비밀보호에 관한 법률

「부정경쟁방지 및 영업비밀보호에 관한 법률」은 국내에 널리 알려진 타인의 상표·상호(商號) 등을 부정하게 사용하는 등의 부정경쟁행위와 타인의 영업비밀을 침해하는 행위를 방지하여 건전한 거래질서를 유지함을 목적으로 한다.

부정경쟁행위로 자신의 영업상의 이익이 침해되거나 침해될 우려가 있는 자는 그 행위의 금지 또는 예방을 청구할 수 있으며, 부정경쟁행위를 조성한 물건의 폐기, 부정행위에 제공된 설비의 제거, 위반하는 행위의 대상이 된 도메인이름의 등록말소 등을 함께 청구할 수 있다. 그리고 부정행위로 타인에게 손해를 입힌 자에게는 손해배상책임이 따른다.

영업비밀의 보유자는 영업비밀 침해행위를 하거나 하려는 자에 대하여 그 행위의 금지 또는 예방을 청구할 수 있고, 침해행위를 조성한 물건의 폐기, 침해행위에 제공된 설비의 제거 등을 함께 청구할 수 있으며, 영업비밀 침해행위로 영업비밀 보유자의 영업상 이익을 침해하여 손해를 입힌 자는 그 손해를 배상할 책임을 진다. 침해행위가 시작된 날부터 10년, 영업침해 사실을 안 날부터 3년간 행사하지 아니하면 영업비밀 침해행위에 대한 금지청구권 등은 소멸된다.

#### 4) 대규모 유통업에서의 거래 공정화에 관한 법률

대규모 유통업에서의 공정한 거래질서를 확립하고 대규모 유통업자와 납품업자 또는 매장 임차인이 대등한 지위에서 상호 보완적으로 발전할 수 있도록 하기 위해 제정된 법률로서 2012년 1월부터 시행되었다.

"대규모 유통업자"란 소비자가 사용하는 상품을 다수의 사업자로부터 납품받아 판매하는 자 중 ㉠ 직전 사업연도의 소매업종 매출액이 1천억 원 이상인 자 또는 ㉡ 매장면적의 합계가 3천 제곱미터 이상인 점포를 소매업에 사용하는 자가 해당한다. 주로 백화점, TV홈쇼핑, 대형마트 등의 대규모 유통업자가 해당하며, 출판산업 사업체 중에서는 교보문고와 영풍문고가 대규모 유통업자에 해당한다.

대규모 유통업자는 서면의 교부 및 서류의 보존(5년) 의무, 상품 판매대금의 지급 의무(판매일 후 40일 이내), 매장 설비비용의 보상 의무 등 세 가지 의무사항을 지켜야 한다. 또한 상품대금 감액, 상품 수령거부 지체, 상품 반품, 판매 촉진 비용의 부담 전가, 납품업자의 종업원 사용, 배타적 거래 강요, 경영정보 제공 요구, 경제적 이익 제공 요구, 부당한 영업시간 구속, 상품권 구입 등 불이익 제공행위, 보복행위 등 금지사항을 따라야 한다. 공정거래위원회는 이 법을 위반한 대규모 유통업자에게 시정권고, 시정명령, 과징금 부과 등을 할 수 있다. 최대 납품업체의 납품대금 전액 또는 매장 임차인의 연간 임대료 전액을 과징금으로 부과할 수 있다. 또한 공정거래위원회가 고발하여 공소를 제기하는 경우에는 2년 이하의 징역 또는 1억 5천만 원 이하의 벌금에 처할 수 있다.

# 7 중소기업과 지역서점 및 지역출판 보호·육성과 관련된 법과 제도

### 1) 중소기업기본법과 중소기업자의 범위

정부는 「중소기업기본법」에 따라 중소기업을 육성하기 위하여 제5조(창업 촉진과 기업가정신의 확산), 제6조(경영 합리화와 기술 향상), 제7조(판로 확보), 제10조(공정경쟁 및 동반성장의 촉진). 제11조(사업 영역의 보호), 제12조(공제제도의 확립), 제14조(국제화의 촉진), 제15조(인력 확보의 지원), 제16조(소기업 대책). 제17조(지방 소재 중소기업 등의 육성), 제18조(법제 및 재정 조치), 제19조(금융 및 세제 조치) 등을 수행한다. 또한 중소기업 여부에 따라 조세 관련 법령에서 세금 감면 혜택이 다르게 적용된다.

중소기업을 육성하기 위한 시책의 대상이 되는 중소기업자는 ㉠ 업종별로 매출액 및 자산총액 등이 대통령령으로 정하는 기준에 맞고, ㉡ 지분 소유나 출자 관계 등 소유와 경영의 실질적인 독립성이 대통령령으로 정하는 기준에 맞고, ㉢ 영리를 목적으로 사업을 영위하는 자이다(중소기업기본법 제2조제1항). 그리고 중소기업은 대통령령으로 정하는 구분기준에 따라 다시 소기업(小企業)과 중기업(中企業)으로 구분한다(중소기업기본법 제2조제2항). 중소기업의 범위는 해당 기업의 업종에 따라 매출액 적용 기준이 다르다(중소기업기본법 시행령 제3조).

정보통신업에 해당하는 서적출판업의 중소기업 적용 규모 기준은 '매출액 800억 원 이하'이고, 소기업 적용 규모 기준은 '매출액 50억 원 이하'다. 그리고 서점업(서적, 신문 및 잡지류 소매업)의 중소기업 적용 규모 기준은 '매출액 1천억 원 이하'이고, 소기업 적용 규모 기준은 '매출액 50억 원 이하'다.

### 2) 중소기업 적합업종 권고 제도

「대·중소기업 상생협력 촉진에 관한 법률」 제20조의4(적합업종 합의 신청 등)에 따라 동반성장위원회의는 특정 업종에 대해 대기업이 진출하는 것을 금지, 제한하는 것을 권고할 수 있다. 이는 대기업의 무분별한 진출로 인해 중소기업이 경영 악화 등을 겪게 되는 경우 사회적인 합의를 통해 경쟁력을 확보할 수 있는 기회를 제공하기 위한 제도다.

동반성장위원회는 2013년 '서점업(서적 및 잡지류 소매업)'을 중소기업 적합업종으로 처음 지정했고, 2016년 재지정하여 3년 더 연장했다. 이 기간에 중소기업 이외의 기업은 서점업에 대한 신규 진입을 자제하여야 하고, 중소기업 이외의 기존서점이 신규 점포를 출시할 경우에는 초·중·고 학습참고서를 1년 6개월간 판매할 수 없었다. 서점업에 대한 중소기업 적합업종 지정은 2019년 2월 최종 만료되었고, 이후 더욱 강력한 생계형 적합업종으로 지정되었다.

### 3) 소상공인 생계형 적합업종 지정 제도

생계형 적합업종 지정 제도는 「소상공인 생계형 적합업종 지정에 관한 특별법」(2018.6.12. 제정, 2018.12.13. 시행) 제7조에 따라 소상공인의 생존권을 보장하기 위하여 정부가 생계형 적합업종을 직접 지정하고 대기업의 영업을 제한하는 제도다. 생계형 적합업종으로 지정되면 지정일로부터 5년간 대기업은 해당 사업을 인수·개시·확장할 수 없으며, 이를 위반하면 시정명령을 받게 되고, 시정명령을 따르지 않을 경우 위반행위 관련 매출액의 5% 이내에서 이행강제금이 부과된다. 또한 2년 이하 징역 또는 1억 5천만 원 이내의 벌금에 처할 수도 있다.

한국서점조합연합회에서 '서적, 신문 및 잡지류 소매업'(서점업)을 소상공인 생계형 적합업종으로 지정 추천해줄 것을 동반성장위원회에 요청했고, 동반성장위원회의 추천을 거쳐 중소벤처기업부에서 서점업을 제1호 생계형 적합업종으로 지정 고시(중소벤처기업부 고시 제2019-51호, 「서적, 신문 및 잡지류 소매업」 생계형 적합업종 지정, 2019.10.14.)했다.

서점업에 대한 생계형 적합업종 지정기간은 5년간(2019.10.18~2024.10.17)이고, 대기업 등은 이 기간에 서점업의 사업을 인수·개시 또는 확장해서는 아니 된다. 다만, 대기업 등은 생계형 적합업종 지정일(2019.10.18)을 기준으로 사업장의 신규 출점을 연 1개씩 할 수 있되, 해당 사업장은 그 출점일로부터 36개월 동안 초·중·고 학습참고서를 판매하지 않아야 한다. 전문 중견기업은 사업장의 신규 출점일로부터 36개월 동안 초·중·고 학습참고서를 판매하지 않는 경우, 사업장 수의 제한 없이 신규출점 할 수 있다. 또한 지정일 이전에 동반성장위원회의 적합업종 합의(관련 상생협약 포함)에 따라 초·중·고 학습참고서의 판매금지 권고를 이행하고 있는 경우, 그 이행한 기간을 포함하여 18개월 동안 초·중·고 학습참고서의 판매금지를 권고한다.

서적 등의 판매를 주목적으로 하지 않고 타 업종·품목과 융·복합되어 서적 등을 판매하는 사업장의 경우, 해당 사업장의 6개월 평균 매출 중 서적 등의 매출 비중이 50% 미만이고 서적 등의 판매면적이 1,000㎡ 미만인 경우에는 업종범위에서 제외하지만, 초·중·고 학습참고서를 취급 판매하는 경우에는 업종범위에 포함한다.

#### 4) 지역서점 진흥조례

지역서점의 활성화를 위한 지역서점 진흥조례의 제정을 직접적으로 규정하고 있는 법령은 없으나, 「지방자치법」 제9조제2항제3호 타목, 「소상공인 보호 및 지원에 관한 법률」 제3조, 「중소기업제품 구매촉진 및 판로지원에 관한 법률」 등에서 중소기업 및 소상공인 지원에 관한 사항을 명시하고 있다. 이에 따라 2016년 7월 14일 서울시를 시작으로 각 지방자치단체에서는 지역서점 진흥 조례를 제정하여 시행하고 있다. 2020년 10월 1일 현재 전국 17개 시·도 중 13개 시·도(76.5%), 조례 제정권이 있는 전국 226개 시·군·구 중 39개 시·군·구(17.3%)에서 독립적인 지역서점 활성화 조례(단행조례)를 제정, 시행하고 있다.

각 지자체의 지역서점 조례에서는 공통적으로 지역서점을 해당 지역에 '주소'와 '방문매장'을 두고 영업하고 있는 서점으로 한정하여 정의한다. 따라서 온라인서점은 해당 지역에 주소가 있더라도 방문매장이 없으므로 지역서점에 해당하지 않는다. 또한 경영자나 기업의 규모를 한정하는 조항을 덧붙여 지역서점의 범위를 좁게 설정하는 경우가 많으나, 지역서점의 규모 범위 기준은 통일되어 있지 않아 가장 혼란스러운 부분이다.

서점업(서적, 신문 및 잡지류 소매업)의 경우, 연간 매출액이 1천억 원 이하인 기업이 중소기업이고, 중소기업 중 연간 매출액이 50억 원 이하인 기업이 소기업이며, 소기업 중 상시 근로자 수 5명 미만인 기업이 소상공인이다. 매출액 1천억 원 이상인 기업은 대기업으로 분류된다. 소상공인과 소기업 간에는 큰 차이가 없다고도 볼 수 있으나, 소기업과 중소기업과 대기업은 규모의 차이가 상당하므로 지역서점의 규모 기준을 합리적인 수준으로 재정립하여 통일할 필요가 있다.

**[표 7-8] 서점업의 범위 기준**

| 주된 업종 | 한국표준산업분류(KSC-10) 세세분류 | 중소기업 규모기준(평균 매출액/연간 매출액) | | | 소상공인의 범위 기준 |
|---|---|---|---|---|---|
| | | 중소 기업 | 중기업 | 소기업 | |
| 24. 도매 및 소매업 | 47611. 서적, 신문 및 잡지류 소매업 | 1천억 원 이하 | 50억 원 초과 ~1천억 원 이하 | 50억 원 이하 | 매출액 50억 원 이하 & 상시 근로자 수 5명 미만 |

출처: 「중소기업기본법 시행령」 제3조제1항 관련 별표 1과 제8조제1항 관련 별표 3, 「소상공인 보호 및 지원에 관한 법률 시행령」 제2조제1항, 한국표준산업분류(KSC 제10차 개정, 통계청고시 제2017-13호, 2017.1.13. 고시, 2017.7.1. 시행)를 종합하여 재구성

### 5) 지역출판 진흥조례

지역출판을 활성화하려는 지역출판 진흥조례 제정 붐이 일고 있다. 2013년 부산광역시가 「부산광역시 도서관 및 독서문화 진흥 조례」를 개정(2013.10.30)하면서 제22조(지역출판 지원 활성화)를 신설했고, 단행 조례로는 2018년 제주도가 전국 지자체 중 최초로 「제주특별자치도 지역출판 진흥조례」(2018.2.28)를 제정하여 시행했다. 2019년에는 부산광역시(2019.5.29), 대구광역시(2019.7.10), 경상북도(2019.9.19), 서울특별시(2019.9.26)에서 지역출판 진흥조례를 제정하여 시행하고 있다. 한편, 대구광역시는 쇠락해가는 지역 출판산업의 발전을 위해서

는 출판정책과 지역서점 육성정책이 동시에 이루어져야 한다는 의견을 반영하여 지역출판 진흥조례에 지역서점 활성화에 관한 조례의 주요 부분을 삽입하여 두 조례를 하나의 조례로 통합하고 지역서점 진흥조례를 폐지했다(2019.12.24. 대구광역시 지역출판 진흥조례 개정).

# 8 출판 관련 세금과 조세 감면 제도

## 1) 출판과 관련된 세금

출판사가 신고·납부해야 하는 세금의 종류와 내용은 다음과 같다.

[표 7-9] 출판사가 신고·납부해야 하는 세금

| 세금의 종류 | 근거법률 | 납세/징수 의무자 | 세율/세액 | 신고·납부기한 등 |
|---|---|---|---|---|
| 소득세<br>(원천징수) | 소득세법 | 모든 출판사 | 항목, 소득 금액에 따라 다름 | 매월 소득세(근로소득, 사업소득, 기타소득 등)를 원천징수하여 다음 달 10일까지 신고·납부 |
| 지방소득세<br>(원천징수) | 지방소득세법 | 모든 출판사 | 원천징수한 소득세·법인세의 10% | 매월 지방소득세를 원천징수하여 다음 달 10일까지 신고·납부 |
| 종합소득세 | 소득세법 | 개인 출판사 外 | 6~42% | 매년 5.1~31 |
| 법인세 | 법인세법 | 법인 출판사 | 10~25% | 12월 결산법인은 3.31 |
| 등록면허세<br>(출판사면허) | 지방세법 | 모든 출판사 | 9,000~<br>67,500원 | 출판사의 종업원 수 규모와 소재지 규모에 따라 차등 적용. 매년 1.16~1.31 |
| 등록면허세<br>(등록) | 지방세법 | 해당 출판사 | ㉠ 상속: 건당 6천 원<br>㉡ 기타: 건당 2만 원 | 저작권, 배타적발행권, 출판권 등의 권리등록 신청서 접수 이전 |

| | | | | |
|---|---|---|---|---|
| 부가가치세 | 부가가치세법 | 부가세 면제 개인 사업자 | - | 매년 1.1~2.10에 사업장 현황 신고 |
| | | 개인일반사업자 | - | 연 2회(7.1~25, 이듬해 1.1~25) |
| | | 법인사업자 | - | 연 4회(4.1~25, 7.1~25, 10.1~31, 이듬해 1.1~25) |
| 인지세 | 인지세법 | 해당 출판사 | 저작권/ 출판권 양도 계약서: 2~35만 원 | ㉠ 계약서 작성 시 수입 인지 첨부 후 소인<br>㉡ 전자수입인지를 첨부하고 소인 |

출판업을 처음 시작할 때는 먼저 관할 시·군·구청에 출판사 신고를 하고, 지방세법에 따른 등록면허세를 납부한 다음에 출판사 신고 확인증을 수령한다. 그리고 관할 세무서에 사업자 등록을 하고 사업자 등록증을 교부 받아야 세무적으로 사업자가 될 수 있다. 출판사를 법인으로 설립할 때, 저작권·배타적발행권·출판권을 등록할 때도 등록면허세를 납부한다. 출판사 신고 시와 매년 1월 말일까지 납부하는 면허에 대한 등록세는 출판사 규모를 고려한 면허의 종별과 출판사 소재지에 따라 다음과 같이 차등 적용된다(지방세법 제34조, 同 시행령 제39조).

**[표 7-10] 출판사가 납부하는 면허세의 종별·지역별 금액**

| 종별 | 출판사 종업원 규모 | 면허세 | | |
|---|---|---|---|---|
| | | 인구 50만 명 이상의 시 | 그 밖의 시 | 군 |
| 제1종 | 100명 이상 | 67,500원 | 45,000원 | 27,000원 |
| 제2종 | 50명 이상 100명 미만 | 54,000원 | 34,000원 | 18,000원 |
| 제3종 | 30명 이상 50명 미만 | 40,500원 | 22,500원 | 12,000원 |
| 제4종 | 제1종~제3종 이외의 출판사 | 27,000원 | 15,000원 | 9,000원 |

출판사는 그 어느 산업보다 다양한 인적용역을 이용하게 된다. 인세를 비롯하여 번역, 집필, 디자인, 교정·교열, 그림, 글씨 등의 전문가에게 제공하는 여러 형태의 용역에 대한 대가를 지급할 때는 그 성격에 따라 다음 세 가지로 구분하여 원천징수하여야 한다. 첫째, 고용관계에 있는 자에게 대가를 지급할 때는 근로소득으로서 원천징수하여야 하고, 둘째, 고용관계 없이 사업적으로 인적용역을 제공하는 개인에게 소득을 지급할 때는 사업소득으로서 원천징수를 하여야 하며, 셋째 고용관계 없이 일시적으로 인적용역을 제공하는 개인에게 소득을 지급할 때는 기타소득으로서 원천징수를 하여야 한다.

**2) 도서(전자출판물 포함)에 대한 부가가치세 면제 제도**

부가가치세(VAT, Value Added Tax)란 거래단계별로 재화나 용역에 생성되는 부가가치(마진)에 부과되는 조세로, 간접세의 일종이다. 우리나라는 현재 「부가가치세법」에 따라 재화 및 용역의 최종가격에 10%의 부가가치세가 포함되어 부과된다. 부가가치세는 원칙적으로 모든 재화(상품)나 용역(서비스)의 공급에 대하여 과세되나, 예외적으로 일부 재화와 용역의 공급에 대하여는 「부가가치세법」과 동법 시행령에 따라 부가가치세를 면제하고 있다.

현재 「부가가치세법」 제26조제1항제8호, 제27조제2호 등에 따라 도서에 관한 재화와 용역을 공급하거나 수입할 경우에는 부가가치세를 면제하고 있다. 「부가가치세법」 제정(1977.7.1. 시행) 당시부터 도서(도서에 부수하여 그 도서의 내용을 취입한 음반 또는 녹음테이프를 첨부하여 통상 하나의 공급단위로 하는 것 포함)의 공급과 수입에 대하여 부가세를 면제했고, 1997년 1월 1일부터는 전자출판물(세부 기준은 문화체육관광부 고시로 정함)에도 부가세를 면제했다. 2000년 1월 1일부터는 도서에 부수하여 그 도서의 내용을 담은 비디오테이프를 첨부하여 통상 하나의 공급단위로 하는 것에도 부가세를 면제했으며, 2007년 1월 1일부터는 도서대여용역에 대해서도 부가가치세를 면제하고 있다. 도서에 대한 부가가치세 면제로 소비자의 도서 가격 부담이 줄어들며, 출판사와 서점의 도서 판매 증대에 기여하는 것으로 평가된다.

### 3) 문화비 소득공제 제도

「조세특례제한법」 제126조의2 제3호에 따라 연간 7천만 원 이하 급여소득자가 신용카드 등으로 문화비(도서 구입 및 공연 관람, 신문 구독료, 박물관 및 미술관 입장료)에 지출한 금액이 총급여액의 25%를 초과하는 경우, 신용카드 등 소득공제금액을 해당 과세연도의 근로소득금액에서 추가로 공제(추가 공제한도 백만 원까지 인정)해준다. ▶도서구입비와 공연료는 2018.7.1.부터 ▶박물관, 미술관 입장료는 2019.7.1.부터 시행되었고 ▶신문구독료는 2021.1.1.부터 시행된다. 처음에는 2018년 하반기 사용분에만 한시적으로 적용될 예정이었으나, 2019년까지로 1년 더 연장되고, 다시 2022년까지로 3년 더 연장되었다.

### 4) 문화 접대비 제도

「조세특례제한법」 제136조(접대비의 손금불산입 특례) 제3항, 「조세특례제한법 시행령」 제130조(접대비의 손금불산입 특례) 제5항에 따라 문화진흥 및 기업의 건전한 소비문화 정착을 위해 일반 접대비 외에 도서구입비 등 문화접대비를 추가로 손금으로 인정해준다. 2007년 9월 1일 시행 당시에는 접대비 한도액의 10%까지 추가로 손비로 인정받을 수 있었으나 2016년부터는 20%로 늘어났다.

### 5) 출판업의 중소기업 특별세액 감면

출판업의 경우, 소기업과 수도권 이외 지역에서 활동하는 중기업은 법인세 또는 소득세 감면 혜택을 받는다. 2014년 2월 21일 「조세특례제한법 시행령」이 개정됨에 따라 수도권에서 활동하는 중기업 규모의 출판사도 2014년부터 '지식기반산업'에 포함돼 「조세특례제한법」 제7조에 따른 중소기업 특별세액 감면제도의 혜택을 받게 되었다.

**[표 7-11] 출판업의 규모 및 소재지에 따른 특별세액 감면**

(단위: %)

| 지역 | 매출규모 | 적용 | 법인세/소득세 감면율 |
|---|---|---|---|
| 수도권 (서울, 인천, 경기) | 800억 원 초과 | 수도권 대기업 | 0 |
| | 50억 원 초과~800억 원 이하 | 수도권 지식기반산업 | 10 |
| | 50억 원 이하 | 수도권 소기업 | 20 |
| 수도권 외의 지역 | 800억 원 초과 | 비수도권 대기업 | 0 |
| | 50억 원 초과~800억 원 이하 | 비수도권 중기업 | 15 |
| | 50억 원 이하 | 비수도권 소기업 | 30 |

# 9 기타 출판 관련 주요 법률

### 1) 민법

민법은 사인과 사법인 등 사적 법률주체 사이의 법률관계에서 발생하는 권리·의무의 발생·소멸과 그 내용 기타 법률관계의 판단기준을 정하는 법률이다. 출판 업무에서 흔하게 발생하는 계약의 체결과 해지 및 해제, 도급(당사자 일방이 어느 일을 완성할 것과 상대방이 그 일의 결과에 대하여 보수를 지급할 것을 약정하는 것), 불법행위와 손해배상 등에 대한 상세한 내용을 규정하고 있다.

### 2) 개인정보 보호법

「개인정보 보호법」은 개인정보의 처리 및 보호에 관한 사항을 정하고 있다. 개인정보란 살아있는 개인에 관한 정보로서 성명, 주민등록번호 및 영상 등을 통하여 개인을 알아볼 수 있는 정보(해당 정보만으로는 특정 개인을 알아볼 수 없더라도 다른 정보와 쉽게 결합하여 알아볼 수 있는 것을 포함)를 말한다. 이 법은 당사자의 동의 없는 개인정보를 제3자에게 제공하는 것을 금지하므로 간행물에 개인정보를 표현하는 것은 원칙적으로 금지되며, 출판 영업을 위하여 개인정보를 수집, 활용하는 데에도 상당한 제약이 따른다. 특히 2014년 8월 7일부터는 '주민등록번호 수집 법정주의'(제24조의2)가 본격 시행되어 법령에 근거 없이 주민등록번호를 수집·이용하거나 제공할 경우 3천만 원 이하의 과태료 부과 대상이 된다.

### 3) 문화 및 문화산업에 관한 법률

출판산업은 문화산업에 속하며, 문화 및 문화산업에 관한 여러 법률의 적용 대상이 된다. 출판산업과 관련된 주요 문화 관련 법률은 [표 7-12]와 같다.

**[표 7-12] 출판산업과 관련된 주요 문화 관련 법률**

| 법률 | 주요 관련 내용 |
|---|---|
| 국제문화교류 진흥법 | 국제문화교류 진흥을 위한 재원 조달 및 운용, 기반 조성, 민간의 국제문화교류 진흥, 전문인력 양성 등 |
| 독서문화진흥법 | 독서 문화 진흥 기본계획, 연도별 시행 계획, 독서 교육 기회 제공, 지역/학교/직장의 독서 진흥, 독서의 달 행사 등 |
| 만화진흥에 관한 법률 | 기본계획의 수립, 만화창작 및 만화산업의 진흥, 만화산업 관련 표준계약서(제9조) 등 |
| 문화기본법 | 문화의 개념, 국민의 문화권 등 |
| 문화산업진흥 기본법 | - 문화산업에 출판과 관련된 산업 포함<br>- 창업의 지원, 제작자의 지원, 유통활성화를 위한 국제표준바코드, 유통전문회사의 설립지원, 기업부설창작연구소 또는 기업창작전담부서의 인정 등 |
| 문화예술진흥법 | - 문화예술의 범위에 출판 및 만화 포함<br>- 도서 · 문화 전용 상품권 인증제도(제15조), 문화예술진흥기금(제16조~제18조) 등 |
| 문화예술후원 활성화에 관한 법률 | 문화예술후원자 및 문화예술후원매개단체에 대하여 국세 및 지방세 감면 등 |

| | |
|---|---|
| 인문학 및 인문정신문화의 진흥에 관한 법률 | 연구 활동 지원(제12조), 인문교육의 실시(제13조), 인문학 및 인문정신문화의 확산(제16조) 등 |
| 인쇄문화산업 진흥법 | 인쇄문화산업진흥계획의 수립·시행, 창업 및 시설·유통의 현대화, 전문인력 양성, 국제교류, 인쇄물 품질향상에 관한 사업, 인쇄문화산업 단지의 조성, 인쇄사의 신고 등 |
| 잡지 등 정기간행물의 진흥에 관한 법률 | 정기간행물의 책임, 독자의 권익보호, 광고, 우수 정기간행물 지원, 정기간행물 등록·신고 등 |
| 지역문화진흥법 | 지역의 생활문화진흥, 지역의 문화진흥기반 구축, 문화도시·문화지구 지정 및 지원 |
| 콘텐츠산업진흥법 | - 콘텐츠산업의 진흥에 관한 중·장기 기본계획 수립, 콘텐츠 제작의 활성화, 콘텐츠산업의 기반 조성, 콘텐츠공제조합, 콘텐츠 유통 합리화, 콘텐츠 식별체계, 표준계약서 등<br>- 콘텐츠를 최초로 제작한 날부터 5년간 영업 보호 |

# 8

# 출판산업 정책과 출판의 미래

# 1 제1~4차(2017~2021) 출판문화산업 진흥 5개년 계획

출판산업이 국제화되고, 해외 거대 IT 기업들이 플랫폼을 구축하는 등 출판환경이 급속도로 변화하고 있다. 이러한 패러다임의 변화는 본격적인 디지털 시대를 맞아 콘텐츠의 3D화, 스마트화, 글로벌화, IT 생태계 조성 등 콘텐츠 산업 전반에 걸쳐 국경이 사라지는 무한경쟁 시대를 예고하고 있다.

정부는 그동안 1차 출판·인쇄문화산업 진흥발전계획(2003~2007)을 시작으로, '지식강국의 성장 동력 출판지식산업' 육성방안을 표방하는 2차 출판·인쇄문화산업 진흥계획(2007~2011), 인쇄산업이 없어지고 출판문화산업을 중심으로 추진된 3차 출판문화산업 진흥계획(2012~2016) 이후 2017년 2월 4차 출판문화산업 진흥계획(2017~2021)을 발표했다.

1차 출판·인쇄문화산업 진흥발전계획(2003~2007)에서의 출판은 지식문화산업의 핵심 콘텐츠로, 이 시기에는 책 중심의 지식문화 사회 구현을 표방하고, 출판·인쇄산업의 중장기 진흥 시책 수립 및 추진을 강조했다. 즉, 1차 출판·인쇄문화산업 진흥발전계획은 국내 출판산업의 활성화에 중점을 두었다.

2차 출판·인쇄문화산업 진흥계획(2007~2011)은 지식 강국의 성장 동력과 출판지식산업 육성방안을 표방했지만, 1차 5개년 계획보다 훨씬 미흡한 문화정책으로 인해 한류 지속을 위한 출판콘텐츠 확장성에 대한 비전이 보이지 않았다. 또한 출판지식 글로벌 경쟁력 강화를 강조하고, 한국 출판정보의 해외 홍보 강화, 외국어 번역 출판 활성화, 출판·인쇄 분야 국제교류 및 협력 증진, 출판물의 해외진출을 위한 국제출판진흥센터(가칭) 설치 운영 계획 등을 세웠지만 실제로 추진된 것은 매우 미미했다.

3차 출판문화산업 진흥계획(2012~2016)에서는 인쇄산업을 배제하고 출판문화산업을 중심으로 본격적인 '출판콘텐츠 한류'에 대해 언급하고 있다. 글로벌 출판콘텐츠 한류를 확산하기 위해 해외시장 정보 제공, 저작권 담당자 수출 실무 능력 강화, 중소 출판사의 수출 실무 지원, 출판콘텐츠 한류 수출 성공 비즈니스 모델 및 사례 개발을 강화하기로 한 것이다. 번역 지원 방식 개선 및 지원 규모 확대, 번역 환경 개선, 번역가 양성 교육, 전문성 강화를 위한 시스템을 구축하기로 했으며, 서울국제도서전을 아시아 출판 교류의 허브로 육성하고, 해외 도서전을 통한 수출 네트워크 강화, 비즈니스 중심의 글로벌 협력 포럼 운영, 한국문학의 세계문학 중심부와의 교류 확대, 지역별 특성을 고려한 해외진출 등을 강조했다. 특히 '출판수출지원센터' 설립, 저작권 수출 지원, 번역 지원 강화, 해외 교류 활성화, 해외홍보 및 마케팅 강화를 추진하기로 했다.

4차 출판문화산업 진흥계획(2017~2021)은 글로벌 출판정보 서비스 제고, 맞춤형 국제교류 추진, 해외 저작권 수출 지원, 국내 발행 도서의 해외 보급 확대, 국제도서전 개최·참가 활성화 등을 목표로 삼고 있다. 1차부터 3차까지 발표된 문화정책보다 진일보한 내용으로 구성된

4차 출판문화산업 진흥계획의 핵심은 글로벌 출판문화 강국으로의 도약, 출판문화 활성화를 통한 출판산업 경쟁력 강화, 선진산업 환경 조성을 통한 신성장 동력 발굴로 해외진출을 활성화하는 것이다.

**[표 8-1] 4차 출판문화산업 진흥계획(2017~2021)**

| 대과제 | 중과제 |
|---|---|
| 출판산업 연구개발(R&D) 컨트롤타워 설립 | · 한국출판연구개발(R&D)센터(가칭) 설비, 출판통계정보시스템 구축<br>· 출판산업 관련 연구 발표회(콘퍼런스, 포럼, 소모임 등) 상설 운영 |
| 출판 전문인력 양성 | · 한국출판종합학교(가칭) 설립 지원(민간 운영)<br>· 출판대학원대학교 설립 지원, 글로벌 출판 인재 양성 프로그램 운영<br>· 출판사 청년인턴 사업의 지속적인 지원 |
| 출판문화산업 광역 거점 조성 | · 수도권: 서울(마포)출판디자인지구와 국가산업단지인 파주출판도시의 출판 중심 복합문화도시 육성<br>· 영남권: 대구출판산업지원센터 활용, 지역출판·인쇄 콘텐츠산업 육성<br>· 호남권: 한국출판문화산업진흥원의 입지(전주) 활용 |
| 출판진흥기구 기능 강화 | · 출판산업 인프라 구축을 위한 조직적 기능 강화·출판정책 연례 평가<br>· 출판정책 설명회 정례화 및 진흥원 기관지 통합 발행<br>· 한국출판문화산업진흥원 직원 '정책개발 및 연구조사' 역량 확보 지속 추진 |
| 출판 친화적 법제 개선 | · 출판문화산업진흥법 개정, 독서문화진흥법 및 시행령 개정<br>· 저작권법 개정, 세법 시행령 개정, 방송법 시행령 개정<br>· 공공기관의 운영에 관한 법률, 공기업 · 준정부기관 경영 및 혁신에 관한 규칙 등의 개정<br>· 공공도서관에서의 합리적 전자책 자료 서비스 정책 마련<br>· 출판진흥기금 설치 논의, 문화콘텐츠 다양성 확보를 위한 '출판펀드' 조성 지원 |

| | |
|---|---|
| 디지털출판 생태계 구축 | · 전자책 표준 메타데이터 시스템 구축, 전자책 유통 협업 시스템 구축<br>· 웹 기반의 스마트 전자출판 플랫폼(에디터) 개발<br>· 전자책 통합 검색 시스템 개발 |
| 출판콘텐츠 다중활용(OSMU) 기반 조성 | · 1차적 OSMU 사업화를 위한 기반 조성<br>· 2차적 OSMU 사업화를 위한 기반 조성<br>· 출판콘텐츠의 OSMU 발전을 위한 환경 정비 |
| 출판 기반 융복합 비즈니스 활성화 | · 지식정보산업(네이버, 카카오 등)에서 출판콘텐츠 생태계 조성 강화<br>· 출판콘텐츠 활용 비즈니스 랩 운영 |
| 출판콘텐츠 특성화 기업 육성 | · 출판콘텐츠 특성화 우수기업(출판사/서점) 선정 · 지원<br>· 특성화 출판콘텐츠 번역 지원<br>· 출판콘텐츠 특성화 비즈니스 포럼 운영 |
| 북테크(BookTech) 비즈니스 지원체계 수립 | · 북테크 전문 투자기금 조성 및 세제 혜택<br>· 북테크 관련 기업 지원체계 구축<br>· 북테크 관련 기술개발 지원 |
| 출판유통 선진화 | · 출판유통정보화 추진<br>· 건전한 출판유통 질서 확립과 도서 판매 활성화 유도<br>· 출판사와 서점의 동반성장 거래 관계(상생 공급률) 정립 지원<br>· 지역서점의 도서관 납품 여건 조성 |
| 서점의 혁신적 육성 | · '한국서점지원센터(가칭)' 설립, 서점 창업 원스톱 지원체계 수립<br>· 서점회관 건립 지원, 서점에서 만나는 작가 플랫폼 운영<br>· 서점의 날(11월 11일) 프로모션 시행 |
| 도서 보급 및 구매 수요 촉진 | · 도서관의 도서구입비 증액, 세종도서 선정, 보급 사업 시행<br>· 우수 출판콘텐츠 제작 지원사업의 지속 시행<br>· 직장 도서실(도서관) 설치 캠페인 추진<br>· 주요 상업시설 내 도서 열람, 대출 공간 설치 확산<br>· 독서경영대상(가칭) 시상제도 마련, 서점 연계형 비서점 도서 판매 지원 |
| 지역출판 및 책 생태계 육성 | · 지역출판 활성화 지원<br>· 전국 14개 지역에 북비즈니스센터 운영<br>· 지역 내에서 책과 관련된 북비즈니스 사업자들의 네트워크 구축 추진<br>· 대학 연계형 지역출판 스타트업 지원(비수도권 지역으로 제한) |

| | |
|---|---|
| 독서 인프라 구축과<br>독서문화 확산 | · 독서 포털사이트 활성화<br>· 방송 등 대중매체 책 정보 프로그램 편성 의무화 추진<br>· Book MCN(Book Multi Channel Network) 사업을 통한 독서인구 확대<br>· 독서 공익 광고의 방송 제작 · 시행<br>· 소셜미디어 독서 캠페인 공모전 시행<br>· 전자책 읽는 지하철(eReading Subway) 서비스 사업 |
| 글로벌 출판정보<br>서비스 제고 | · 국내 출판 관계자를 위한 「해외출판동향」 사이트 강화 및 세미나 개최<br>· 해외 출판 관계자를 위한 「K-Book Live!」 영문 포털 사이트 구축 |
| 맞춤형 국제교류 추진 | · 국제교류 행사의 체계적 추진, 출판 한류 연차보고서 작성<br>· 세부 영역별(권역, 출판 분야, 이슈) 현황과 정책 대응 방안, 주요 국가의 저작권 수출입 시장 조사 · 연구 |
| 해외 저작권 수출 지원 | · 한국 도서 홍보 및 출판저작권 수출 지원 사무소(K-BOOK Office) 운영<br>· 주요 언어권 및 지역별 출판저작권 수출 로드랩 마련<br>· 글로벌 비즈니스 협력 추진<br>· 거점 지역 수출 전문가 양성 및 네트워크 구축 |
| 국내 발행 도서의 해외<br>보급 확대 | · 한국(국문) 도서의 해외 전파 사업 지속 추진<br>· 한국어 도서 취급 해외 서점 지원<br>· 국내 출판사 및 동포 발간 한국학 외국어 도서 출판 지원<br>· 외국인의 한국 관련 도서 발행 지원 |
| 국제도서전 개최 · 참가<br>활성화 | · 서울국제도서전 상설 조직위 구성<br>· 서울국제도서전 내 출판산업 컨벤션 프로그램 활성화 등<br>· 해외 국제도서전 참가 범위의 확대 |

## 2 출판산업 육성 예산과 지원사업

한국출판문화산업진흥원은 올해 ▲출판산업 인프라 강화 ▲출판산업 시장 확대 ▲생활 밀착형 독서문화 확산 ▲경영 혁신기반 강화 등 4대 전략목표를 추진한다. 출판산업 인프라 강화를 위해 출판유통통합시스템 구축 2단계 사업을 지속한다. 생산, 유통, 판매에 관한 각종 데이터를 통합 운영하는 출판유통통합시스템 구축 사업은 고질적인 유통 문제를 해결해 지속 가능한 출판산업 생태계 조성에 기여하고자 한다. 특히 출판 분야 혁신 성장을 선도하는 전자책과 오디오북 지원사업을 효율적으로 지원하기 위해 마포구 신수동 한국출판콘텐츠센터에 KPIPA 오디오북센터와 기존 전자출판지원센터를 통합 운영하며 다양한 사업을 전개한다.

**[표 8-2] 2020년도 한국출판문화산업진흥원 예산 현황**

(단위: 백만 원)

| 부서 | 운영팀 | 2020년 예산 |
|---|---|---|
| 산업지원부 | 콘텐츠지원팀 | 11,013 |
| | 미래산업팀 | 5,134 |
| | 수출지원팀 | 4,786 |
| | 출판유통선진화센터 | 3,340 |
| | 소계 | 24,273 |

| | | |
|---|---|---|
| 문화지원본부 | 독서지원팀 | 6,353 |
| | 인문지원팀 | 1,700 |
| | 지역출판지원팀 | 1,583 |
| | 출판산업지원센터 | 1,589 |
| | 소계 | 11,225 |
| 정책연구통계센터 | | 782 |
| 간행물윤리위원회 사무국 | | 328 |
| 공통(운영비 등) | | 4,914 |
| 2020년 예산 합계 | | 41,522 |

## 1) 한국출판문화산업진흥원의 지원사업 종류와 사업예산 추이

**[표 8-3] 한국출판문화산업진흥원의 지원사업 종류와 사업예산 추이**

| 정책연구통계센터 | | 사업지원본부 | | | | | | | |
|---|---|---|---|---|---|---|---|---|---|
| 출판산업 통계조사 | 2억 9,500 만 원 | 세종도서 선정·구입 지원 | 87억 500만 원 | 전자출판 국제 도서전 참가 지원 | 3억 5,300만 원 | 출판 원천 콘텐츠 다중활용 (OSMU) 지원 | 2억 원 | 출판콘텐츠 해외 발간 지원 | 1억 원 |
| 출판 문화 산업 조사 연구 | 1억 9,900 만 원 | 우수 출판 콘텐츠 제작 지원 | 15억 800만 원 | 전자책 내수 창출 지원 | 3억 5,000만 원 | 모바일 연계 출판 전시망 구축 | 1억 원 | 수출용 출판 홍보 자료 지원 | 4억 4천 만 원 |
| 해외출판 정책연구 | 4,900 만 원 | 중소출판사 출판콘텐츠 창작자금 지원 | 8억 원 | 오디오북 제작지원 | 15억 원 | 출판 수출통합 플랫폼 운영 | 1억 6천 만 원 | 출판 교류 지원 | 1억 3,460만 원 |
| 열린 포럼 및 출판산업 콘퍼런스 | 6,300 만 원 | 우수콘텐츠 제작 지원 (전자책) | 9억 원 | 오디오북 제작· 유통 플랫폼 개발 | 1억 원 | K-Book 홍보 지원 | 1억 2천 만 원 | 국제도서전 개최 및 참가 서울 국제도서전 개최 | 10억 8,200만 원 |

| | | | | | | | | | |
|---|---|---|---|---|---|---|---|---|---|
| 출판 전문지 발행 | 9,900 만 원 | 대한민국 전자출판 대상 개최 | 5천만 원 | KIPIPA 오디오북 센터 운영 | 2억 백만 원 | 찾아가는 도서전 개최 | 4억 3천 만 원 | 국제도서전 개최 및 참가 해외 도서전 한국관 운영 | 9억 4,700만 원 |
| 출판문화 산업 연구논문 공모전 | 4,500 만 원 | 전자출판지원센터 구축 | 2억 8천 만 원 | 오디오북 체험공간 조성 및 수요 확대 | 2억 원 | 해외도서전 킬러콘텐츠 전시 | 2억 7천 만 원 | 한국도서 정보 번역 지원 | 1억 원 |
| 출판문화 산업연구 소모임 지원 | 3,200 만 원 | 전자출판 활성화 연구조사 및 세미나 개최 | 1억 원 | 출판콘텐츠 가치증대 기술고도화 | 8억 원 | 해외도서전 위탁도서 수출 지원 | 1억 원 | 해외수출 커뮤니티 운영 | 1억 원 |

| 문화지원본부 | | | | | | | | | |
|---|---|---|---|---|---|---|---|---|---|
| 출판 일자리 창출 지원 (청년 내일채움 공제위탁 운영) | 5,500 만 원 (보조금) 8천만 원 (고용 보험기금) | 지역출판 산업 활성화 지원 | 1억 2천 만 원 | 출판 체험교실 운영 | 1억 1천 만 원 | 교정시설 독서활동 지원 | 7천만 원 | 출판 콘텐츠 해외 발간 지원 | 1억 원 |
| 출판전문 인력 양성 (고용 노동부 국가인적 자원개발 컨소시엄) | 1억 7,200 만 원 | 출판산업 지방산업 단지 조성 지원 | 2천만 원 | 파주 건축 문화제 (구 북&영상 엑스포) | 1억 원 | 독서경영 우수 직장 인증 | 3억 원 | 수출용 출판 홍보 자료 지원 | 4억 4천 만 원 |

| | | | | | | | | | |
|---|---|---|---|---|---|---|---|---|---|
| 글로벌 출판 전문 인력 양성 사업 | 2억 원 | 지역서점 종합 전시관 지원 | 4천만 원 | 출판도시 창업보육 센터 운영 | 1억 7천만 원 | 세계 책의 날 행사 | 1억 원 | 출판 교류 지원 | 1억 3,460 만 원 |
| 출판산업 종합지원 센터(출판 산업 분야 별 컨설팅 운영) | 1억 2,200 만 원 | 어린이책 잔치 | 2억 7,500 만 원 | POD센터 구축 | 2억 7천만 원 | 독서의 달 포스터 제작·배포 | 2,500만 원 | 국제도서전 개최 및 참가 서울 국제도서전 개최 | 10억 8,200 만 원 |
| 출판 경력자 재취업 지원 | 5억 원 | 인문학 강좌 | 1억 8,800 만 원 | 인문독서 아카데미 | 10억 2천 만 원 | 찾아가는 도서전 개최 | 4억 3천 만 원 | 국제 도서전 개최 및 참가 해외 도서전 한국관 운영 | 9억 4,700 만 원 |
| 독서 문화 캠프 | 6억 5천만 원 | 전자출판 지원센터 구축 | 2억 8천 만 원 | 오디오북 체험공간 조성 및 수요 확대 | 2억 원 | 해외 도서전 킬러 콘텐츠 전시 | 2억 7천 만 원 | 한국도서 정보 번역 지원 | 1억 원 |
| 출판지식 창업 보육 센터 운영 | 2억 원 | 파주 에디터스쿨 | 1억 3천만 원 | 대한민국 독서대전 | 4억 7천만 원 | 책 읽어주는 문화봉사단 | 3억 원 | 해외수출 커뮤니티 운영 | 1억 원 |
| 대구출판 산업지원 센터 관리·운영 | 2억 원 (대구시비+ 자체재원) | 출판도시 문화관광 활성화 | 2억 2,백 만 원 | 전국 청소년 독서토론 한마당 | 2억 원 | 언론매체 활용 책 읽기 홍보 및 독서 방송 제작 | 1억 5천만 원 | | |

# 3 독서진흥정책

2006년 제정된 「독서문화진흥법」을 근거로 현재 제3차 '독서문화진흥 기본계획(2019~2023)'을 시행 중이며 매년 연도별 시행 계획을 수립해 시행하고 있다. 현행 기본계획은 '사람과 사회의 변화를 이끄는 독서'라는 비전과 '독서율, 독서동아리 참여율 증대'라는 목표 아래 ① 사회적 독서 활성화, ② 독서의 가치 공유 확산, ③ 포용적 독서복지 실현, ④ 미래 독서생태계 조성의 추진 전략을 기조로 하고 있다.

이와 같은 독서정책에 따른 기대 효과는 ▲독서운동을 통한 소통과 지식 나눔의 확산, ▲다양한 독서활동을 통한 가치관 제고, ▲체계적인 독서활동 지원으로 독서 생활화 유도, ▲책 읽는 사회 분위기 조성 및 독서문화 확산에 기여하는 것으로 본다.

**[표 8-4] 2019년 문화체육관광부 시행 독서진흥사업**

| |
|---|
| - 독서동아리 활동 지원(전국 독서동아리 400개 지원, 독서동아리 공간나눔 등) |
| - 책 읽는 사회 확산 프로젝트(책문화센터 구축, 책마을 조성, 심야책방 운영 등) |
| - '세계 책의 날'(4월 23일) 기념 책드림 행사(경의선 책거리) |
| - 대한민국 독서대전 개최(8월 30일~9월 1일, 청주시) |
| - 독서문화 캠페인(독서의 달 포스터, 독서정보 사이트 '독서인' 활성화 등) |
| - 독서경영 우수 직장 인증·시상(공공 부문 및 민간 기업 대상) |
| - 우수 독서자료 선정·보급 지원(학술/교양/문학 분야 우수 도서 선정, 전국 도서관 배포) |

- 도서관 '길 위의 인문학' 운영(인문학 강연 및 탐방)
- 인문독서 아카데미(전국 공공도서관, 문화원, 서원 등 85개 연계 통섭형 강연)
- 독서문화 캠프(전국 5대 권역별 청소년/청년 참여)
- 북스타트 사업(전국 단위 북스타트 교육 프로그램 활동 지원)
- 전국 청소년 독서토론 한마당
- 어린이·청소년 독서진흥사업(국공립도서관 등)
- 병영독서 활동화 지원(300개 부대 독서코칭, 신병 3만 명 독서 지원 프로그램 등)
- 장애인 대체자료 제작·이용 확대 및 공공도서관 장애인 독서 프로그램 지원 등
- 책 읽어주는 문화봉사단, 교정시설 독서활동 지원 등

# 4 출판산업의 미래

### 1) 지식재산권의 강화

지식재산권은 산업재산권, 신지식재산권, 저작권으로 구분된다. 산업재산권은 특허권, 실용신안권, 디자인권, 상표권으로 나뉘며, 신지식재산권은 첨단산업저작권, 산업저작권, 정보재산권으로 분류되며, 저작권은 저작재산권, 저작인접권으로 나뉜다.

산업재산권의 특허권은 기술적 창작인 원천 핵심기술 발명하는 것이며, 실용신안권은 라이프사이클이 짧고 실용적인 개량기술을 고안하는 것이며, 디자인권은 심미감을 느낄 수 있는 물품의 형상 모양을 디자인하는 것이며, 상표권은 타 상품과 식별할 수 있는 기호, 문화, 도형 등 상표를 보호한다.

신지식재산권의 첨단산업재산권은 반도체집적회배치설계, 생명공학, 식물신품종을 보호하며, 산업재산권은 컴퓨터 프로그램, 인공지능, 데이터베이스 등을 보호하고, 정보재산권은 영업비밀, 멀티미디어, 뉴미디어 등에서 생성되는 권리를 보호한다.

저작권의 협의의 저작권은 문학, 예술 분야의 창작물을 보호하며, 저작인접권은 실연가, 음반제작가, 방송사업자 등의 권리를 보호한다.

출판계는 아직도 원초적인 저작권 개념에 머물러 있다. 아시다시

피 세계는 콘텐츠플랫폼, 미디어의 다양화, 사유에서 공유의 개념으로 급속도로 변화하고 있다. 이에 사적복제보상권과 공공대출권, 판면권, 복사전송권 등 권리와 분배에 대해서 다양한 의견들이 분출되고 있다.

2018년 국제복제기구연맹(IFRRO, International Federation of Reproduction Rights Organisation)은 저작권 선진화와 입법, 학술활동 등을 목적으로 하는 비영리단체로 80개국의 101개사가 참여하고 있다. 이 단체 CEO 캐롤라인 모건(Caroline Morgan)은 2018년 6월 서울국제도서전에 참가해 〈디지털 시대의 저작권: 저자와 출판사의 권리〉라는 주제로 발표하면서 "탄탄한 저작권 시스템은 작가와 출판사를 지원하며 그들이 국가와 지역 사회의 경제적·문화적 성장에 기여할 수 있게 해준다. 또한 탄탄한 저작권 시스템은 작가와 출판사들을 위한 혁신과 새로운 디지털 비즈니스 모델을 지원해 사회를 더 풍요롭게 한다. 텍스트와 이미지는 쉽게 복사 및 전달될 수 있어 효과적이고도 효율적인 저작권 집중관리 분야는 출판산업이 잘 기능하여 귀중한 혁신이 가능하도록 하는 데 필수적"이라고 주장했다.

김영하 작가는 매니지먼트 회사와 계약을 체결했고, 김연수, 편혜영 작가 등도 계약한 것으로 알려졌다. 이미 미국, 독일, 일본 등 출판 선진국의 경우 유망한 작가를 발굴하고 섭외하고 관리하고 홍보하면서 다양한 부가가치를 창출하는 작가 매니지먼트가 비즈니스 영역으로 자리를 잡은 지 오래되었고, 그 영향력도 크다고 한다. 저작권 관리 부서의 전문 인력들은 원고 기획 단계에서부터 참여해 해외 세일즈, 영화화, 드라마화, 캐릭터 및 게임 상품 등으로 활용될 수 있는 '원소스 멀티유즈 전략'을 수립하고 있다.

### 2) 출판유통의 메타데이터화

도서 메타데이터는 책의 정보, 즉 도서정보를 의미한다. 메타데이터란 다른 객체를 기술하기 위해 사용하는 데이터다. 전통적으로 출판계에서는 '서지정보'라는 용어를 주로 사용했고, 2000년대 초반 출판유통 현대화 사업 이후 과거에 비해 '메타데이터'라는 표현을 자주 사용하게 되었다.

출판계에서 도서 메타데이터가 필요한 이유는 인터넷 환경에서 도서의 식별과 기술, 소재확인에 도움을 주고 그 외에 도서라는 실물과 실물에 대한 데이터를 관리하는 업무를 용이하도록 도움을 주기 때문이다. 즉, 도서 메타데이터는 도서의 검색, 소재 확인, 마케팅 등에 도움을 주는 출판사의 주요 도서홍보 수단이자 도서자원 관리와 저작권 관리 등의 도구가 된다.

〈그림 8-1〉 국내 출판업계 도서 메타데이터의 교환 상황

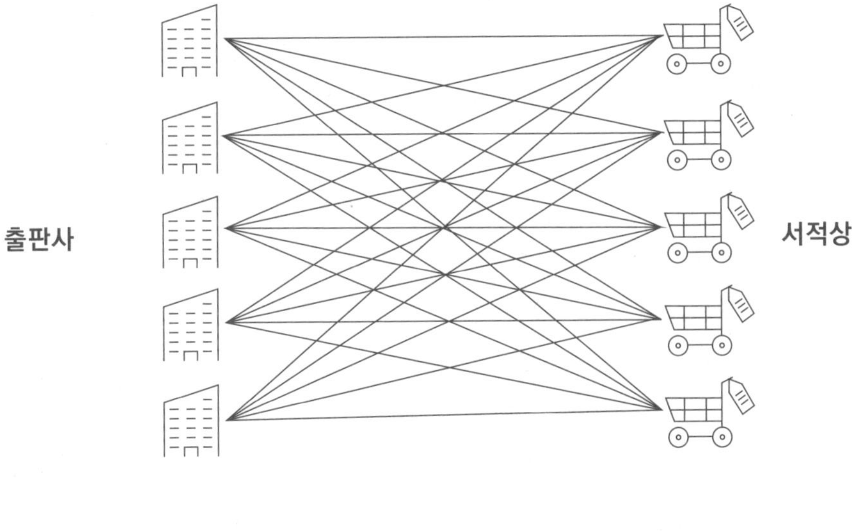

표준 메타데이터의 필요성을 두 가지로 요약해보면 다음과 같다. 첫째, 풍부한 메타데이터는 책의 발견성과 판매 강화에 영향을 미치는 중요한 마케팅 요소다. 이에 따라 각 출판사가 표준 메타데이터를 생성하여 국내외 출판시장에 도서를 노출시키는 전략으로 갈수록 더욱 중요해진다. 적시에 이를 해결하지 않으면 국내 출판산업 전반이 전 세계적으로 낙후될 여지가 있다. 둘째, 표준 메타데이터를 통해 출판산업계 전반에서 동시다발적으로 발생되는 정보 교환의 비효율성과 인프라 부족으로 인한 중복투자의 문제를 해결해야 한다. 향후 표준 메타데이터를 사용하지 않음으로 인한 사회적 비용발생 문제는 한국 출판계의 성장을 발목 잡는 걸림돌이 될 것이다.

〈그림 8-2〉 출판유통통합시스템을 활용한 도서 메타데이터의 교환 상황

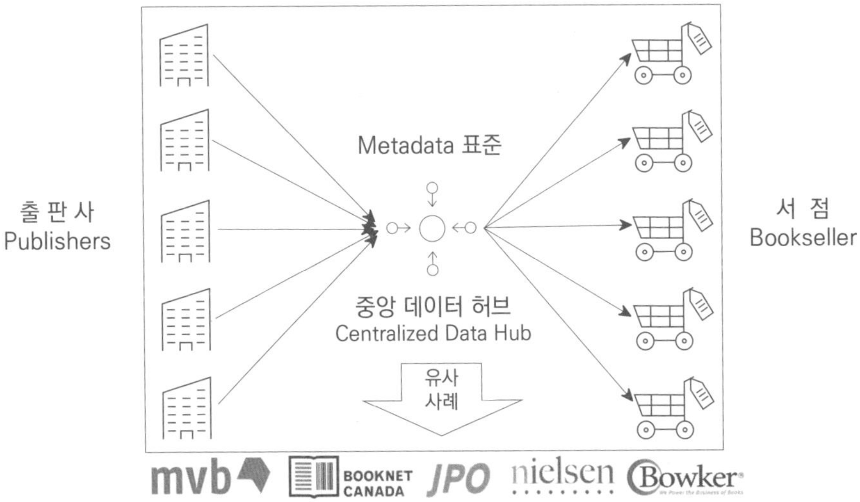

# 부록

# 가 한국출판문화산업진흥원

## 1. 설립 근거 및 연혁

「청소년보호법」에 의한 '한국간행물윤리위원회'가 2003년 「출판및인쇄진흥법」에 의거한 법정기구로 설치 근거가 이관되었다. 2008년 1월에는 「출판문화산업진흥법」으로 근거 법명이 개정되었다. 1990년대 후반부터 출판계가 지속적으로 요구한 '출판 검열기구(한국간행물윤리위원회) 폐지, 출판 진흥기구 설립'이라는 화두가 법제화 및 기관명 변경을 통해 실현되었다.

한국출판문화산업진흥원 설립 이후 임기 3년의 제1대 원장은 이재호(2012.7~), 제2대 원장은 이기성(2016.2~)이었고, 제3대 원장은 김수영(2018.7~)이다. 제2대 원장은 박근혜 정부에 의한 블랙리스트 사태(박근혜 정부에 비판적인 출판사나 저자 등을 정부 지원사업의 대상에서 의도적으로 배제한 출판 분야의 블랙리스트 문제)로 중도 사퇴했다.

한국출판문화산업진흥원은 2012년 7월 27일 공식 설립되어 2015년 7월 전북 '전주·완주혁신도시'로 기관 청사를 이전하면서 서울 방화동 시대를 접고 전주 시대를 열었다. 2016년 3월 대구광역시 소관인 대구출판산업지원센터의 위탁 지정 및 운영기관으로 선정되었으며, 2017년 1월에는 「인문학및인문정신문화진흥법」에 의거한 인문정신문화진흥 전담기관으로 지정되었다.

2020년 현재 정규직 정원은 61명이며, 임직원 총원(무기계약직 28명 포함)은 91명이다. 2018년 결산액은 428억 원이며, 2020년 예산액은 약 434억 원이다.

### 2. 설립 목적과 주요 사업

한국출판문화산업진흥원은 「출판문화산업진흥법」이 규정한 각종 출판진흥사업을 수행하는 법정기관이다. 이에 따라 출판문화산업의 진흥·발전을 효율적으로 지원·육성하고 출판문화산업을 종합적이고 체계적으로 진흥함으로써 국가 지식 경쟁력 강화에 기여함을 기관의 목적으로 한다. 주요 사업 범위는 다음과 같다.

- 출판문화산업 진흥을 위한 실태조사 및 정책과 제도 연구·조사·기획
- 출판문화산업 관련 교육 및 전문인력 양성 지원
- 출판문화산업 발전을 위한 제작 활성화 및 유통 선진화 지원
- 양서 권장 및 독서진흥 등 출판 수요 진작을 위한 사업
- 전자출판의 육성 지원
- 출판문화산업 활성화를 위한 지원시설의 설치 등 기반 조성
- 출판문화산업의 국외 진출 지원
- 간행물의 유해성 여부 심의(출판문화산업진흥법 제16조의4)

## 3. 조직 구성

진흥원은 원장 1인, 이사 8인, 감사 1인과 사무처장, 12개 팀(3개의 센터 및 간행물윤리위원회 사무국 포함)으로 구성되어 있다. 조직의 특징은 출판진흥에 중점을 둔 산업지원본부와 독서·인문·지역출판 지원을 하는 문화지원본부, 그리고 정책연구통계센터와 지원 부서를 두어 출판진흥을 주축으로 독서진흥 업무 등을 병행한다는 점이다.

**한국출판문화산업진흥원 조직도(2021년 01월 기준)**

출처: 한국출판문화산업진흥원 홈페이지(http://www.kpipa.or.kr)

## 4. 2020년 주요 사업

출판문화산업진흥원은 출판산업 인프라 강화, 출판산업 시장 확대, 생활 밀착형 독서문화 확산 등의 전략목표를 바탕으로 각종 사업을 추진한다. 부서별 예산액은 산업지원본부 약 243억 원(콘텐츠지원 110억 원, 미래산업 51억 원, 수출지원 48억 원, 출판유통 선진화 33억 원), 정책연구통계센터 약 8억 원, 문화지원본부 약 112억 원(독서지원 64억 원, 인문지원 17억 원, 지역출판지원 16억 원, 출판산업지원센터 16억 원)이다.

주요 사업은 출판산업실태조사, 세종도서 선정·구입 지원(교양/학술 부문 총 950종, 87억 원), 우수 출판콘텐츠 제작 지원, 중소 출판사 출판콘텐츠 창작자금 지원, 우수 콘텐츠 전자책 제작 지원, 오디오북 제작 지원, 국제도서전 개최 및 참가(모스크바국제도서전 주빈국 참가), 인문독서 아카데미, 대한민국 독서대전 지원 등이다(사업 관련 상세 사항은 진흥원의 2020 사업설명회 자료 및 홈페이지 참조).

# 나 출판 관련 단체

## 1. 문화체육관광부 허가법인

| NO | 단체명 | 법인허가일 | 주소 |
|---|---|---|---|
| 1 | (사)출판도시입주기업협의회 | 2019.07.29 | 경기도 파주시 |
| 2 | (재)한국출판연구소 | 2019.06.13 | 서울시 마포구 |
| 3 | (재)출판도시문화재단 | 2019.05.09 | 경기도 파주시 |
| 4 | (사)대한출판문화협회 | 1952.03.26 | 서울시 종로구 |
| 5 | (특법)한국출판문화산업진흥원 | 2012.07.27 | 전북 전주시 |
| 6 | 한국출판협동조합 | 1962.05.29 | 서울시 마포구 |
| 7 | (공재)백붕제기념출판문화진흥재단 | 2001.11.13 | 경기도 파주시 |
| 8 | (공재)출판도시문화재단 | 2003.12.16 | 경기도 파주시 |
| 9 | (공재)한국출판문화진흥재단 | 1985.12.14 | 서울시 종로구 |
| 10 | (공사)한국출판학회 | 1991.05.13 | 서울시 마포구 |
| 11 | (사)한국만화출판협회 | 2002.07.24 | 서울시 동작구 |
| 12 | (사)한국음악출판사협회 | 2000.09.18 | 서울 강남구 |
| 13 | (공사)한국전자출판협회 | 1999.10.20 | 경기도 고양시 |
| 14 | (공사)한국출판인회의 | 2000.07.21 | 서울시 마포구 |
| 15 | (공사)한국마이크로블로깅출판협회 | 2002.03.07 | 서울시 마포구 |
| 16 | (공사)출판유통진흥원 | 2003.06.03 | 서울시 마포구 |
| 17 | (공사)출판도시입주기업협의회 | 2007.02.28 | 경기도 파주시 |
| 18 | (공사)한국대학출판협회 | 2013.05.01 | 서울시 동대문구 |

| | | | |
|---|---|---|---|
| 19 | (공사)한국중소출판협회 | 2014.02.17 | 서울시 마포구 |
| 20 | (특법)한국사진앨범인쇄협동조합연합회 | 1987.11.10 | 서울시 영등포구 |
| 21 | (공법)대한인쇄문화협회 | 1973.09.12 | 서울시 마포구 |
| 22 | (사)한국서점조합연합회 | 2019.01.16 | 서울시 구로구 |
| 23 | (사)한국문예학술저작권협회 | 1988.07.13 | 서울시 강남구 |
| 24 | (사)한국복제전송저작권협회 | 2000.07.10 | 서울시 마포구 |
| 25 | (사)한국검인정교과서협회 | 2016.04.18 | 경기도 파주시 |
| 26 | (사)학습자료협회 | 1976.04.17 | 서울시 마포구 |

(사): 사단법인, (재): 재단법인, (특법): 특수법인, (공재): 공익재단법인, (공사): 공익사단법인

## 2. 지방자체단체 허가법인

| NO | 단체명 | 법인허가일 | 주소 |
|---|---|---|---|
| 1 | (특법)금성문화재단 | 1993.12.20 | 서울 |
| 2 | (재)한우리독서문화운동본부 | 1990.12.11 | 서울 |
| 3 | (재)책읽는교육사회실천회의 | 2002.05.24 | 서울 |
| 4 | (사)국민독서문화진흥회 | 1992.02.18 | 서울 |
| 5 | (사)한국학술출판협회 | - | 서울 |
| 6 | (사)한국독후능률협회 | 2005.11.28 | 서울 |
| 7 | (사)어린이도서연구회 | 1997.07.04 | 서울 |
| 8 | (특법)한국간행물윤리위원회 | 1997.07.25 | 서울 |
| 9 | 한국제책공업협동조합 | 1973.07.28 | 경기 |
| 10 | (재)유기천교수기념사업출판재단 | 2004.08.13 | 서울 |
| 11 | (재)봉래출판문화재단 | 2002.11.11 | 서울 |
| 12 | (재)대한인쇄연구소 | 1998.02.24 | 서울 |
| 13 | (사)책따세 | 2007.11.23 | 서울 |
| 14 | (사)행복한 아침독서 | 2007.04.25 | 경기 |
| 15 | (사)해외동포책보내기운동협의회 | 2005.12.09 | 서울 |
| 16 | 사)한국독후능률협회 | 2005.11.28 | 서울 |

| | | | |
|---|---|---|---|
| 17 | (사)한국기독교출판협회 | 2002.12.26 | 서울 |
| 18 | (사)책읽는교육사회실천회의 | 2002.05.24 | 서울 |
| 19 | (사)한국출판경영자협회 | 2002.03.07 | 서울 |
| 20 | (사)한국교원대학교출판부 | 1999.10.13 | 충북 |
| 21 | (사)어린이도서연구회 | 1997.07.04 | 서울 |
| 22 | (사)한국방송통신대학출판부 | 1992.03.30 | 서울 |
| 23 | (사)충남대학교출판부 | 1990.06.28 | 대전 |
| 24 | (사)부산대학교출판부 | 1990.06.28. | 부산 |
| 25 | (사)한국외서협회 | 1987.11.04 | 서울 |
| 26 | (사)전남대학교출판부 | 1965.06.05 | 광주 |
| 27 | (사)서울대학교출판부 | 1961.10.11 | 서울 |
| 28 | (재)범우출판문화재단 | 2003.11.14 | 서울 |

(사): 사단법인, (재): 재단법인, (특법): 특수법인, (공재): 공익재단법인, (공사): 공익사단법인

## 3. 기타 단체, 도서관

| NO | 단체명 | 법인허가일 | 주소 |
|---|---|---|---|
| 1 | (사)한국과학기술출판협회(과학기술처) | 1988.01.28 | 서울시 마포구 |

# 다 파주출판도시

파주출판도시(Paju Bookcity)는 경기도 파주시 문발동[1]에 있으며, 정식 명칭은 '파주출판문화정보국가산업단지'다. 21세기 고도 정보사회에 대비하여 출판이나 영상 등 지식·정보산업을 중심으로 한 출판문화산업을 집적화하여 국가전략산업으로 육성하기 위해 계획된 국가산업도시다. 1단계 조성 면적은 87만 4,089㎡이며, 2단계 조성 면적은 68만 6,666㎡다. 현재 1단계는 완성된 상태이며, 2단계 조성 중이다.

주로 출판, 인쇄, 디자인, 출판유통, 방송, 영화, 전시 업종 등이 입주해 있는데, 입주 기업과 업종의 특성이 지식정보 집약 산업이어서 여타 산업단지와 달리 관리 권한이 산업통상자원부에 있지 않고 문화체육관광부에 있다. 또한 입주 기업들의 협동조합이 근간이 되었는데, 출판도시입주기업협의회는 '인간성 회복을 위한 공동성의 실현'이라는 가치를 담을 수 있는 공간을 계획했다. 그래서 현재 파주출판도시는 산업단지로서의 역할뿐 아니라 여타 산업단지와는 구별되는 다양한 모습과 기능을 담당하고 있다.

---

1 '문발(文發)'이라는 이름은 '문화' 또는 '글'이 널리 퍼져나가는 곳이라는 뜻을 지니고 있다. 출판도시가 자연과 공존하면서 '새로운 문화를 창출하는 기지'로 성장해갈 것이라는 메시지를 담고 있어 지명과 출판도시의 각별한 관계를 연상시킨다.

1989년 준비위를 구성하여 추진이 시작되었으며, 1993년 지금의 자유로변 부지 선정과 1994년 문화산업에 대한 정부의 지원 의지가 더해지면서 사업에 속도가 나기 시작했다. 1994년 9월 사업계획이 확정되었으며, 1997년 3월 국가산업단지로 지정, 고시하기에 이른다. 1998년 1월 실시 계획 승인, 고시에 이어 8월에는 시범지구에 대한 용지 분양계약이 체결되었다. 현재 1단계 부지에 출판, 인쇄, 출판유통 등 300개사가 입주해 있으며 연간 매출액은 1조 2천억 원, 고용인원은 약 8천 명이다.

매년 봄에는 '어린이책잔치'가 가을에는 '파주북소리'가 개최되며, 아시아출판문화정보센터와 열린도서관 지혜의숲 및 출판사 직영 서점과 북카페, 헌책방, 갤러리가 다수 존재한다.

출판도시는 아랍에미리트 '세이크자이에드 도서상 문화기술부문 최고상'을 비롯해 대한민국 '디자인 대상' 등 유수의 상을 수상하는 등 도시 조성의 성과를 인정받았으며, 한국출판산업진흥원 등 관련 기관의 연구용역을 통해 몇 가지 성과를 거두었다.

첫째는 '책의 도시'로서 기획과 생산 및 유통 등 출판산업의 요소를 접적화하여 경계적인 면에서 시너지 효과를 최대화하도록 했다. 2019년 현재, 1단계에는 출판사 105개, 인쇄사 34개, 출판유통회사 2개, 지류유통 및 제본사 9개사 등 150개 회사가 자가 건물에 입주했으며, 123개 출판 관련 업체가 임대하여 총 273개 기업이 운영 중에 있다. 특히 출판사의 도서기획 편집, 인쇄사의 생산, 유통회사의 전국 공급망을 통해 출판도시 조성 이전과 대비하여 종이책을 효율적으로 공급할 수 있는 체계를 갖추었으며, 관련 업체의 집적화로 물류비용을 30% 정도 절감했다.

**출판도시 조성 성과**

| 구성 | 주요 내용 |
|---|---|
| 산업도시 | - 출판사, 인쇄사, 출판물류 전문기업이 집적화되어 전국 출판물의 34%를 생산함<br>- 2단계 내 출판, 인쇄업 외 영상, 소프트웨어, 공연예술업의 입주로 국내 문화산업 집적지로서의 역할 |
| 문화도시 | - 어린이책잔치(연간 약 10만 명), 파주북소리(연간 약 30만 명), 국제출판교류 행사, 인문학당, 파주체험학교, 에디터스쿨 등으로 출판산업 진흥을 위한 다양한 문화사업 수행<br>- 입주사 자체 문화사업(명필름, 악당이반 등)으로 시민 대상 다양한 문화예술 향유 기회 제공 |
| 건축도시 | - 국내외 유수의 건축가 70여 명이 단지 조성에 참여하여 산업단지 개발의 새로운 모델을 제시함<br>- 민간 자율 협약으로 마련한 건축지침을 준수한 산업시설 건축으로 수려한 경관 조성 |
| 교육도시 | - 파주타이포그라피학교(교장 안상수, 전 홍익대 교수), 명필름영화학교 등이 자생하며 인재 육성<br>- 차후 글쓰기학교, 인쇄학교, 건축학교 등이 운영될 예정임 |
| 국내외 성과 | - 2006년 제3회 '대한민국 토목 건축대상' 조경 부문 최우수상 수상<br>- 2012년 제6회 아랍에미리트 '셰이크 자이예드 도서상' |

두 번째는 '건축도시'로서 도시 조성을 추진하던 1990년대 초반부터 건축가와 협력하여 도시 디자인에 대한 마스터플랜을 수립했으며, 국내 최초로 지정건축가 제도를 운영하여 독특한 경관의 건축 지형을 마련했다. 특히 국내 건축가와 협력한 성과로 국내 대표적인 계획도시로 인정받아 2015년 11월 국립현대미술관은 '아키토피아의 실험'이라는 기획전시의 일환으로 출판도시 사례를 다루었으며, 미국건축가협회를 비롯한 세계 각국의 건축가협회상을 받았다.

세 번째는 '생태환경도시'로서 출판도시 주변지역은 한강과 임진

**파주출판도시 조성 배경과 비전**

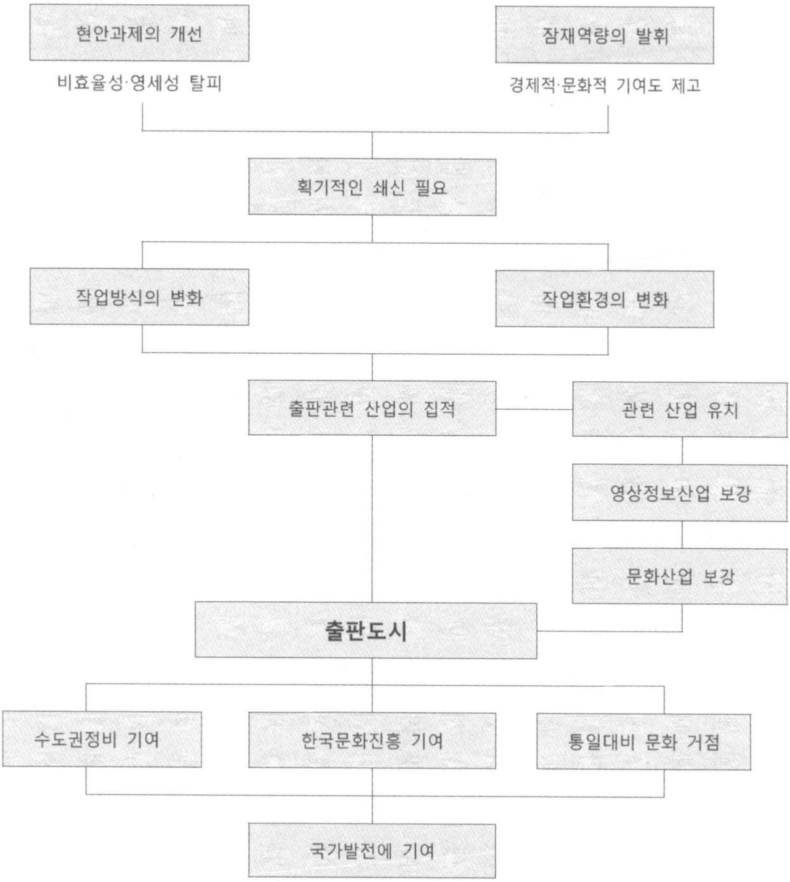


강, 예성강이 합쳐져 서해로 이르는 거대한 강에 딸린 습지로, 철새의 도래지이며, 갈대군락 등 강변습지 식생이 전형적으로 나타나는 곳이다. 특히 도시 중심을 가로지르는 갈대샛강은 전형적인 갯골사행지로 국내 습지 전문가들의 연구 대상이 되었으며, 도시 조성을 추진하며 관련 건축지침 준수사항에 대한 이행을 개별 건물 설계의 조건으로 하여

자연환경과 조화로운 도시를 조성했다.

네 번째는 '문화도시'로서 출판도시는 시민의 문화예술향유권 강화를 취해 다양한 문화프로그램을 개최하고 있다. 시민 대상 어린이책 잔치, 파주북소리의 전문가 대상 국제출판포럼 등 계층별 문화프로그램을 운영하고 있으며, 특히 출판도시 내 핵심 공공시설인 아시아출판문화정보센터를 중심으로 각 출판사 1층이나 2층, 지하층에 상설 문화공간인 전시장, 북카페, 갤러리, 이벤트광장, 세미나실 등을 조성했다.

# 라 출판교육 현황: 학교, 기관, 단체

## 1. 출판교육 현황과 위상 강화를 위한 미래 비전

전공 분야를 세분화하여 종합적으로 출판 전문인력을 양성하는 전문출판대학원대학교나 4년제 대학 출판학과는 전무한 상황이다. 세명대학교의 경우 디지털콘텐츠창작학과에서 2014년부터 전자출판 전공을 운영하고 있으며, 글로벌사이버대학교 융합콘텐츠학과 문화콘텐츠기획전공에서 출판PD실무 과정을 운영하고 있다.

**출판 관련 대학의 연간 교육생 수(2021년 기준)**

| 대학명 | 학년 | 수강인원 |
| --- | --- | --- |
| 세명대학교 디지털콘텐츠창작학과 | 4 | 40 |
| 글로벌사이버대학교 융합콘텐츠학과 | 4 | 40 |
| 서일대학교 미디어출판학과 / 2년제 + 전공심화 2년 | 2+2 | 45/15 |
| 신구대학교 미디어콘텐츠과 / 3년제 + 전공심화 1년 | 3+1 | 70/15 |
| 한국폴리텍대학 강서캠퍼스 출판편집디자인과 | 1 | 54 |
| 한국폴리텍대학 남인천캠퍼스 인쇄디자인과 | 1 | 27 |
| 한국폴리텍대학 남인천캠퍼스 콘텐츠디자인과 | 1 | 27 |
| 부경대학교 인쇄정보공학과 | 4 | 18 |
| 중부대학교 전자출판인쇄공학전공 | 4 | 30 |

공교육 과정을 거쳐 배출되는 출판 인재의 숫자가 현재 매우 제한적이다. 주로 전문대학에서 운영 중이어서 교육내용 또한 지식콘텐츠 전문가가 아니라 종이책과 전자책을 만드는 기술자 양성에 집중해 있다고 보는 시각이 있다.

출판은 책을 중심으로 하는 제조산업에서 지식을 매개로 하는 문화콘텐츠산업으로 무게중심이 이동해가고 있으므로 출판인력 양성도 지식콘텐츠 전문가, 문화콘텐츠 전문가, 커뮤니케이션 전문가를 양성하는 쪽으로 이루어져야 한다.

이를 보완하기 위해 신구대학교 미디어콘텐츠학과와 서일대학교 미디어출판학과에서는 전공심화과정을 개설하여 운영 중이다. 두 학과의 전공심화과정에서 심화교육을 통해 출판전문가 양성을 위한 교육을 진행하며, 이 과정을 마치면 4년제 학사학위가 부여된다.

## 2. 4차 산업혁명과 출판의 미래 모델

출판산업은 전통적인 제조업 구도에서 탈피하여 지적 서비스를 제공하는 혁신 콘텐츠로 재탄생해야 한다. 4차 산업혁명의 확산으로 출판산업은 열린 플랫폼상에서 많은 사람의 상호작용을 통해 지식과 정보를 생산하고 공유하며, 유통을 주도하는 구조로 변화하고 있다.

ICT 환경의 전통적인 출판산업 구조에서 통합형 생태계 구조로 변화해야 한다. 정보통신기술의 발달로 콘텐츠산업의 본질은 소통과 창조에 있다. 콘텐츠를 가공해 정제된 당위성을 만들어내는 것이 전통적 출판의 구조였다면 구조들을 소통케 하고 담론을 만개하도록 하는 것이 미래 출판의 역할이므로 이에 맞는 인력 양산이 필요하다.

4차 산업혁명으로 가치 파생에 집중하는 방향으로 콘텐츠산업이 재편되고 있으며, 출판콘텐츠는 원천콘텐츠로서 중요성이 더욱 확대되고 있다. 이 같은 변화에 대응하기 위해 출판산업에도 다빈치형 인재가 요구된다. 특히 전자책 같은 디지털 뉴미디어 콘텐츠 분야에 다빈치형 인재, 창의적인 마인드를 가진 융합인력이 필요하다.

▶ 출판업계 출판 전문인력 양성 시스템의 현황과 개선 방향(출판교육과 출판인력 양성 활성화 방안 연구, 2015 참조)

- 공교육 활성화, 출판과 관련된 다양한 분야에서 이론과 실무를 겸비한 전문 강사진과 교재 확보
- 전문기관에서 장기적이고 체계적인 전문인력교육 장기 계획 구성 후 양성기관 설립
- 새로운 시대에 맞는 교육프로그램 개발
- 출판 선진국(미국, 일본, 유럽)의 인재 프로그램 분석 및 도입
- 관련 학과나 특성화 고등학교에 출판인력을 키울 수 있는 체계 마련
- 인력 양성 프로그램의 다양성 확보와 지속적인 관리 감독, 과감한 예산 투자 등
- 4년제 대학에 출판전공학과 설치-대학원 과정에서 출판인 재교육-출판전문대학원 설립 등 공교육 강화
- 우수한 출판인력이 유입되도록 홍보활동 강화와 원거리 수강생을 위해 온라인 출판교육 프로그램 필요
- 출판업 종사자의 글로벌한 마인드 조성을 위해 정부 차원의 국내외 연수 프로그램 정례화
- 서울북인스티튜트(SBI)는 한국출판인회의의 회원사에 교육을 집중하고 있어 이와 관련이 없는 출판사나 출판인이 출판교육을 받

기 어려움. 이에 비회원사들이 출판교육을 받을 기회도 개방할 필요성이 있음

- 강의에 맞는 강사를 공개 채용하는 문화가 널리 퍼졌으면 좋겠다는 의견
- 출판 전공 교수 및 강사(출판산업전문가)를 충분히 확보하고 출판 환경 변화에 맞는 수준 높은 커리큘럼 기획

민간 출판 교육기관, 진흥원 출판아카데미 등의 공고한 협력관계를 통해 기관별 미션을 설정하고, 역할 분담을 통해 출판인력 양성사업의 효율화를 도모해야 한다. 최소 연간 1회 이상의 협의회의를 실시함으로써 기관 간 차별화 및 기관별 교육 효과 향상을 이끌어내야 한다. 출판교육 프로그램 공모를 통해 선정·지원하는 방식과 교육 후 결과에 대한 평가도 중요하다. 또한 온·오프라인 채널을 통한 다각화된 교육과 출판경영자 교육과정이 필요하다.

무엇보다 출판인을 지속적으로 양성하는 상설 교육기관으로서 공교육 기관이 요구된다.

### 3. 해외 대학의 출판학 전공 운영 사례와 특징

▶ 대학원대학 수준에서 이뤄질 수 있는 프로그램 요청 사항

- 출판의 해외 수출을 위한 기획 및 홍보와 마케팅, 출판 철학, 출판 마케팅, 출판 심리학, 출판 미디어
- 출판콘텐츠 분야별 생산 생태계 이해, 출판콘텐츠 분야별 소비 생태계 이해
- 출판시장의 타깃 변화와 추이 분석 등의 프로그램과 일대일

멘토링 제도
- 글로벌 트렌드, 최신 경영기법, 회계와 세금, 투자와 투자 유치 방법 등 타 분야의 경영 성공 방법 교육 후 출판계에 응용할 수 있도록 출판 MBA 필요
- 출판 최고경영자의 혁신역량을 개발하고, 경영자 후속세대를 지도하고 양성하며, 협력적인 네트워크를 구축하는 출판 CEO 강좌
- 새로운 출판 비즈니스 모델, 책의 발견과 디지털 마케팅, 멀티-채널 출판이 가능한 출판공정 혁신(XML Publishing) 등 다양한 프로그램 제시

▶ 해외 출판교육이 주는 시사점
- 출판 관련 교육은 주로 교육기관에서 진행되고 있으며, 단기과정 같은 경우에도 교육기관에서 주관하여 운영한다.
- 출판입문자부터 마케터, 편집자, 경영진들을 위한 다양한 단계별 프로그램이 진행되고 있어 각 단계와 분야별 인재를 양성하고, 교육을 받은 인재들이 본인의 경험과 실무를 접목하여 다음 단계의 인재들을 양성한다.
- 산학의 출판 관련 전문가로 자문단을 구성하여 단기·중기·장기 출판 관련 교육프로그램 및 방향을 제시하는 자문협의체를 운영한다.
- 출판전문 자문단을 각 나라의 출판 관련 교육기관에 단기 파견하여 조사·연구한 후 국내에 맞는 출판 프로그램을 개발하고 각 나라의 출판 교육기관과 교류한다.

① 출판입문자, 마케터, 편집자, 경영진 등 각 분야와 단계별 교육프로그램을 개발하고 전문가를 양성해야 한다.

② 현재 대부분 출판 교육기관은 정부 지원 등의 이유로 재직자 중심의 교육이 대부분이다. 그렇기에 창업했거나 창업할 예정인 인력에 대한 단기·중기 과정의 프로그램 개발이 필요하다.

③ 전자출판과 관련된 교육도 기존 출판사 재직자 위주가 아닌 전자출판 전문 신규인력 양성 프로그램이 필요하다. 현재는 출판사의 재직자가 단순히 기존에 출판된 도서를 전자책화하는 교육이 대부분이다. 그렇기에 여러 형태의 디지털 출판이 가능한 다양한 교육프로그램 개발이 필요하다.

④ 출판에 대한 실무도 다루고 있으나, 더욱 중요하게 교육하는 부분은 출판의 미래에 대한 비전을 갖게 하는 과정이다. 미래의 콘텐츠, 아이디어 기획, 예산, 광고, PR, 브랜드 형성, 사용자 경험, 구글 분석, 셀프 퍼블리싱, 디지털 미디어, 소셜 미디어 전략, 글로벌시장 이해 등 최근 경향에 대한 다양한 분석과 교육이 진행된다. 이외에 책의 탄생, 메타데이터에 대한 내용도 다루며, 경영학 원론, 미디어 경영론, 재정론, 회계론, 조직론, 법률, 마케팅 및 유통, 문학론, 전시론, 소통론, 상업론 등 기본 이론에 대한 교육도 중요하게 다룬다.

▶ 한국 출판학 위상을 정립하기 위한 방안

정부는 여러 가지 보여주기식 정책지원보다는 출판의 미래 구축을 위한 교두보로서 '출판대학원대학'을 설립하기 위한 노력을 기울여주었으면 한다. 빠르게 바뀌고 있는 출판환경과 콘텐츠 사업을 고려하여 현장에서 치열하게 일하고 있는 인재와 이론과 지식을 전달할 교수진이 호흡하는 교육의 필요성이 점차 확대되고 있다. 출판 전공 교수 및 강사(출판산업전문가)를 충분히 확보하고 출판환경 변화에 맞은 수준 높은 커리큘럼을 기획한다. 또한 공교육으로 이루어지는 출판교육에 대한 인식을 높이는 것이 필요하다.

출판기획에 관한 교육이 중요하고, 사회를 이끌어가는 출판의 문화적·산업적 의미와 역할에 대한 교육이 필요하다. 무엇보다 출판의 흐름과 앞으로 나아갈 비전을 제시해야 하고, 출판교육을 통합적으로 운영하고 창의성을 함양할 수 있도록 하는 교육이 필요하다.

4차 산업혁명 환경에서 출판의 미래는 다음과 같이 세 가지 형태로 분류될 것으로 본다(공병훈, 2017). 첫째, 다양한 출판 참여자들의 다양한 종류의 콘텐츠가 출판될 것이다. 즉, 출판 가치 네트워크의 주요 요인에서 창작과 생산의 다양한 주체가 가치 네트워크에 참여하며 다양한 콘텐츠 종류를 창작·생산하는 체계가 더욱 확대될 것이다. 둘째, 종이책 출판사에서 가치 네트워크 허브로 출판사의 진화를 예상할 수 있다. 왜냐하면 다양한 주체의 다양한 콘텐츠 출판이라는 트렌드가 출판사의 협업자이자 풍부한 콘텐츠 개발 자원으로 활용될 수 있기 때문이다. 셋째, 산업혁명 기술에 최적화된 콘텐츠 출판으로 진화될 것으로 본다.

제4차 산업혁명의 핵심 기술과 콘텐츠 주요 요인, 종이책과 관련되어 나타나는 현상이나 트렌드는 증강현실 종이책과 온디맨드 기반

**4차 산업혁명과 미래 출판의 변화**

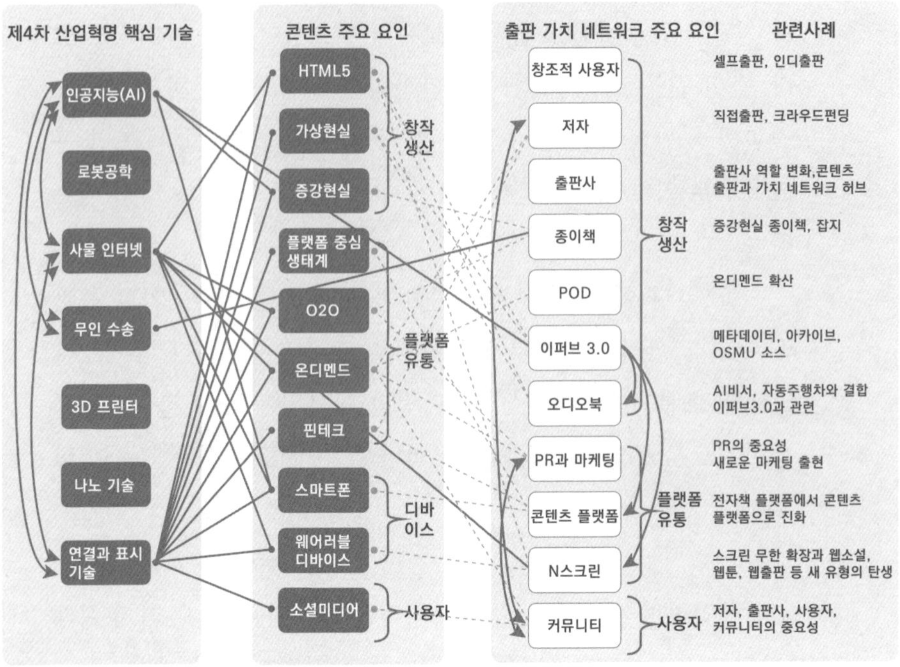


출처: 공병훈(2017), 「제4차 산업혁명과 출판의 미래 모델 연구: 기술 혁신 환경의 출판 모델과 적응 전략을 중심으로」, 『한국출판학연구』 통권 제80호, 34쪽.

의 POD, 가상현실과 N스크린에 알맞은 이퍼브 전자책을 기획·개발·유통하는 활용이 주효할 것이다. 특히 콘텐츠와 관련된 주요 요인과 집중해야 할 키워드는 '융합'이라고 할 수 있다. 이를 위해 기술적인 요인과 함께 창의적·융합적 사고력을 갖춘 인재가 요구된다.

출판과 관련된 전문지식과 사업모델을 연구할 수 있는 출판대학원대학 설립, 출판과정이 있는 특수대학원에 출판최고위과정 개설, 온라인 교육 시스템이 구축된 대학과 협력해서 온라인 출판강의 개설을 요구하고 있다.

# 마 출판물 불법복제 현황

한국저작권보호원에서 조사·발표한 「2019 저작권 보호 연차보고서(2018년 기준 불법복제물 유통실태조사)」에 따라 최근 5년간(2014~2018년 기준)의 결과를 분석해보면 다음과 같다.

### 1. 불법복제물 시장규모

2018년 출판 불법복제물의 유통량은 약 6,099만 개로 전년(6,147만 개) 대비 0.8% 감소했고, 출판 불법복제물 유통량에 불법복제물 단가를 적용하여 산출한 시장규모는 약 1,602억 원으로 전년(1,410억 원) 대비 13.6% 증가했다.

**연도별 출판 불법복제물 시장규모(2014~2018)**

| 연도 | 유통량(천 개) | 증감(%) | 금액(백만 원) | 증감(%) |
|---|---|---|---|---|
| 2014 | 112,586 | - | 114,496 | - |
| 2015 | 81,443 | -27.7 | 141,795 | 23.8 |
| 2016 | 57,555 | -29.3 | 172,625 | 21.7 |
| 2017 | 61,473 | 6.8 | 141,020 | -18.3 |
| 2018 | 60,993 | -0.8 | 160,153 | 13.6 |
| 5년 평균 | 74,810 | - | 146,018 | - |

출처: 한국저작권보호원(2019), 「2019 저작권 보호 연차보고서」, 293쪽.

**연도별 출판 불법복제물 시장규모(2014~2018)**

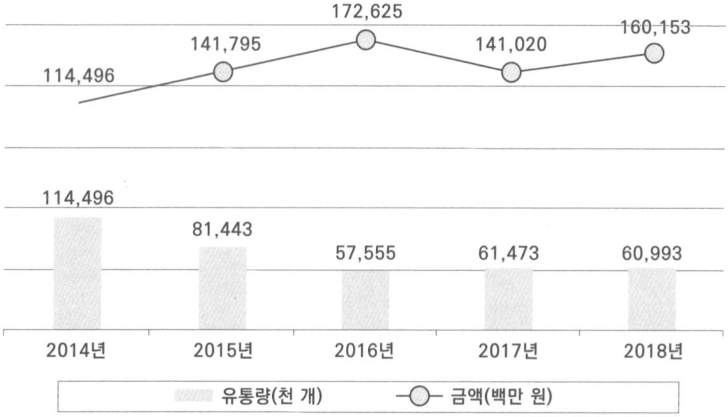


출처: 한국저작권보호원(2019), 「2019 저작권 보호 연차보고서」, 293쪽.

## 2. 장르별 출판 불법복제물 시장규모

장르별로 살펴보면 2018년 출판 불법복제물 중 '만화'가 2,567만 편으로 가장 많았으며, 그다음으로는 '소설·수필'이 1,501만 편, '학습교재(참고서)'가 1,196만 편, '학술서적'이 435만 편의 순으로 나타났다. 한편 '대학 외부 복사기(복사가게)'를 통한 불법복사는 401만 편으로 조사되었다. 이를 금액으로 환산하면 약 1,602억 원을 출판 불법복제물 소비에 지출하고 있는 것으로 드러났는데, 학술서적의 불법복제가 816억 원으로 전체의 50.9%를 차지하고, 대학 외부 복사기를 통한 불법복사가 401억 원으로 전체의 25.1%를 차지한다.

**장르별 출판 불법복제물 유통량 및 금액(2018)**

(단위: 천 개, 백만 원, %)

| 구분 | | 합계 | 소설/수필 | 만화 | 학습교재 | 학술서적 | 대학 외부 복사기 |
|---|---|---|---|---|---|---|---|
| 전체 | 유통량 | 60,993 | 15,006 | 25,668 | 11,955 | 4,350 | 4,014 |
| | 금액 | 160,153 | 117 | 32 | 38,276 | 81,588 | 40,138 |
| 온라인 | 유통량 | 48,039 | 15,006 | 25,668 | 7,365 | - | - |
| | 금액 | 208 | 117 | 32 | 56 | - | - |
| 오프라인 | 유통량 | 12,954 | - | - | 4,591 | 4,350 | 4,014 |
| | 라인금액 | 159,945 | - | - | 38,220 | 81,588 | 40,138 |

출처: 한국저작권보호원(2019), 「2019 저작권 보호 연차보고서」, 295-296쪽 재구성.

## 3. 잠재적 합법저작물시장 침해규모와 침해율

2018년 기준 출판 불법복제물 시장규모는 약 1,602억 원으로 나타났으며, 이러한 불법복제물로 인해 침해받는 합법저작물 시장규모는 약 4,844억 원으로 추정된다. 2018년 잠재적 합법저작물 시장규모는 약 6조 1,286억 원으로 추정된다. 2018년 출판 분야 합법저작물 시장 침해율(잠재적 합법저작물 시장규모에서 차지하는 합법저작물 시장 침해규모에 대한 비율)은 7.9%로 조사되었다. 이는 2016년 합법저작물 시장 침해율(9.1%)과 비교했을 때 약 2.1%p 낮아진 수치이며, 2014년 합법저작물 시장 침해율(6.8%)과 비교했을 때는 1.1%p 높아진 수치다.

**출판 분야 불법 복제물에 따른 잠재적 합법저작물 시장 침해규모와 침해율**

(단위: 억 원, %)

| 연도 | 불법복제물 시장규모 | | 합법저작물 시장규모(A) | | 합법저작물 시장 침해규모 (B) | | 잠재적 합법 저작물 시장규모 (C=A+B) | | 잠재적 합법 저작물 시장 침해율 (B/C) | |
|---|---|---|---|---|---|---|---|---|---|---|
| | 금액 | 증감률 | 금액 | 증감률 | 금액 | 증감률 | 금액 | 증감률 | 침해율 (%) | 증감 (%p) |
| 2014 | 1,145 | 55.5 | 56,868 | 17.1 | 4,162 | 29.6 | 61,030 | 17.9 | 6.8% | 0.6 |
| 2015 | 1,418 | 23.8 | 56,171 | -1.2 | 4,504 | 8.2 | 60,675 | -0.6 | 7.4% | 0.6 |
| 2016 | 1,726 | 21.7 | 56,330 | 0.3 | 4,313 | -4.2 | 60,643 | -0.1 | 7.1% | -0.3 |
| 2017 | 1,410 | -18.3 | 56,476 | 0.3 | 5,598 | 29.8 | 62,074 | 2.4 | 9.0% | 1.9 |
| 2018 | 1,602 | 13.6 | 56,442 | -0.1 | 4,844 | -13.5 | 61,286 | -1.4 | 7.9% | -2.1 |

출처: 한국저작권보호원(2019), 「2019 저작권 보호 연차보고서」, 293, 314, 319쪽 자료를 재구성

# 바 출판노동의 실태와 출판노동조합

출판노동을 말하기 전에 먼저 「2018 출판산업실태조사」[2]에 따르면 5인 미만 출판사 업체가 72.8%(1~2인 54.3%, 3~4인 18.5%)를 차지하며, 50인 이상 사업체가 2.5%로 매우 영세한 구조를 보인다. 즉, 총 조사 대상인 3,473개사 중 2,527개사가 1~4인이었다. 또한 출판사의 전년 대비 종사자 수는 증감 현황으로 거의 비슷하다는 내용이 89.5%로 대부분이었으며, 감소가 6.3%, 증가는 3.9%였다. 2017년 직원을 신규 채용한 경우는 전체의 27.8%로 총 1,010명을 채용했으며, '경력'이 '신입'보다 많은 것으로 나타났다.

2017년 실태이기는 하지만 출판종사자 수는 거의 변함이 없으며, 새로운 사람이 출판산업으로 들어오는 것보다 경력자가 또 다른 직장으로 이직하는 경우가 많은 것으로 보아 새로운 사람보다는 지속된 근무자가 많다고 할 수 있다.

또한, 출판산업은 여성이 전체 근로 인구의 절반 이상을 차지하고 있다. 그러나 여성 친화적인 근무환경은 아니라고 할 수 있다. 또한 전반적으로 낮은 노조 조직률과 소규모 사업장으로 파편화된 노동환경

2 조사모집단 현황으로는 출판사업체가 3,473개사, 출판유통사업체 2,126개사, 전자책사업체 955개사로 총 6,554개사다.

이라고 할 수 있다.

「근로기준법」은 "상시 5명 이상의 노동자를 사용하는 모든 사업 또는 사업자에 적용된다"라고 규정하는 동시에 상시 4명 이하의 노동자를 사용하는 사업 또는 사업장에 대해 일부 규정을 적용할 것 역시 정하고 있다. 최근 들어 사업의 위험 부담과 노무 부담을 줄이기 위해 별도의 (5인 미만) 자회사와 계열사를 만들어 관리하는 대형출판사들이 늘어나고 있다. 이 자회사들은 기대 매출에 부응하면 살아남고, 그렇지 않으면 '정리'된다. 본사의 경영주들과 '월급 사장'인 자회사 대표로서는 위험 부담을 줄이려는 전략이겠지만, 노동자 입장에서는 위험 부담과 열악한 노동조건을 감내해야 한다. 이러한 분사 경영 전략은 비단 출판계에서만 벌어지는 문제는 아니다.[3]

출판노동조합협의회는 전국언론노동조합의 직종협의회 중 하나다. '고래가그랬어분화', '돌베개분화', '보리분화', '사계절출판사분화', '서울경기지역출판지부', '한겨레출판분화' 등 7개 지부/분화의 협의체다. 서울경기지역출판지부에는 출판사 내 지부/분화와 달리 서울과 경기지역을 기반으로 사업장 내 노조가 없는 재직출판노동자와 출판사 밖에서 출판노동을 하는 외주출판노동자가 속해 있다. 출판노협은 작은 규모로 출판사를 운영하는 것이 가능하고 이직이 잦아 조직화되기 어려운 산업의 특성상 출판노동자 스스로 연대를 강화하고 권익을 보호해야 한다는 절박함 가운데 설립됐다. 현재 두 사용자단체 '대한출판문화협회'와 '한국출판인회의'가 통합을 시도하면서 사용자 중심의 출판정책을 주도하고 있다.

---

3 한국노동안전보건연구소, 「출판산업 내 숨은 노동 일러두기: 2018 출판산업 여성노동 실태조사」, 2019.9.(https://kilsh.tistory.com/1697)

출판산업은 많은 문화산업이 그렇듯 소규모산업이어서 불안한 노동여건과 널리 퍼진 불법적 관행 탓에 자주 이직할 수밖에 없고, 심지어 완전히 다른 직종으로 떠나는 이들도 적지 않다. 출판산업의 특성상 많은 출판사가 소규모로 운영되며, 교정교열·디자인 등의 작업을 외주로 처리하는 경우가 많다.

몇 년 전만 해도 근로계약서를 작성하지 않고, 노동절에 당연히 출근하며, 연봉에 퇴직금이 포함된 이른바 '13분의 1 계약' 등의 폐단이 아무렇지도 않게 관행처럼 인식되기도 했다. 또한, 온갖 말도 안 되는 사유로 출판노동자를 부당하게 해고하는 사례들이 출판노동계에 헤아릴 수 없이 만연해 있는 게 현실이다.[4]

이런 상황에도 불구하고 전반적으로 낮은 노조 조직률과 소규모 사업장으로 파편화된 노동 환경 등으로 인해 출판업에 종사하는 여성 노동자의 목소리는 아직 공적으로 드러나지 않았다.

이런 맥락에서 2018 출판산업 여성노동 실태조사를 요약한 「숨은 노동 일러두기」는 출판산업에 종사하는 여성 노동자의 노동세계와 생활세계에 관한 광범위한 기초 조사를 목표로 여성 노동자가 처한 구체적인 노동조건을 살피고, 미조직 노동자의 욕구를 파악하며, 노동생활과 일상생활이 어떤 관계에 있는지에 초점을 맞추었다.

### 1. 전국출판노동조합연맹

1963년 6월 3일 설립된 단체로 출판·인쇄업 분야에 종사하는 산업별 노동조합의 연합체다.

---

4 한국노동사회연구소, "행복한 노동이 좋은 책을 만든다!", 언론노조출판노협이야기, 2019.1.31.(http://www.klsi.org/node/8889)

1961년 5·16 군사쿠데타 이후 한국노총이 전국연합노조에 조직을 위촉하여 지부가 결성된 국정교과서노조를 기반으로 동아출판사 등 12개 사업장을 중심으로 1963년 전국출판노동조합으로 출범했으며, 1980년 「노동법」 개정에 따라 산별 연맹체로 재편하여 오늘에 이른다. 전체 조합원의 76.2%가 서울에 집중해 있고, 종래에는 기업별 노조만 가맹하도록 했으나 1988년 규약을 개정하여 지역별·직종별 노조 가입도 가능해졌으며, 언론기관노조는 가맹대상에서 제외했다.

### 2. 민주출판노동조합협의회

민주출판노동조합협의회 결성은 전자시보노동조합 해고철회 투쟁에 대해 일요신문노조, 여원노조, 웅진출판사노조, 시사영어사노조, 창인사노조, 삼성당노조 등 7개 출판노조 대표가 1987년 12월23일 공동성명서를 발표하면서 시작되었다. 이어 1987년 12월 26일 농성 중인 전자시보노동조합에 5개 노조 30여 명이 지지농성을 전개했고, 1988년 1월 8일에는 「한국일보」에 10개 출판노조 명의로 '사슴은 누가 죽였나'라는 여원사의 노조탄압 항의광고를 게재했다. 1월 7일부터 9일까지는 삼성당노동조합 부당 부서 이동에 항의하는 평민당사 2차 농성에 참여했으며, 1월 13일 전자시보노조가 24일간의 철야농성 끝에 해고철회를 관철하는 성과를 거두었다.

이러한 투쟁의 성과를 모아 1월 19일 10개 출판노조 조합원 300여 명이 모인 가운데 '출판노동조합 탄압 공동대처 실천대회'를 개최하고, 이어 민주출판언론노조협의회 구성을 제안하게 되었다. 이러한 제안에 힘입어 1월 27일 위원장들이 모여 협의회 구성을 위한 구체적 방안을 논의했고, 2월 11일 다시 이 모임에서 의장과 총무를 선출함으로써 '민출노협'을 출범시켰다(전국노동조합협의회 백서).

사

# 출판 관련 주요 기관·단체

## 1. 출판 관련 단체 현황(한국출판연감, 2019년 12월 기준)

| 분야 | 사단법인 | 재단법인 | 임의단체 | 법정단체 | 정부기관(산하) |
|---|---|---|---|---|---|
| 출판 | 대한출판문화협회<br>한국과학기술출판협회<br>한국대학출판협회<br>한국전자출판협회<br>한국출판인회의<br>불교출판문화협회<br>출판도시입주기업협의회<br>출판유통진흥원<br>학습자료협회<br>한국기독교출판협회<br>한국아동출판협회<br>한국중소출판협회<br>한국학술출판협회<br>한국검인정교과서협회 | 한국출판문화<br>진흥재단<br>출판도시<br>문화재단<br>한국국제<br>교류재단 | 한국출판<br>영업인회의 | 한국출판협동<br>조합 | 한국출판문화<br>산업진흥원<br>한국문학번역원<br>대한민국학술원 |
| 잡지 | 한국잡지협회<br>한국전문신문협회 | | | | |
| 제작 | 대한인쇄문화협회<br>한국제지연합회 | 대한인쇄연구소 | | | |

| | | | | | |
|---|---|---|---|---|---|
| 저작권 | 한국문예학술저작권협회<br>한국번역가협회<br>한국복제전송저작권협회 | | | | 한국저작권<br>위원회 |
| 학술 | 한국출판학회<br>출판문화학회<br>한국전자출판학회 | 한국출판연구소 | | | |
| 독서 | 책읽는문화재단<br>한국작가회의 | | | | 한국문화예술<br>위원회 |
| 도서관 | 한국도서관협회 | | | | 국립중앙도서관 |
| 서점 | 한국서점조합연합회 | | 전국동네책방<br>네트워크<br>한국서점<br>경영인협회 | | |

## 2. 국내 대표 에이전시(출판문화산업진흥원, 2020년 8월 기준)

| 에이전시명 | 홈페이지 주소 | 사업 영역 | 주력 분야 |
|---|---|---|---|
| 가온 에이전시 | | 도서 저작권 수출입 중개 | 일어 |
| 공앤박㈜ | www.kongnpark.com | 도서 완제품 수출(영문, 국문 등) | 어학, 한국학 |
| 대니홍 에이전시 | | 도서 저작권 수출입 중개 | 문학, 인문, 자기계발, 비소설, 경제경영 |
| 더 에이전시 | www.thebookagency.com | 도서 저작권 수출입 중개 | 해외 저작권 수입 |
| 듀란킴 저작권에이전시 | www.durankim.com | 출판저작권 수출입 중개 - 영미권, 유럽권, 일어권; 영화 및 드라마 판권 수입; 국내 저자의 국내외 판권관리 | 문학, 경제경영, 과학, 인문, 실용 |
| 리앤리에이전시 | Lee & Lee Literary Agency | 도서 저작권 수출입 중개 | 독일어 |
| 모모에이전시 | | 출판 저작권 중개 | 유럽 지역 픽션, 논픽션, 아동도서 수입과 수출 |
| 밀크우드 에이전시 | www.milkwoodagency.com | 도서 저작권 수출입 중개 | 해외 저작권 수입 |

| | | | |
|---|---|---|---|
| 베스툰 코리아 | www.bestun.com | 저작권 중개 및 계약, 관리 | 해외 저작권 수입 |
| 북리엔 에이전시 | blog.naver.com/booklien | 저작권 중개 및 계약, 관리 | 해외 저작권 수입 |
| 북마크코리아 에이전시 | blog.naver.com/prologue/ PrologueList.nhn?blogId=bkagency | 저작권 중개 및 계약, 관리 | 해외 저작권 수입 |
| 북존 에이전시 | bookzone.modoo.at | 저작권 수출입(출판, 영상, 전자콘텐츠, 캐릭터 등) | 유아, 아동물(동화책, 시리즈), 학습물(영어, 수학, 과학, 미술 등), 교재, 교육프로그램 |
| 북포스트 | bookpost.kr | 도서 저작권 수출입 중개 | 일어 |
| 비씨 에이전시 | www.bookcosmosagency.com | 도서 저작권 수출입 중개 | 독일어, 일본어, 영미, 유럽 등 |
| 세라유 에이전시 | www.saerayoo.com | 실용, 학술, 문학, 교양, 아동도서, 만화 등 전 장르 출판물, 영상저작물 / 계약 및 법률컨설팅 | 저작권 대리 중개, 저작권 계약 및 법률컨설팅 |
| 시빌 에이전시 | blog.naver.com/sibyllebooks | 저작권 중개 및 계약, 관리 | 해외 저작권 수입 |
| 신원 에이전시 | www.shinwonagency.co.kr | 도서 저작권 수출입 중개 | 일본어, 영미, 유럽 등 |
| 실크로드 에이전시 | | 저작권 중개 및 계약, 관리 | 해외 저작권 수입 |
| 아루이 에이전시 | www.aruiagency.com | 도서 저작권 수출입 중개 | 중국어권 |
| 아모 에이전시 | | 단행본 번역 저작권 중개(영어, 일본어, 불어, 기타 유럽어), 잡지 번역권 중개, ELT 도서 수출 중개(원서 수출) | 종합 |
| 아바커뮤니케이션 | www.abbacomm.co.kr | 저작권 중개 및 계약, 관리 | 번역, 통역 |
| 알맹2 | www.rmaeng2.com | 기독교/신학 | 기독교/신학 |
| 에릭양 에이전시 | www.ericyangagency.co.kr | 저작권 중개 업무 - 성인, 아동도서, 잡지, 만화 등 모든 형태의 출판물과 비디오, 오디오, 영상물 및 E-러닝 등 교육 프로그램 저작권 계약 진행/출판시장 조사 및 컨설팅 업무 | 저작권 중개 업무 |

| | | | |
|---|---|---|---|
| 에이전시 량 | | 도서 저작권 수출입 중개 | 한국도서 저작권을 중국과 대만으로 수출(실용, 외국어, 아동서, 자녀교육, 경제경영, 자기계발, 에세이, 소설 등 모든 장르) |
| 에이전시 원 | www.agency-one.co.kr | 저작권 수출입 중개 | 프랑스어, 유럽어 |
| 에이전시 창 | | 저작권 수출입 중개 | |
| 엔터스코리아 에이전시 | www.ekagency.co.kr | 해외 저작권 중개(수출입), 출판번역, 국내 출판기획 | 실용, 처세, 어학, 아동, 자녀교육 |
| 연아인터내셔널 | | 중국, 대만, 일본 등 한자어권의 출판물, 영상물, 온라인콘텐츠, 플랫폼, 강연 기획 및 에이전시, 한중 중한 통번역, 출판콘셉트 관련 문화여행상품 기획 | 중화권 |
| 오렌지 에이전시 | www.orangeagency.co.kr | 저작권 수출입 중개 | 독일어, 불어 |
| 울 리터러시 | www.oolliterary.com | 저작권 수출입 | 유럽, 중남미 전문(그림책, 어린이 읽기물) |
| 유리장 에이전시 | | 도서 저작권 수출입 중개 | 일어, 영어, 독일어 |
| 이야기 에이전시 | blog.naver.com/iyagiagency/10023701067 | 저작권 수출입 중개 | 번역, 통역 |
| 이카리아스 에이전시 | | 저작권 수출입 중개 | 불어 |
| 인터코북라이브러리서비스 | www.interkoagency.com/ | 저작권 수출입 중개 | 애니메이션, 캐릭터 저작권 |
| 임프리마코리아 | www.imprima.co.kr | 저작권 수출입 중개 | 수입: 전 언어권 중개,<br>수출: 중국, 대만, 일본 진행 |
| 채운 엔터프라이즈 | | 저작권 수출입 중개 | |
| 초이스메이커 코리아 | www.thechoicemaker.com | 저작권 수출입 중개 | 아동도서 |
| 캐럿코리아 | www.carrotenglish.com | 도서 저작권 중개 | 저작권 수출 및 수입 |
| 케이엘매니지먼트 | | 출판저작권 수출입(연극/영화/공연 포함) | 문학(성인/청소년/ 아동) |
| 크릭앤리버코리아 | www.crikorea.com | 저작권 수출입 중개 | |

| | | | |
|---|---|---|---|
| 토파즈 에이전시 | | 만화(웹툰 포함), 동화, 아동물, 소설 등 각종 문화콘텐츠 해외수출 | 만화(웹툰 포함) |
| 팝 에이전시 | http://m.blog.naver.com/popagency | 모든 장르의 출판물, 음악, 예술, 미술, 학술, 영상 저작물 중개 및 관리 | 저작권 대리 중개, 저작권 관련 컨설팅, 저작권 수출입 업무 |
| 펍헙에이전시 | www.pubhub.co.kr | 저작권 수출입 중개 | 영미, 유럽, 인문/철학 |
| 플로팅아이언<br>(떠오르는도끼) | www.floatingiron.com | 아시아, 유럽 | 기독교 픽션, 아동 그림책, 영어교재 |
| 피엘에스에이전시 | www.plsagency.co.kr | 저작권 수출입 중개 | 일본어 |
| 피케이 에이전시 | www.pkagency.com | 해외도서 저작권 수입, 국내도서 전 세계 수출, 원서 수출입, illustrator 및 작가 에이전시, 번역 에이전시, 그림 전시 기획 | 국가나 대륙별 주력 분야가 다를 뿐<br>전 분야 수출입 가능 |
| 한 에이전시 | | 저작권 수출입 중개 | |
| 한국저작권센터 (KCC) | kccseoul.com/index.html | 저작권 중개 | 전 세계 언어권 해외도서 저작권 수입 및 국내도서 저작권 수출 중개 |

# 참고문헌


강희일(2007). 『한국출판의 이해』. 생각의 나무.

국가법령정보센터(http://www.law.go.kr/main.html)

김진두(2005). 「한류와 출판저작권 수출 방안에 대한 연구」. 『동서언론』 9호.

리완창 · 박주은 옮김(2015). 『참여감』. 와이즈베리.

문화체육관광부(https://www.mcst.go.kr/)

박석환(2019). "숫자로 보는 2018 만화, 웹툰 산업계 이슈". 「2018년 만화, 웹툰 결산」, 디지털만화규장각.

박주훈(2018). 『출판마케팅 전략 가이드』. 한국출판마케팅연구소.

박찬수(2017). 『출판콘텐츠 해외진출을 위한 지원정책 연구』. 한국외국어대학교 박사학위논문.

백원근(2006). 「출판산업」. 인문콘텐츠학회 편. 『문화콘텐츠 입문』. 서울: 북코리아.

신명환(2016). 「디지털 미디어를 활용한 독서활동 현황과 특성에 대한 연구」. 『韓國出版學硏究』 제42권 제2호 통권 제74호. 한국출판학회.

아그레아블 독서모임(agreablebook.com)

이건웅(2019). 『콘텐츠와 K출판의 미래』, 스토리하우스.

이건웅·고민정(2018). 「독립출판의 개념과 사례 연구」. 『한국출판학연구』 제44권 제3호. 한국출판학회.

이건웅·방미영(2020), 「독서환경의 변화와 독서진흥 방안 연구」. 『한국출판학연구』 통권 92권 46권(1호). 한국출판학회.

이건웅·최승호(2020). 『트랜스미디어 시대의 문화산업과 문화상품』. 북코리아.

이구용(2013). 「'출판 한류'의 진단과 대응 방안」. 2013 서울국제도서전 출판전문 세미나 발표논문.

이기성 · 고경대(2004). 『출판개론』. 서울엠.
이미정 · 김기수(2018). 「복합문화공간으로서의 일본 츠타야 서점에 관한 연구」. 『한국생태환경건축학회 학술발표대회 논문집』 18(1). 한국생태환경건축학회.
이성민 외(2018). 『출판미래비전 2030』. 전주: 한국출판문화산업진흥원.
이시우 외(2013). 『1인 출판사 창업 실무노트』. 투데이북스.
이용훈(2017). 「도서관 공간 변화의 현재와 새로운 과제」. 『기획회의』 436호.
_____(2018). 『출판문화생태계와 책문화 확산』. 리딩포코리아.
이은하(2015). 「해외 주요국의 독서실태 및 독서문화진흥 정책 사례 연구」. 문화체육관광부.
이중호(2012). "스마트 시대의 출판물 제작 선진화 방안". 「스마트 시대. 출판을 이야기하다」. 서울: 한국출판문화산업진흥원.
장은수. "마케팅 4.0시대의 출판". 2017.2.26.(https://bookedit.tistory.com/577)
정준기(2019). "잡지 시장의 변화: 개성 넘치는 잡지만 살아남는다". 「한국일보」. 2019년 2월 20일.
조갑준(2019). 「2019년 인쇄산업을 둘러싼 환경 변화」. 『프린팅코리아』 통권 199호(2019년 1월호).
최영임(2014). 「웹기반 독서전략 모형연구」. 『한국비블리아학회지』.
최태혁(2016). 『라이프스타일을 파는 서점 츠타야』. 샘터사.
통계청(https://kosis.kr/)
트레바리(https://trevari.co.kr/)
필립 코틀러, 이진원 옮김(2017). 『필립 코틀러의 마켓 4.0』. 길벗.
한국출판연구소 편저(2002). 『출판사전』. 서울: 한국출판연구소.
한주리(2019). 「출판의 재개념화 연구: 출판의 개념 확장을 중심으로」.
한주리·김정명·구모니카·박익순·이건웅(2014). 『책은 冊이 아니다: 21세기 출판 키워드 연구』. 서울: 꿈꾼권리.

"'응팔'에 등장한 책, 절판 5년 만에 재출간". 「중앙일보」. 2016년 1월 18일.
"8년 만에 재출간 '월리를 찾아라!'… 1주일만에 베스트셀러 1위". 「머니투데이」. 2016년 4월 28일.
"도서관, 문화를 품다: 일본 다케오 시립도서관, 음악 흐르는 서점… 커피숍처럼 떠드는 도서관". 「광주일보」. 2018년 7월 9일.

"밀려드는 러브콜, 펭수 전성시대". 「컨슈머타임스」. 2019년 12월 25일.
"반가운 '재출간 러시'". 「문화일보」. 2016년 7월 1일.
"유산슬+핑크퐁, '아기상어 뚜루루뚜루~' 트로트 버전 나온다". 「중앙일보」. 2019년 12월 20일.
"잊지마, 사라져도 부활할거야". 「더피알」. 2016년 4월 22일.
"좀비고 인기 실감, 코믹스 누적 판매 100만 부 돌파". 「게임메카」. 2019년 7월 18일.
"카페·서점·문화센터가 한곳에… 日 도서관은 '주민 사랑방'". 「조선일보」. 2019년 6월 14일.

「2018 출판산업실태조사」. 한국출판문화산업진흥원. 2019.
「2018 한국서점편람」. 한국서점조합연합회. 2018.
「2018 한류백서」. 한국국제교류문화진흥원(KOFICE). 2019.
「2018 해외출판시장보고서」. 한국출판문화산업진흥원. 2019.
「2018년 상반기 콘텐츠산업 동향분석보고서(출판 ·만화산업 편)」. 한국콘텐츠진흥원. 2018.
「2019 국민도서 실태조사」. 문화체육관광부. 2019.
「2019 이슈보고서」. 한국수출입은행/해외경제연구소. 2019.
「2019 저작권 보호 연차보고서. 한국저작권보호원. 2019.
「2019 출판산업 콘퍼런스: 결산과 전망」. 한국출판문화산업진흥원. 2019.
「2019 출판산업실태조사」. 한국출판문화산업진흥원. 2020.
「2019 콘텐츠산업 통계조사」. 한국콘텐츠진흥원. 2019.
「2019년 독서진흥에 관한 연차보고서」. 한국출판문화산업진흥원. 2019.
「2019년 콘텐츠산업 통계조사보고사(승인통계)」. 한국콘텐츠진흥원. 2019.
「2020 독서진흥에 관한 연차보고서」. 문화체육관광부. 2020.
「2020 사업설명회」 자료집. 한국출판문화산업진흥원. 2020.
「2020 한국서점편람」. 한국서점조합연합회. 2019.
「KPIPA 출판산업 동향(2019 상반기)」. 한국출판문화산업진흥원. 2019.
「KPIPA 출판산업 동향(2019 하반기)」. 한국출판문화산업진흥원. 2020.
「디지털 시대의 출판 저작권 보호를 위한 법제 개선방안 연구」. 한국출판문화산업진흥원. 2019.
「스마트 시대. 출판을 이야기하다」. 한국출판문화산업진흥원. 2012.

「제10차 기준 한국표준산업분류 실무 적용 가이드북」. 통계청. 2019.
「제3차 독서문화진흥 기본계획」. 문화체육관광부. 2018.
「지역서점 현황조사 및 진흥정책 연구」. 한국출판문화산업진흥원. 2019.
「출판물의 지역서점 공급 효율성 제고 방안 연구」. 한국출판문화산업진흥원. 2019.
「출판산업실태조사」. 한국출판문화산업진흥원. 2016.
「출판산업실태조사」. 한국출판문화산업진흥원. 2017.
「출판산업실태조사」. 한국출판문화산업진흥원. 2018.
「출판산업실태조사」. 한국출판문화산업진흥원. 2019.
「출판수출지원센터설립방안연구」. 문화체육관광부. 2009.
「출판유통 어음거래 실태와 개선방안 연구」. 한국출판문화산업진흥원. 2018.
「콘텐츠 산업의 생태계 진단과 향후 정책과제」. 정보통신정책연구원. 2012.
「콘텐츠산업 2018년 결산 및 2019년 전망」. 한국콘텐츠진흥원. 2019.
「콘텐츠산업 통계조사」. 이용자용 통계보고서. 문화체육관광부. 2020.
「콘텐츠산업의 생태계 진단과 향후 정책과제」. 정보통신정책연구원. 2012.
「콘텐츠산업통계조사콘텐츠산업 통계조사」. 문화체육관광부. 2019.
『출판잡지연구』 제27권 제1호.

https://ferret-plus.com/8630
https://www.ama.org/the-definition-of-marketing-what-is-marketing/

# 찾아보기

## ABC



## 기타

# 저자 약력

**김정명**

신구대학교 미디어콘텐츠학과 겸임교수, 마케팅 박사

일본 주오(中央)대학교 대학원을 졸업했으며, 출판 및 콘텐츠마케팅 관련 과목을 강의하고 있다. 또한 (사)한국출판학회 총무이사, 『출판저널』 기획편집위원으로 있다. 출판과 마케팅을 전공했으며, 현재 새로운 환경에서의 출판·잡지 마케팅에 관심을 두고 일본 출판잡지업계와의 비교분석과 지역출판연구 등을 중심으로 하고 있다. 역서로 『상품개발력을 기른다』(2002), 『일본전자출판 들여다보기』(2011), 『현대 일본잡지·출판산업의 발전문화사』(2015)와 공저로는 우수출판콘텐츠 제작지원을 받은 『책은 冊이 아니다: 21세기 출판 키워드 연구』(2014)가 있으며, 최근의 보고서로 한국출판문화산업진흥원에서 진행한 「일본출판정책연구」가 있다.

**박익순**

한국출판저작권연구소 소장, 출판학 석사

동국대학교 언론정보대학원 겸임교수. 대한출판문화협회 출판저작권법선진화추진위원회 위원, 한국저작권위원회 저작권 강사로 활동하고 있다. 「지역서점 POS 운영실태 조사와 개선방안 연구」(2014), 「국내 도서분류 체계 표준화 방안 연구」(2016), 「판면권 도입을 위한 출판계약 실태조사 연구」(2017)의 연구 책임을 맡았으며, 「개정 도서정가제 영향 평가 및 향후 방향 연구」(2016), 「도서정가제 적용 등 전자책 대여관련 정책개발 연구」(2018), 「지역서점 현황조사 및 진흥정책 연구」(2019), 「디지털 시대의 출판 저작권 보호를 위한 법제 개선방안 연구」(2019)에 연구원으로 참여했다. 저서로는 『책은 冊이 아니다: 21세기 출판 키워드 연구』(2014, 공저)가 있으며, 주요 논문으로는 「출판자의 권리 보호를 위한 표준 출판 계약서에 관한 연구」(2009), 「지역 서점이 살아야 출판이 산다」(2014)등이 있다. 주요 관심 분야는 출판 저작권, 출판정책, 출판 통계이다.

**박찬수**

책문화콘텐츠연구소 대표, 문화콘텐츠학 박사

세명대학교 디지털콘텐츠창작학과, 한국출판인회의에서 강의하고 있으며, (사)한국전자출판학회 부회장, 인문콘텐츠학회 출판이사, GKL우리문학번역상 집행위원(2018~2019), 한국출판문화산업진흥원 출판유통정보화위원 등을 맡고 있다. 주요 저서로는 『만만한 출판제작』(2009), 『출판편집 강의』(2014, 공저), 『출판경영(원가계산·손익분기·원가절감)』(2017) 등이 있다. 주요 논문으로는 「1920-30년대 고려인 출판문화 연구: 고려인 신문 「선봉」을 중심으로」(2015), 「아동청소년 철학도서의 실태와 지속가능성에 관한 연구」(2016), 「한국 출판시장의 일본 그림책 번역출판에 관한 소고」(2018), 「한 · 일 출판유통 시스템이 지역서점 활성화에 미치는 영향」(2018) 등이 있다. 출판콘텐츠와 문화콘텐츠를 병행해 연구하고 있으며, 출판산업 전반에 걸쳐 관심이 있다.

**백원근**

책과사회연구소 대표, 책 생태계 연구자

한국출판연구소 책임연구원, 한국출판학회 부회장, 문화체육관광부 규제개혁위원, 서울도서관 네트워크 위원장, 2018 책의해 집행위원을 역임했다. 중앙대, 경희대, 한양대에 출강했다. 문화체육관광부 정기간행물 자문위원, 경기도 지역서점위원회 위원장, 출판도시문화재단 실행이사, 서울시50플러스재단 강사, 출판평론가로 활동하고 있다. 저서로 『도서정가제가 없어지면 우리가 읽고 싶은 책이 사라집니다』(2020), 공저로 『번역출판』(2009), 『한국출판산업사』(2012), 번역서로 『서점은 죽지 않는다』(2013), 『책의 소리를 들어라』(2017), 조사연구 보고서로 「국민 독서실태 조사」(1995~2019), 「개정 도서정가제 영향 평가 및 개선방안 연구」(2019) 등이 있으며, 〈한겨레〉에 '백원근의 출판 풍향계'를 연재한다. 주요 관심 분야는 출판정책, 독서진흥, 출판산업, 서점창업, 일본출판이다.

### 이건웅

(주)차이나미디어 대표, 문화콘텐츠학 박사

글로벌사이버대학교와 건국대학교 대학원 겸임교수, (사)한국출판학회, 글로벌문화콘텐츠학회, 인문콘텐츠학회, 출판문화학회 이사이며, (사)한국전자출판학회 편집위원장을 맡고 있다. 주요 저서로는 『트랜스미디어 시대의 문화산업과 문화상품』(2020, 공저), 『액티브 시니어 시대의 노인놀이터』(2020, 공저), 『콘텐츠와 K출판의 미래』(2019), 『새로운 문화콘텐츠』(2017, 공저) 등이 있다. 주요 논문으로 「지역소멸과 지역재생의 해결 방안 연구」(2020), 「독서환경의 변화와 독서진흥 방안 연구」(2020), 「타이완 원뤄딩 서점거리 사례 연구」(2019), 「Research on Development Aspect of Digital Publication in China」(2018), 「독립출판의 개념과 사례 연구」(2018), 「중국의 문화산업 규제와 한한령」(2018) 등이 있고, 주요 관심 분야는 출판, 문화산업, 중국 등이며 실무와 연구를 병행하고 있다.

### 이은호

(주)교보문고 차장, 이학박사

(사)한국전자출판학회 부회장, (사)한국전자출판협회 인증운영위원, 한국생산성본부 자문위원을 맡고 있다. ㈜교보문고가 전자책 사업을 시작한 2005년 초기 멤버로 참여하여 현재까지 전자책 관련 업무를 계속하고 있다. 제휴, 영업, 사업계획, 서비스 기획, 개발관리 등 다양한 업무를 진행하면서 국내외 출판 동향, 마케팅 전략, 플랫폼 비즈니스, 데이터 분석, 디지털 경제, 트렌드 변화, 저작권 등에 대한 다양한 안목을 키워나가고 있다. 주요 논문으로는 「출판 오디오북 활성화 방안 연구」(2018), 「출판한류 활성화 방안: 스토리콘텐츠 발굴과 글로컬라이제이션」(2017), 「The Study on Growth Factor Analysis and Plan for the Activation of E-book Market in South Korea」(2014), 「전자책 시장에서 정액제 서비스의 효과」(2014), 「ePub3의 적용현황과 시사점」(2013) 등이 있다. 주요 관심 분야는 출판 산업, 디지털콘텐츠 시장, 기술 트렌드에 관심이 있다.

**최준란**

(주)길벗출판사 편집부장, 문화콘텐츠학 박사

한국외국어대학교 문화콘텐츠학과 겸임교수. 대학 졸업 후 책 만드는 일이 좋아 출판사에 입사했다. 이후 20여 년이 넘게 어학서와 다양한 단행본을 기획하고 만들어왔으며, 현재도 편집자로서 더 나은 책을 내기 위해 노력하고 있다. 출판 일을 하면서 출판문화에도 폭넓게 관심을 두게 되어 출판과 문화를 엮는 융합기획자가 되고자 한국외국어대학교 글로벌문화콘텐츠학과에 입학해 공부를 이어나갔다. 「비산업적 문화콘텐츠로서 도시재생 연구: '홍대앞' 책문화공간을 중심으로」라는 주제로 박사학위를 받았다. 홍대앞 출판사에서 오랫동안 근무하면서 홍대앞의 지역적 특성과 특히 책문화 공간에 관심을 두고 출판과 공간이 지속적으로 어떻게 상생할지에 대한 연결점을 찾고 싶어 이와 같은 주제를 잡게 되었다. 저서 『책문화공간과 도시재생』으로 2018년 HUFS출판문화상을 수상한 바 있다. 향후 지역의 문화적 특성에 기반을 둔 문화콘텐츠를 개발하고 활용하여 도시재생 측면에서 어떤 효용성을 가져올 수 있을지에 대한 연구로 학문적 관심을 넓혀가려 한다.

**한주리**

서일대학교 미디어출판학과 교수, 언론학 박사

(사)한국출판학회, (사)한국전자출판학회 이사, 서울특별시 지역서점위원회 자문위원(2016~현재), 한국산업인력공단 국가기술자격 세부직무분야별 전문위원(2018~2020), 문화체육관광부 규제개혁위원회 콘텐츠산업-미디어분과위원(2018~2020) 등을 맡고 있다. 주요 저서 및 역서로는 『책은 冊이 아니다: 21세기 출판 키워드 연구』(2014, 공저), 『현대사회와 언론』(2006, 공저), 『듣기: 태도, 원리 그리고 기술』(2007, 공역) 등이 있다. 주요 논문으로 「독서문화 진흥을 위한 자원활동인력 운영 방안 연구」(2017), 「복합문화공간으로서의 서점에 대한 소비자의 중요도와 만족도 분석」(2016), 「출판정책평가와 발전방향 연구」(2015), 「출판학과의 커리큘럼 현황 및 발전 방향 연구」(2011) 등이 있으며, 출판 생태계 전반 및 콘텐츠 소비에 관심을 두고 다양하게 연구하고 있다.